Rostocker Schriften zum Seerecht und Umweltrecht
Schriftenreihe des Ostseeinstituts für Seerecht,
Umweltrecht und Infrastrukturrecht
der Juristischen Fakultät, Universität Rostock

Herausgegeben von dessen Geschäftsführendem
Direktor Professor Dr. Wilfried Erbguth

Schriftleitung:
Kathrin Podehl

Band 48

Wilfried Erbguth/Mathias Schubert

Rechtsfragen der Errichtung und Erweiterung von Binnenhäfen

Unter Berücksichtigung städtebaulicher Nutzungsinteressen an Hafenflächen

Nomos

Die Deutsche Nationalbibliothek verzeichnet diese Publikation in der Deutschen Nationalbibliografie; detaillierte bibliografische Daten sind im Internet über http://dnb.d-nb.de abrufbar.

ISBN 978-3-8329-6309-5

1. Auflage 2011

Vorwort

Die vorliegende Untersuchung ist Ende 2009 im Auftrag des Landes Nordrhein-Westfalen, Ministerium für Wirtschaft, Energie, Bauen, Wohnen und Verkehr, erstellt worden und in Schwerpunkten Teil einer Handreichung des Ministeriums geworden. Da die rechtlichen Anforderungen insoweit äußerst komplex sind und es bislang noch keine diesbezügliche rechtswissenschaftliche Gesamtdarstellung gibt, hat der Auftraggeber eine Veröffentlichung der Abhandlung als solche nicht nur akzeptiert, sondern auch favorisiert. Einen wesentlichen weiteren Grund bildet hierfür der Umstand, dass die Untersuchung die zunehmend konfligierenden Nutzungsansprüche des Städtebaus im Verhältnis zu den Bedarfen der Hafen- und Verkehrswirtschaft rechtlich, und zwar schwerpunktmäßig behandelt.

Für die Veröffentlichung als Monographie ist die Abhandlung angesichts zwischenzeitlicher Entwicklungen, nicht zuletzt in der Rechtsprechung, aktualisiert worden.

Dem Ministerium ist für die Übertragung des aktuellen und interessanten, wenn auch schwierigen Themas und dafür zu danken, dass dabei selbstverständliches Einvernehmen in ein objektives, von rechtspolitischen oder ähnlichen Motiven freies Vorgehen bestand. Das Ministerium hat ferner die Drucklegung der Abhandlung finanziell unterstützt. Dafür gebührt ihm ebenfalls Dank.

Rostock, im September 2010

Wilfried Erbguth *Mathias Schubert*

Inhaltsverzeichnis

Abkürzungsverzeichnis

a.A. .... andere(r) Ansicht
a.a.O. .... am angegebenen Ort
a.F. .... alte Fassung
ABl. .... Amtsblatt
Abs. .... Absatz
AEG .... Allgemeines Eisenbahngesetz
Art. .... Artikel

B-Rat .... Bundesrat
BauGB .... Baugesetzbuch
BauNVO .... Baunutzungsverordnung
BauO .... Bauordnung
BauR .... Baurecht (Zeitschrift)
BayVBl. .... Bayerische Verwaltungsblätter
BayVGH .... Bayerischer Verwaltungsgerichtshof
BBergG .... Bundesberggesetz
Bd .... Band
Beschl. .... Beschluss
BGBl. .... Bundesgesetzblatt
BImSchG .... Bundes-Immissionsschutzgesetz
BImSchV .... Verordnung zur Durchführung des Bundes-Immissionsschutzgesetzes
BMU .... Bundesministerium für Umwelt, Naturschutz und Reaktorsicherheit
BMVBS .... Bundesministerium für Verkehr, Bau und Stadtentwicklung
BNatSchG .... Bundesnaturschutzgesetz
BR-Drs. .... Bundesratsdrucksache
BRS .... Baurechtssammlung
Bsp. .... Beispiel
BT-Drs. .... Bundestagsdrucksache
BVerfG .... Bundesverfassungsgericht
BVerwG .... Bundesverwaltungsgericht
bzw. .... beziehungsweise

CT .... Containerterminal

dass. .... dasselbe
ders .... derselbe
d.h. .... das heißt
DÖV .... Die öffentliche Verwaltung (Zeitschrift)
DSchG .... Denkmalschutzgesetz
DV .... Die Verwaltung (Zeitschrift)
DVBl. .... Deutsches Verwaltungsblatt (Zeitschrift)

EBO .... Eisenbahn-Bau- und Betriebsordnung
EG.................................. Europäische Gemeinschaft(en)
EU.................................. Europäische Union
EuGH.............................. Gerichtshof der Europäischen Union

f...................................... folgende Seite/ Vorschrift
ff..................................... folgende Seiten/ Vorschriften
Fn.................................... Fußnote
FFH-RL........................... Fauna-Flora-Habitat-Richtlinie
FFH-VP .... FFH-Verträglichkeitsprüfung
FStrG .... Bundesfernstraßengesetz

gem. .... gemäß
GG .... Grundgesetz
ggf. .... gegebenenfalls
GVOBl............................. Gesetz- und Verordnungsblatt

Hrsg. .... Herausgeber
Hs.................................... Halbsatz

i.d.F................................. in der Fassung
i.d.R. .... in der Regel
i.d.S................................. in diesem Sinne
i.S.................................... im Sinne
i.V.m............................... in Verbindung mit

Kap.................................. Kapitel
krit................................... kritisch

LAI.................................. Länderausschuss für Immissionsschutz
LG.................................... Landschaftsgesetz
lit...................................... Buchstabe
LKRZ.............................. Zeitschrift für Landes- und Kommunalrecht
LPlG................................ Landesplanungsgesetz
LT-Drs. .... Landtagsdrucksache
LUVPG........................... Landes-UVP-Gesetz
LWaG .... Landeswassergesetz Nordrhein-Westfalen

m.a.W. .... mit anderen Worten
m.w.N. .... mit weiteren Nachweisen

n.F. .... neue Fassung
Nds................................... Niedersachsen, niedersächsisch
NdsVBl. .... Niedersächsische Verwaltungsblätter (Zeitschrift)
NordÖR .... Zeitschrift für das öffentliche Recht in Norddeutschland
Nr. .... Nummer
NRW............................... Nordrhein-Westfalen

NRWVBl. .... Nordrhein-Westfälische Verwaltungsblätter (Zeitschrift)
NuR................................ Natur und Recht (Zeitschrift)
NVwZ .... Neue Zeitschrift für Verwaltungsrecht
NVwZ-RR .... Neue Zeitschrift für Verwaltungsrecht-Rechtsprechungsreport
NZBau .... Neue Zeitschrift für Baurecht und Vergaberecht

o.g. .... oben genannte(r)
OLG .... Oberlandesgericht
OVG............................... Oberverwaltungsgericht

resp................................. respektive
RL .... Richtlinie
Rn. .... Randnummer(n)
ROG............................... Raumordnungsgesetz
ROV .... Raumordnungsverordnung
Rspr................................ Rechtsprechung
RuR................................ Raumforschung und Raumordnung (Zeitschrift)

S. .... Satz/Seite
s...................................... siehe
Slg.................................. Amtliche Sammlung der Entscheidungen des EuGH
sog.................................. sogenannte(r)

t .... Tonnen

u.a. .... und andere, unter anderem
UAbs. .... Unterabsatz
UPR .... Umwelt- und Planungsrecht (Zeitschrift)
Urt.................................. Urteil
UVP .... Umweltverträglichkeitsprüfung
UVPG .... Gesetz über die Umweltverträglichkeitsprüfung

v. .... vor/ von/ vom
Verf................................ Verfasser
VerfGH .... Verfassungsgerichtshof
VG .... Verwaltungsgericht
VGH............................... Verwaltungsgerichtshof
vgl. .... vergleiche
VO .... Verordnung
VRL .... Vogelschutz-Richtlinie
VwVfG .... Verwaltungsverfahrensgesetz

WaStrG .... Bundeswasserstraßengesetz
WHG.............................. Wasserhaushaltsgesetz
WRRL............................ Wasserrahmenrichtlinie

ZAU .... Zeitschrift für angewandte Umweltforschung

z.B. .... zum Beispiel
ZfBR .... Zeitschrift für Baurecht
ZfW .... Zeitschrift für Wasserrecht
zit. .... zitiert
z.T. .... zum Teil
ZUR .... Zeitschrift für Umweltrecht

Einleitung

Die vorliegende Untersuchung nimmt ihren Ausgangspunkt bei der Fortschreibung des Wasserstraßenverkehrs- und Hafenkonzeptes Nordrhein-Westfalen vom Februar 2008, der zufolge die Stärkung der Binnenhäfen einen wesentlichen Faktor der wirtschaftlichen Entwicklung des Landes darstellt.[1] Die Landesregierung verfolgt daher das Ziel, die Binnenhäfen verstärkt zu trimodalen Knoten logistischer Aktivitäten zu entwickeln, was u.a. das Vorhandensein ausreichender und effizient genutzter Hafenflächen und einer gut ausgebauten verkehrlichen Infrastruktur voraussetzt.[2] Indes verfügen die öffentlichen Binnenhäfen in NRW nur noch über ein begrenztes Erweiterungspotenzial. Hierzu trägt der Umstand bei, dass die Entwicklung durch konkurrierende Nutzungsansprüche der Stadtentwicklung und durch das Näherrücken benachbarter Nutzungen mit erhöhten Immissionsansprüchen beschränkt wird bzw. zu werden droht:[3] Die Umnutzung und Inwertsetzung der Hafenarchitektur ist von großer Attraktivität; sie schafft ein individuelles Milieu und zieht neue Nutzungen an.[4] Daraus resultiert das Erfordernis, die widerstreitenden Nutzungsinteressen und Schutzanforderungen in einen angemessenen Ausgleich zu bringen.

Aus rechtlicher Sicht ist damit eine Vielzahl von Fragen aufgeworfen, die nachfolgend – jedenfalls im Grundsätzlichen – behandelt werden sollen. Zum einen geht es um das planungs- und zulassungsrechtliche Regime, welchem sich die Neuerrichtung bzw. die Erweiterung von Binnenhäfen zu fügen haben (Teil 1 der Untersuchung). Zum anderen sind diejenigen Anforderungen rechtlicher Art darzulegen, welche für die städtebauliche (Um-)Nutzung von (ehemaligen) Hafenflächen Geltung beanspruchen (Teil 2 der Untersuchung). Die beiden Teile des Gutachtens unterscheiden sich demnach in ihrer Perspektive dergestalt, dass Teil 1 aus Sicht der Planungsträger bzw. Zulassungsbehörden die Anforderungen an die Neuanlage eines Hafenstandortes sowie an den Ausbau eines bestehenden Hafens im öffentlichen Interesse der Hafenwirtschaft behandelt, während Teil 2 aus dem Blickwinkel der Gemeinden der Frage nachgeht, ob und inwieweit diese mittels der Instrumente des Bauplanungsrechts Flächen in oder unmittelbar an Binnenhäfen für „hafenfremde" Zwecke in Anspruch nehmen können. Als „hafenfremd" werden dabei durchweg solche baulichen Anlagen und Nutzungsformen verstanden, die weder unmittelbar dem Hafenbetrieb dienen noch indirekt in wirtschaftlichem Zusammenhang mit dem Hafen stehen[5]; als „hafenfremd" haben damit vorrangig Wohn-, Büro- und Freizeitanlagen bzw. -nutzungen zu gelten. Teil 2 der Untersuchung soll zugleich einen Beitrag zur Erstellung einer über die rechtlichen Aspekte hinausreichenden Planungshilfe leisten, die sich als „Handreichung" der Landesregierung an die Ha-

---

1 *Ministerium für Bauen und Verkehr NRW*, Fortschreibung des Wasserstraßenverkehrs- und Hafenkonzeptes, S. 4.

2 *Ministerium für Bauen und Verkehr NRW*, Fortschreibung des Wasserstraßenverkehrs- und Hafenkonzeptes, S. 5.

3 *Ministerium für Bauen und Verkehr NRW*, Fortschreibung des Wasserstraßenverkehrs- und Hafenkonzeptes, S. 5, 41 f.

4 Vgl. anhand der HafenCity Hamburg *Schmidt-Eichstaedt,* NordÖR 2006, 7.

5 Letztere können auch als „hafenaffine" gewerbliche Nutzungen bezeichnet werden.

fenbetreiber und Gemeinden wendet, um ihnen die rechtlichen Voraussetzungen und Grenzen der Inanspruchnahme von Flächen in bzw. an Binnenhäfen für besagte hafenfremde Nutzungen aufzuzeigen.

Teil 1: Rechtliche Anforderungen an die Neuerrichtung bzw. Erweiterung von Binnenhäfen

Im ersten Teil der Untersuchung gilt es, den rechtlichen Rahmen darzustellen, innerhalb dessen sich die Anlage eines neuen bzw. der Ausbau eines bereits bestehenden Binnenhafens in Nordrhein-Westfalen zu vollziehen hat. Dabei sind mehrere Entscheidungsebenen in die Betrachtung einzubeziehen, denn über die rechtliche Zulässigkeit eines Hafenvorhabens wird – ebenso wie im Fall anderer komplexer Infrastrukturvorhaben (etwa Flughäfen, Fernstraßen, Betriebsanlagen der Eisenbahn etc.) – nicht in einem einzigen Verwaltungsverfahren entschieden; vielmehr greifen hier Entscheidungsebenen verschiedenen Konkretisierungsgrades ineinander bzw. bauen aufeinander auf. Dabei ist dem Grundsätzlichen nach zwischen der Planungsebene und jener der Vorhabenzulassung zu unterscheiden. Nach einer begrifflichen Einordnung des Untersuchungsgegenstandes „Binnenhafen" (unter A.) folgt zunächst eine Darstellung der rechtlichen Anforderungen, die auf der Zulassungsebene im Rahmen der gebotenen Planfeststellung erforderlich sind. Hierbei ist vorrangig der Frage nachzugehen, ob von einem umfassenden und einheitlichen, eine Aufspaltung der Hafen(aus)baumaßnahmen vermeidenden Vorhabenbegriff ausgegangen werden kann, der weitere Zulassungsentscheidungen (Baugenehmigungen etc.) für einzelne Vorhabenbestandteile entbehrlich macht (unter B. und C.). Anschließend wendet sich die Untersuchung der Planungsebene zu. Infolge des Umstands, dass der hafenbezogenen Planfeststellung keine Ebene räumlicher Fachplanung (i.S. der Bedarfsgesetzgebung bzw. -planung) vorgelagert ist,[6] kann sich die Darstellung auf die gesamtplanerische Steuerung des Hafen(aus)baus mittels raumordnerischer Instrumente (unter D.) und ferner auf die Frage beschränken, inwieweit die kommunale Bauleitplanung Beiträge zur Errichtung bzw. Erweiterung von Binnenhäfen zu erbringen vermag (unter E.).

A. Der Binnenhafen als Gegenstand planungs- und zulassungsrechtlicher Bestimmungen

Für eine sichere Erfassung der für den Hafen(aus)bau einschlägigen Normen(werke) ist es zunächst erforderlich, den Untersuchungsgegenstand begrifflich zu bestimmen und rechtlich einzuordnen. Das erweist sich deshalb als schwierig, weil ein Binnenhafen keine homogene Erscheinung, sondern vielmehr eine Agglomeration verschiedenartiger Land- und Wasserflächen, (Infra-)Strukturen und baulicher Anlagen darstellt, die jeweils unterschiedlichen rechtlichen Anforderungen unterliegen (können). Aus planungs- und zulassungsrechtlicher Sicht kann es daher nicht durchgängig pauschal um „den Hafen" gehen, sondern ist eine dem einschlägigen gesetzlichen Regime entsprechende Differenzierung vonnöten. Der nachfolgenden Betrachtung unterliegen Binnenhäfen im

---

6 Diese Lücke vermag auch durch das Nationale Hafenkonzept des Bundes (*BMVBS*, Nationales Hafenkonzept) nicht geschlossen zu werden; Gleiches gilt auf Landesebene für das Wasserstraßenverkehrs- und Hafenkonzept NRW (*Ministerium für Verkehr, Energie und Landesplanung NRW*, Wasserstraßenverkehrs- und Hafenkonzept) und dessen Fortschreibung (*Ministerium für Bauen und Verkehr NRW*, Fortschreibung des Wasserstraßenverkehrs- und Hafenkonzeptes).

funktionalen Sinne des Wasserstraßenverkehrs- und Hafenkonzeptes Nordrhein-Westfalen[7] und dessen Fortschreibung[8], nämlich solche, die vorrangig dem Güterumschlag vom und auf den Verkehrsträger Binnenschiff dienen, die aber darüber hinaus als multimodale Logistikknoten fungieren und mit den hierfür erforderlichen Strukturen zur Zwischenlagerung, Disposition, ggf. weiteren Warenbearbeitung und zum Weitertransport auf Schiene und Straße ausgestattet sind.[9]

Aus hafen(planungs)technischer Sicht wird gemeinhin nach der eigentlichen Infrastruktur des Hafens (Basisinfrastruktur) einerseits, die – je nach Bedarf – das/die Hafenbecken, die Kaje(n) sowie die Terminal-, Verkehrs- und sonstigen Flächen umfasst,[10] und der Suprastruktur, also den Oberbauten (Umschlagsanlagen, Gebäude, Anlagen der Verkehrsabwicklung u.ä.), andererseits unterschieden.[11] Die Rechtsordnung, soweit sie Vorgaben für die Errichtung bzw. Erweitung von Binnenhäfen bereit hält, knüpft indes nicht an diese Differenzierung an; die Anwendbarkeit der jeweils in Betracht kommenden Normen bemisst sich, wie zu zeigen sein wird, nach anderen Kriterien als der Zugehörigkeit eines Hafenbestandteils zur Infra- oder Suprastruktur. Aus diesem Grund ist die vorliegende Untersuchung nicht nach der Planung und Zulassung der Infra- und Suprastruktur bzw. deren jeweiliger Bestandteile, also anhand tatsächlicher Gegebenheiten, gegliedert, sondern nach den einschlägigen planungs- und zulassungsrechtlichen Anforderungen. Diese Vorgehensweise erscheint auch deshalb geboten, weil rechtliche Unsicherheiten hinsichtlich des Anwendungsbereichs bzw. der gegenständlichen Reichweite bestimmter Vorschriften bestehen.

Schließlich werden die erstmalige Errichtung und die Erweiterung eines bereits bestehenden Hafens nicht gesondert behandelt. Dem Grunde nach sind die jeweils geltenden Anforderungen identisch; auf Unterschiede, die sich bei ihrer Anwendung in bestimmten Konstellationen ergeben (können), wird im jeweiligen Zusammenhang hingewiesen.

B. Erfordernis und gegenständliche Reichweite der Planfeststellung nach WHG bzw. WaStrG

Die Neuerrichtung wie auch die Erweiterung eines Hafens bedürfen aufgrund des mit ihnen jeweils verbundenen erheblichen Eingriffs in ein Gewässer der Planfeststellung,

---

7 *Ministerium für Verkehr, Energie und Landesplanung NRW*, Wasserstraßenverkehrs- und Hafenkonzept.

8 *Ministerium für Bauen und Verkehr NRW*, Fortschreibung des Wasserstraßenverkehrs- und Hafenkonzeptes.

9 Dazu *Ministerium für Bauen und Verkehr NRW*, Fortschreibung des Wasserstraßenverkehrs- und Hafenkonzeptes, S. 28; zum Hafenbegriff s. auch *Lagoni*, Hafenrecht, S. 446.

10 Vgl. *Badura*, Planung der Hafenentwicklung in Hamburg, in: Badura/ Schmidt-Aßmann, Hafenentwicklung in Hamburg, S. 1 (30).

11 Vgl. zu dieser Differenzierung *Badura*, Rechtliche Probleme der Hafenplanung und der Hafenentwicklung. Das Beispiel des Hamburger Hafens, in: Badura/ Schmidt-Aßmann, Hafenentwicklung in Hamburg, S. 185 (194 f.); *BMVBS*, Nationales Hafenkonzept, S. 12 Fn. 10; *OVG Bremen*, Urt. v. 13.12.2001, Az. 1 D 299/01 (CT Bremerhaven IIIa), NordÖR 2002, 116 (116 f.); andernorts wird dagegen zwischen der „terminalnahen Infrastruktur" (baureifes Gelände in der erforderlichen Höhenlage und Kaimauern) und der Basisinfrastruktur (Aufspülen der Flächen, Verkehrsinfrastruktur, Projektfolgekosten) unterschieden, vgl. *Erdmann*, NdsVBl. 2009, 104 (104 f.).

und zwar in Abhängigkeit von den Gegebenheiten des Einzelfalls entweder auf der Grundlage des § 14 Abs. 1 WaStrG oder des § 68 Abs. 1 WHG. Für die Rechtmäßigkeit des Planfeststellungsbeschlusses ist folglich zunächst die Wahl der jeweils einschlägigen Rechtsgrundlage von entscheidender Bedeutung (dazu unter I.). Unabhängig davon stellt sich die (rechts)grundsätzliche Frage nach der gegenständlichen Reichweite der hafenbezogenen Planfeststellung (dazu unter II).

I. Bestimmung der einschlägigen Rechtsgrundlage

Eine zentrale rechtliche Weichenstellung, nicht zuletzt angesichts unterschiedlicher Verwaltungszuständigkeiten, resultiert aus der verfassungsrechtlichen[12] und infolgedessen einfachgesetzlichen Trennung der (Gesetzgebungs- und Verwaltungs-)Materien des Wasserstraßen- und des Wasserhaushaltsrechts[13]. Beide Rechtsbereiche können – wie erwähnt – Grundlage der hafenbezogenen Planfeststellung sein: So ist nach § 14 Abs. 1 S. 1 WaStrG der Ausbau von Bundeswasserstraßen planfeststellungsbedürftig; als solchen versteht das Gesetz in § 12 Abs. 2 S. 1 die Maßnahmen zur wesentlichen Umgestaltung einer Bundeswasserstraße, einer Kreuzung mit einer Bundeswasserstraße, eines oder beider Ufer, die über die Unterhaltung hinausgehen und die Bundeswasserstraße als Verkehrsweg betreffen. Planfeststellungsbedürftig ist indes nach § 68 Abs. 1 WHG[14] (§ 31 Abs. 2 S. 1 WHG a.F.) auch der Gewässerausbau in seinen Erscheinungsformen der Herstellung und wesentlichen Umgestaltung eines Gewässers oder seiner Ufer (§ 67 Abs. 2 S. 1 WHG)[15]. Da mit der Errichtung bzw. Erweiterung eines Hafens im Regelfall die Umgestaltung eines Gewässers und/oder (zumindest) eines seiner Ufer einhergeht, ist dem äußeren Erscheinungsbild nach ein Ausbau i.S. beider Bestimmungen gegeben.[16]

Angesichts der teilweisen tatbestandlichen Überschneidung ist klärungsbedürftig, nach welchem rechtlichen Regime sich die Planfeststellung im Einzelfall zu richten hat. Zwar unterscheiden sich die jeweils anzuwendenden formell- wie materiell-rechtlichen Anforderungen nicht wesentlich voneinander. Dennoch ist – wie bedeutet – die Auswahl der zutreffenden Rechtsgrundlage für die Rechtmäßigkeit des Planfeststellungsbeschlusses von entscheidender Bedeutung, weil daran jeweils unterschiedliche Zuständigkeiten geknüpft sind, nämlich die einer Bundesbehörde[17] für das wasserverkehrsrechtliche und die einer Landesbehörde[18] für das wasserwirtschaftsrechtliche Planfeststellungsverfahren.

---

12 S. Art. 74 Abs. 1 Nr. 21 und Nr. 32 sowie Art. 89 GG.

13 Letzteres wird auch als Wasserwirtschaftsrecht bezeichnet, vgl. zur Gleichsetzung beider Begriffe *BVerfG*, Urt. v. 30.10.1962, Az. 2 BvF 2160, 1, 2, 3/61, BVerfGE 15, 1 (15); *Czychowski/ Reinhardt*, WHG, Einl. Rn. 49.

14 Der Untersuchung wird das Gesetz zur Ordnung des Wasserhaushalts – Wasserhaushaltsgesetz (WHG) – i.d.F. des Gesetzes zur Neuregelung des Wasserrechts v. 31.07.2009, BGBl. I S. 2585, zugrunde gelegt; das Gesetz ist, soweit es die hier interessierenden Bestimmungen angeht, am 01.03.2010 in Kraft getreten (Art. 24 Abs. 2 S. 1 Wasserrechtsneuregelungsgesetz).

15 Planfeststellungsbedürftig ist nach der genannten Norm ferner die hier nicht einschlägige Beseitigung eines Gewässers.

16 Dabei ist freilich davon auszugehen, dass es sich bei dem betroffenen Gewässer um eine Bundeswasserstraße handelt, vgl. Anlage 1 zum WaStrG.

17 § 14 Abs. 1 S. 3 WaStrG: Wasser- und Schifffahrtsdirektion.

18 § 140 LWaG i.V.m. Nr. 20.1.11 Anhang II der Zuständigkeitsverordnung Umweltschutz Nordrhein-Westfalen v. 11.12.2007, GV. NRW 2007, S. 662: Bezirksregierung.

Dem Grundsätzlichen nach stellen §§ 12 ff. WaStrG im Verhältnis zu den wasserhaushaltsrechtlichen Vorschriften über den Ausbau von Gewässern in §§ 67 ff. WHG die wasserwegerechtlichen Spezialregelungen für den Ausbau (und Neubau) von Bundeswasserstraßen dar.[19] Das WHG gilt folglich nicht für Bundeswasserstraßen, soweit es auf die Funktion des Gewässers als Verkehrsweg bezogene Regelungen enthält;[20] in diesem Falle gehen die Bestimmungen des WaStrG vor. Dementsprechend findet sich in § 12 Abs. 2 S. 1 WaStrG der Ausbau im wasserwegerechtlichen Sinne dahingehend beschränkt, dass die hierauf gerichteten Maßnahmen die Bundeswasserstraße als Verkehrsweg betreffen müssen. Damit ist gemeint, dass die Bundeswasserstraße (in ihrer Eigenschaft) als Verkehrsweg ausgebaut wird; das bloße Berührtsein der Funktion als Schifffahrtsweg reicht also nicht aus.[21]

1. Zuordnung der betroffenen Wasserfläche

Vorrangig ist freilich zu klären, ob es sich bei dem ausbaubetroffenen Gewässer um eine Bundeswasserstraße handelt.[22] Schwierigkeiten können sich im Fall einer Hafenerweiterung ergeben, wenn zu beurteilen ist, ob (auszubauende oder neu anzulegende) Wasserflächen in Häfen Teile einer Bundeswasserstraße sind bzw. sein werden. Das ist nicht der Fall, wenn der Hafen (genauer: das Hafenbecken) einen besonderen Gewässerteil darstellt, der zur Wasserstraße sichtbar abgegrenzt ist.[23] Dem entspricht die Regelung in § 45 Abs. 4 S. 1 WaStrG, die Hafenflächen dem WaStrG unterwirft, wenn es sich um Teile einer Bundeswasserstraße handelt, die in den Hafen einbezogen sind. Ein Gewässerteil ist dann in einen anderen einbezogen, wenn beide nicht als jeweils selbständige Gewässer zu betrachten sind, sondern eine natürliche morphologische Einheit bilden.[24] Ist etwa ein Hafenbecken gegen die Bundeswasserstraße weitgehend offen, so ist es in dieselbe einbezogen und damit deren Bestandteil. Das gilt auch dann, wenn ein Hafen aus strom- bzw. uferparallelen Kaimauern besteht oder wenn lediglich ein Pier in das Gewässer hinausgebaut ist.[25] An der natürlichen Einheit fehlt es hingegen, wenn das Hafenbecken etwa durch Molen von der Wasserstraße getrennt wurde und mit ihr nur durch eine Zufahrt verbunden ist.[26] Für die Zuordnung eines Verkehrs- resp. Umschlaghafens zur Bundeswasserstraße ist somit auf die Verhältnisse des jeweiligen Einzelfalls abzuheben; stellt sich danach das betreffende Hafengewässer nicht als Teil der Bundeswasserstraße, sondern als eigenständiges Gewässer dar, so scheidet die Anwendung von § 14 WaStrG aus und ist eine Planfeststellung nach § 68 Abs. 1 WHG erforderlich.

---

19 *BVerwG*, Urt. v. 28.06.2007, Az. 7 C 3.07 (Schleuse Spandau), NuR 2007, 611 (613); *Friesecke*, BWaStrG, § 12 Rn. 2.

20 *BVerfG*, Urt. v. 11.04.1967, Az. 2 BvG 1/62, BVerfGE 21, 312 (321); *Friesecke*, BWaStrG, § 12 Rn. 2.

21 *Friesecke*, BWaStrG, § 12 Rn. 3; *Czychowski/ Reinhardt*, WHG, § 70 Rn. 78; *OVG Hamburg*, Beschl. v. 21.09.2000, Az. 5 E 24/00.P (Mühlenberger Loch), NordÖR 2001, 26 (27 f.).

22 S. Anlage 1 zum WaStrG.

23 *Friesecke*, BWaStrG, § 45 Rn. 5.

24 *Friesecke*, wie vor.

25 *Aschermann*, in: Ziekow (Hrsg.), Praxis des Fachplanungsrechts, Rn. 1983.

26 Bsp. bei *Friesecke*, BWaStrG, § 45 Rn. 5; so stellte sich die Sachlage auch im Fall der beabsichtigten Erweiterung des Hafens Köln-Godorf dar, der auf der Grundlage des § 31 WHG a.F. planfestgestellt worden war, vgl. *VG Köln*, Urt. v. 11.08.2009, Az. 14 K 4720/06, juris; *OVG Münster*, Beschl. v. 29.07.2010, Az. 20 B 1320/09, juris.

2. *Abgrenzung nach dem Ausbauzweck*

Handelt es sich bei dem ausbaubetroffenen Gewässer hingegen um eine Bundeswasserstraße bzw. einen Bestandteil derselben, so hängt die Geltung des WaStrG im Weiteren davon ab, ob die Ausbaumaßnahme die Bundeswasserstraße als Verkehrsweg betrifft (§ 12 Abs. 2 S. 1 WaStrG). Das maßgebliche Kriterium ist demnach der mit den Ausbaumaßnahmen verfolgte Zweck: § 14 WaStrG ist nur dann einschlägig, wenn die Bundeswasserstraße im Verkehrsinteresse, also zur Ermöglichung, Aufrechterhaltung oder Förderung der Schifffahrt, ausgebaut wird.[27] Erforderlich ist eine Änderung der Verkehrsfunktion der Wasserstraße.[28] Dabei ist zu berücksichtigen, dass zum Verkehr, d.h. zum Befahren der Bundeswasserstraße, nicht nur die Ortsveränderung, sondern auch alle dazugehörigen Vorgänge, namentlich der ruhende Verkehr i.S. des Ankerns, Liegens, Anlegens, Festmachens und ebenso der Umschlag gehören.[29] Daher ist eine Entgegensetzung von Verkehrsbelangen einerseits und spezifischen Hafenbelangen andererseits, zu denen im Schrifttum die Verbesserung der Umschlagsituation, der Hafenbetrieb oder der alleinige Hafenverkehr gezählt werden[30], abzulehnen. „Hafenbelange" sind somit nicht notwendig verkehrsfremde Interessen.[31]

Dient der Ausbau anderen als verkehrsbezogenen Zwecken, etwa Aufgaben der Wasserwirtschaft, ist § 68 Abs. 1 WHG anzuwenden. Eine pauschale Zuordnung der für die Einrichtung oder Erweiterung eines Hafens erforderlichen Ausbaumaßnahmen ist freilich nicht möglich.[32] Vielmehr gilt es, anhand des konkreten Einzelfalls zu prüfen, welchen Zwecken Letztere dienen.

Regelmäßig werden mit besagten Maßnahmen weder allein verkehrsbezogene noch ausschließlich andere Zwecke verfolgt, sondern vielmehr ein Geflecht unterschiedlicher Interessen. In solchen Fällen kommt es für die Abgrenzung darauf an, welcher Ausbauzweck überwiegt.[33] Auch wenn eine derartige Gewichtung im Einzelfall schwierig sein mag, darf sie nicht umgangen werden. Denn das Nebeneinander mehrerer Planfeststellungen für eine einheitliche Ausbaumaßnahme verbietet sich angesichts des planfeststellungsrechtlichen Konzentrationsprinzips[34]; ferner stünde die beliebige Wahl eines der in Betracht kommenden Verfahren nicht mit der verfassungsrechtlichen Kompetenzordnung in Einklang.[35]

---

27 *Breuer*, Wasserrecht, Rn. 953; *Czychowski/ Reinhardt*, WHG, § 70 Rn. 75.

28 *OVG Hamburg*, Beschl. v. 21.09.2000, Az. 5 E 24/00.P (Mühlenberger Loch), NordÖR 2001, 26 (27).

29 So zutreffend *Friesecke*, BWaStrG, § 5 Rn. 3.

30 So *Aschermann*, in: Ziekow (Hrsg.), Praxis des Fachplanungsrechts, Rn. 1985.

31 Das verkennt *Aschermann*, in: Ziekow (Hrsg.), Praxis des Fachplanungsrechts, Rn. 1985 f., der eine restriktive Anwendung des § 14 WaStrG befürwortet.

32 Missverständlich *Kühling/ Herrmann*, Fachplanungsrecht, Rn. 98: „Die Anlage von Häfen ist Gewässerausbau i.S. des § 31 WHG (a.F.)"; damit ist noch nicht gesagt, dass nicht zugleich ein Ausbau i.S. des § 12 WaStrG vorliegt mit der Folge, dass der speziellere § 14 WaStrG maßgeblich wird.

33 *Friesecke*, BWaStrG, § 14a Rn. 78; *Czychowski/ Reinhardt*, WHG, § 70 Rn. 75, 78; *Aschermann*, in: Ziekow (Hrsg.), Praxis des Fachplanungsrechts, Rn. 1986; *OVG Hamburg*, Beschl. v. 21.09.2000, Az. 5 E 24/00.P (Mühlenberger Loch), NordÖR 2001, 26 (28).

34 S. §§ 75, 78 VwVfG.

35 *Breuer*, Wasserrecht, Rn. 954.

a) Behandlung in der Rechtsprechung

In den bislang gerichtlich beurteilten Fällen sind Planfeststellungen zur Errichtung bzw. Erweiterung von Containerhäfen – jeweils ohne gerichtliche Beanstandung – überwiegend auf § 14 Abs. 1 WaStrG gestützt worden.[36] Eine diesbezügliche nähere rechtliche Würdigung des Ausbauzwecks hat indes nur das *OVG Lüneburg* in zwei Entscheidungen vorgenommen. Im Urteil zur Erweiterung des Containerterminals IIIa in Bremerhaven hat das Gericht die Errichtung einer 340 m langen Kaje und eines Großschiffsliegeplatzes einschließlich der Ausbaggerung der Liegewanne als Ausbaumaßnahmen i.S. von § 12 Abs. 2 S. 1 WaStrG angesehen und damit die Anwendung des § 14 Abs. 1 WaStrG für rechtmäßig befunden. Zur Begründung führte das OVG aus, es handele sich bei beiden Maßnahmen um eine wesentliche Umgestaltung der Bundeswasserstraße, die Letztere als Verkehrsweg beträfen, da sie den Zweck hätten, für einen ufernahen Teil der Bundeswasserstraße die Möglichkeit des Verkehrs für große Schiffe zu eröffnen und die Schifffahrt durch Kapazitätserweiterung des Terminals zu fördern.[37]

Anlässlich der Beurteilung des auf § 14 Abs. 1 WaStrG gestützten Planfeststellungsbeschlusses zur Errichtung des Jade-Weser-Ports in Wilhelmshaven[38] hat jüngst das *OVG Lüneburg* besagte Rechtsgrundlage ebenfalls als zutreffend erachtet, und zwar mit der Begründung, der Plan bestehe in einer verkehrsbezogenen Umgestaltung der Bundeswasserstraße Jade, die am Westufer aufgespült und deren Fahrrinne auf mehreren km verlegt bzw. verschwenkt werden solle. Es würden ca. 356 ha Wasserfläche mit der Errichtung der Hafenfläche erstmalig überbaut, das Westufer im Bereich der Hafenaufspülfläche neu gestaltet und die Gewässersohle in diesem Bereich nachhaltig umgestaltet. Die Maßnahmen seien verkehrsbezogen; sie ermöglichten es, eine deutsche Wasserstraße insgesamt erstmals tideunabhängig mit Containerschiffen zu befahren, die einen Tiefgang bis zu 16 m hätten. Dies erfülle zweifelsfrei den Tatbestand des Ausbaus gem. § 12 Abs. 2 S. 1 WaStrG. Wegen des im Ausbau liegenden Schwerpunktes des Vorhabens sei es unschädlich, dass es daneben auch wasserwirtschaftliche und hafenspezifische Belange berühre.[39]

Auch die dem *OVG Bremen* zur Nachprüfung vorgelegten Planfeststellungsbeschlüsse zu mehreren Erweiterungen des Containerterminals „Wilhelm Kaisen“ in Bremerhaven sind sämtlichst auf der Grundlage des § 14 Abs. 1 WaStrG erlassen worden, ohne dass das Gericht auf die Voraussetzungen der Norm und die Abgrenzung zu § 31 WHG a.F. auch nur eingegangen ist.[40] Die Ausbaumaßnahmen richteten sich jeweils im Wesentlichen auf die Verlängerung der Stromkaje zur Anlegung weiterer Großschiffsliegeplätze sowie auf die erforderlichen Umschlags-, Lager- und Verkehrsflächen. Im Fall des Containerterminals IV waren zudem die Verlegung des Weddewarder Tiefs und Außentiefs,

36 Krit. *Aschermann*, in: Ziekow (Hrsg.), Praxis des Fachplanungsrechts, Rn. 1986 mit Fn. 80.

37 *OVG Lüneburg*, Urt. v. 20.03.2003, Az. 7 KS 2646/01 (CT Bremerhaven IIIa), ZfW 2004, 101 (102).

38 *OVG Lüneburg*, Beschl. v. 05.03.2008, Az. 7 MS 114/07 (Jade-Weser-Port), NuR 2008, 265.

39 *OVG Lüneburg*, Beschl. v. 05.03.2008, Az. 7 MS 114/07 (Jade-Weser-Port), NuR 2008, 265 (268).

40 *OVG Bremen*, Urt. v. 11.06.1996, Az. 1 G 3/94 (CT Bremerhaven III), Leitsatz in UPR 1997, 299; *dass.*, Urt. v. 13.12.2001, Az. 1 D 299/01 (CT Bremerhaven IIIa), NordÖR 2002, 116; *dass.*, Urt. v. 13.01.2005, Az. 1 D 224/04 (CT Bremerhaven IV), juris.

ferner der vorhandenen Deiche sowie die Herstellung einer Liegwanne und der entsprechenden Zufahrten zum Fahrwasser Gegenstand des Planfeststellungsbeschlusses.

Sowohl das *OVG Lüneburg* als auch das *OVG Bremen* sind folglich davon ausgegangen, dass der Ausbau einer Bundeswasserstraße zur Errichtung bzw. Erweiterung eines Containerhafens (jedenfalls überwiegend) verkehrsbezogenen Zwecken i.S. des § 12 Abs. 2 S. 1 WaStrG dient.

b) Unmaßgeblichkeit der Kategorisierung im UVPG

Eine einzelfallunabhängige Zuordnung der hier interessierenden Ausbaumaßnahmen lässt sich nicht unter Verweis auf die Kategorisierung im UVP-Recht vornehmen. Die Anlage 1 zum UVPG des Bundes[41] (Liste der UVP-pflichtigen Vorhaben) unterscheidet „wasserwirtschaftliche Vorhaben mit Benutzung oder Ausbau eines Gewässers" (Nr. 13) von „Verkehrsvorhaben" (Nr. 14) und ordnet ersterer Gruppe u.a. folgende Vorhabenarten zu: Bau eines Hafens für die Binnenschifffahrt (Nr. 13.9), Bau eines Binnen- oder Seehandelshafens für die Seeschifffahrt (Nr. 13.10), Bau eines mit einem Binnen- oder Seehafen für die Seeschifffahrt verbundenen Landungssteges zum Laden und Löschen von Schiffen (Nr. 13.11), Bau eines sonstigen Hafens, einschließlich Fischereihafens oder Jachthafens, oder einer infrastrukturellen Hafenanlage (Nr. 13.12). Der „Bau einer Bundeswasserstraße" in verschiedenen Modalitäten findet sich hingegen der Kategorie „Verkehrsvorhaben" zugeordnet (Nr. 14.1 und 14.2).

Aus dieser typisierenden Einordnung von Häfen als wasserwirtschaftliche Vorhaben darf indes nicht vorschnell geschlossen werden, der Gesetzgeber des UVPG habe eine generelle Vorentscheidung des Inhalts treffen wollen, der Bau eines Hafens sei ausnahmslos ein nach dem Wasserhaushaltsrecht planfeststellungsbedürftiges Vorhaben. Es ist nicht anzunehmen, dass gesetzgeberisch das Erfordernis der Prüfung, welcher Hauptzweck mit der Ausbaumaßnahme im Einzelfall verfolgt wird, durch eine abstrakte Festlegung abgelöst werden sollte. Denn das implizierte die Annahme, der Bau (bzw. die Erweiterung) eines Hafens könne niemals vorrangig verkehrsbezogenen Zwecken dienen und wäre damit dem Planfeststellungsverfahren nach § 14 Abs. 1 WaStrG von vornherein entzogen. Dass der Gesetzgeber solches nicht im Sinn hatte, belegt zudem Nr. 14.1.2 der Anlage 1 zum UVPG; danach ist der „Bau einer Bundeswasserstraße durch ein Vorhaben i.S. der Nummer 13.12" (Bau eines sonstigen Hafens oder einer infrastrukturellen Hafenanlage) den Verkehrsvorhaben zuordnet. In der Begründung zum Gesetzentwurf findet sich überdies folgende Aussage zu Nr. 13.9 (Hafen für die Binnenschifffahrt): „Soweit es sich um Häfen des Bundes an Bundeswasserstraßen handelt, ist Nummer 14.1 in Verbindung mit Nummer 13.12 einschlägig."[42] Damit zeigt sich, dass der Gesetzgeber die Zuordnung von Häfen nicht nach dem Zweck der Ausbaumaßnahme vorgenommen hat, was freilich angesichts der Vorgaben in §§ 12, 14

41 Gesetz über die Umweltverträglichkeitsprüfung i.d.F. der Bekanntmachung v. 25.06.2005, BGBl. I S. 1757, 2797, zuletzt geändert durch Gesetz zur Bereinigung des Bundesrechts im Geschäftsbereich des Bundesministeriums für Umwelt, Naturschutz und Reaktorsicherheit (RGU) v. 11.08.2009, BGBl. I, S. 2723 und das Gesetz zur Umsetzung der Dienstleistungsrichtlinie auf dem Gebiet des Umweltrechts sowie zur Änderung umweltrechtlicher Vorschriften v. 11.08.2010, BGBl. I S. 1163.

42 Entwurf eines Gesetzes zur Umsetzung der UVP-Änderungsrichtlinie, der IVU-Richtlinie und weiterer EG-Richtlinien zum Umweltschutz, BT-Drs. 1445/99 v. 14.11.2000, S. 118.

WaStrG zu Ungereimtheiten führt.[43] Eine präjudizierende Wirkung der Vorhabenkategorisierung in der Anlage 1 zum UVPG dergestalt, dass damit bereits über das die UVP integrierende Verfahren (vor)entschieden sei, kommt dem Gesetz jedenfalls nicht zu. Es bleibt bei dem Erfordernis der Abgrenzung im konkreten Einzelfall.

c) *Zwischenergebnis*

Typischerweise dürften Maßnahmen zum Ausbau einer Bundeswasserstraße im Rahmen der Errichtung bzw. Erweiterung von Umschlagshäfen – in Einklang mit der Argumentation der Oberverwaltungsgerichte Lüneburg und Bremen – schwerpunktmäßig Verkehrszwecken dienen und damit der Planfeststellung nach § 14 Abs. 1 WaStrG unterfallen. Das gilt jedenfalls dann, wenn Kaianlagen errichtet bzw. erweitert, Liegplätze angelegt und/oder die Fahrrinne verlegt, begradigt, vertieft oder verbreitert werden.[44] Allerdings entbindet diese Annahme nicht davon, jeweils eine einzelfallbezogene Prüfung des Schwerpunkts der Maßnahme(n) durchzuführen. Sollten nicht überwindbare Zweifel verbleiben, so bietet sich an, entsprechend § 78 Abs. 2 S. 3 VwVfG zu verfahren.[45]

II. Rechtliche Vorgaben zur gegenständlichen Reichweite der Planfeststellung

Eine weitere wesentliche, der Durchführung des wasser(straßen)rechtlichen Planfeststellungsverfahrens vorausliegende Frage ist diejenige, worauf sich der Planfeststellungsbeschluss in gegenständlicher und räumlicher Hinsicht erstrecken soll bzw. von Gesetzes wegen erstrecken muss, m.a.W., was Gegenstand des Vorhabens im fachplanungsrechtlichen Sinne ist. Die Frage betrifft die Planfeststellung nach § 14 WaStrG und diejenige nach § 68 WHG gleichermaßen.

Typischerweise erfordert die Errichtung bzw. die Erweiterung eines Binnenhafens zunächst den (Aus-)Bau eines oder mehrerer Hafenbecken einschließlich der Kaimauer(n), ferner von Umschlags- und Bereitstellungsanlagen für Schüttgut, Stückgut oder Container, ggf. Wechselbrücken, Kräne u.ä. Im Weiteren sind die für den Umschlag erforderlichen Zwischenlager- und Bereitstellungsflächen, ggf. Gefahrgutflächen anzulegen. Regelmäßig richten sich die Maßnahmen auf Flächen und Gebäude mit dem Hafenbetrieb dienenden Büro-, Verwaltungs-, Abfertigungs-, Aufenthalts- und Sozialräumen sowie Flächen für die zum Umschlagbetrieb erforderlichen Serviceeinrichtungen (z.B. Reinigungs-, Wasch-, Tank- und Reparaturbereiche). Zur Erschließung des Hafengeländes bedarf es schließlich zumeist der Errichtung von (zusätzlichen) Schienenwegen und Straßen.

Angesichts dieser Anlagenvielfalt ist der Frage nachzugehen, wie das Zulassungsregime für die Hafenerrichtung bzw. -erweiterung, insbesondere mit Blick auf die sachliche Zuständigkeit, gesetzlich ausgestaltet ist. In diesem Rahmen wird klärungsbedürftig, ob aus rechtlicher Sicht von einem einzigen „Hafenvorhaben", verstanden als Gesamtheit der dazu gehörenden Anlagen und Flächen, ausgegangen werden kann, über dessen Zulassung zu entscheiden damit nur einer Behörde obliegt – oder ob die Rechtsordnung

43 Davon abgesehen verkennt die Gesetzesbegründung, dass es für die Anwendung des WaStrG auf Bundeswasserstraßen innerhalb von Häfen nicht darauf ankommt, dass der Bund den Hafen betreibt (vgl. § 45 Abs. 4 S. 1 WaStrG).

44 Dazu auch *Friesecke*, BWaStrG, § 12 Rn. 10.

45 *Czychowski/Reinhardt*, WHG, § 70 Rn. 80, unter Verweis auf *R. Reinhardt*, NuR 1994, 417 (419).

stattdessen eine Aufspaltung des technischen bzw. wirtschaftlichen Vorhabens „Hafen(aus)bau“ dergestalt verlangt, dass über einzelne Bestandteile desselben mehrere unterschiedliche Behörden zu entscheiden haben. Die Frage ist deswegen von erheblicher Bedeutung, weil jede Behörde selbstverständlich rechtlich verpflichtet ist, die ihr zugewiesenen Aufgaben wahrzunehmen, zugleich aber die Grenzen ihres Zuständigkeitsbereichs zu beachten hat, die Zuständigkeit also Grund und Grenze ihres Handelns bildet.[46]

Die nordrhein-westfälische Verwaltungsrechtsprechung neigt zu einer aus planfeststellungsrechtlicher Sicht restriktiven Auffassung, die das Erfordernis einer segmentierten Zulassung des Hafen(erweiterungs)vorhabens nach sich zieht.[47] Nachfolgend ist zunächst der Frage nachzugehen, ob – entgegen jener Judikatur – das gesetzliche Erfordernis einer wasser(straßen)rechtlichen Planfeststellung das Hafenvorhaben in Gänze umfasst (unter 1.). Geht man hingegen davon aus, es bedürfe für Anlage und Erweiterung moderner Häfen regelmäßig mehrerer Planfeststellungen, so bleibt untersuchungsbedürftig, ob es in Anwendung von § 75 Abs. 1 S. 1 VwVfG einerseits und § 78 VwVfG andererseits nicht doch zu einer Zuständigkeits- und Verfahrenkonzentration i.S. der Durchführung nur eines Planfeststellungsverfahrens kommt (unter 2.).

1. Errichtung bzw. Erweiterung eines Binnenhafens als einheitliches Vorhaben im Sinne des Planfeststellungsrechts

Im Folgenden ist der Prämisse nachzugehen, wonach der (Aus-)Bau eines Hafens materiell-rechtlich als ein einziges unteilbares Vorhaben verstanden werden muss, dies mit der formell-rechtlichen Konsequenz, dass es in seiner Gesamtheit der sachlichen Zuständigkeit einer einzigen Planfeststellungsbehörde unterfällt. Für eine solche Sichtweise streiten fraglos das Bedürfnis des Vorhabenträgers nach Rechtssicherheit und sonstige wirtschaftliche Aspekte, ferner solche des Rechtsschutzes.[48] Freilich sind diese Belange für sich genommen nicht geeignet, entsprechende rechtliche Folgerungen herbeizuführen; vielmehr bedarf es einer normativen Grundlage für eine umfassende Behördenzuständigkeit. Weil es weder für die Errichtung noch für den Ausbau eines Hafens einen spezifischen gesetzlichen Zulassungsvorbehalt gibt, muss – wie bereits dargelegt – auf das wasserrechtliche Erfordernis einer Planfeststellung für den Ausbau eines Gewässers (§ 68 Abs. 1 WHG) bzw. den wasserstraßenrechtlichen Planfeststellungsvorbehalt für den Ausbau einer Bundeswasserstraße (§ 14 Abs. 1 WaStrG) zurückgegriffen werden.[49] Damit geraten zugleich die allgemeinen Vorschriften über das Planfeststellungsverfahren in §§ 73–78 ff. VwVfG[50] in den Blick, die nach § 72 Abs. 1 VwVfG im Fall rechtsförmiger Anordnung eines Planfeststellungsverfahrens Geltung beanspruchen und denen sich Bestimmungen mit Bezug auf „das Vorhaben“ entnehmen lassen.

46 *Maurer,* Allgemeines Verwaltungsrecht, § 21 Rn. 52.

47 S. anhand des Ausbaus des Hafens Köln-Godorf *VG Köln,* Urt. v. 11.08.2009, Az. 14 K 4720/06, juris, Rn. 48 ff.; *OVG Münster,* Beschl. v. 29.07.2010, Az. 20 B 1320/09, juris.

48 Vgl. *VG Köln,* Urt. v. 11.08.2009, Az. 14 K 4720/06, juris, Rn. 53, unter Verweis auf *VG Hamburg,* Beschl. v. 30.10.2006, Az. 19 E 3517, NordÖR 2007, 125 (126): „Segmentierung rechtspolitisch unbefriedigend, rechtlich aber voraussichtlich nicht zu beanstanden.“

49 Dazu bereits unter B.I.

50 In Abhängigkeit von der behördlichen Zuständigkeit ggf. des VwVfG NRW.

a) *Bestimmung des maßgeblichen normativen Anknüpfungspunkts im Zusammenspiel des fachgesetzlichen Planfeststellungsvorbehalts mit § 75 Abs. 1 S. 1 Hs. 1 VwVfG*

Zunächst fragt sich, ob bereits § 75 Abs. 1 S. 1 Hs. 1 VwVfG ein im vorstehenden Sinne umfassender Vorhabenbegriff entnommen werden kann. Nach dieser Vorschrift wird durch die Planfeststellung die Zulässigkeit des Vorhabens (einschließlich der notwendigen Folgemaßnahmen an anderen Anlagen) im Hinblick auf alle von ihm berührten Belange festgestellt. Das allgemeine Planfeststellungsrecht des VwVfG trifft indessen keine Aussage über Inhalt und Reichweite des Begriffs „Vorhaben". Das könnte darauf hindeuten, dass dessen Bestimmung insoweit dem Träger des Vorhabens überlassen bleibt, Vorhaben also das ist, „was der Vorhabenträger vorhat"[51]. Gegen eine derartige (subjektive bzw. „tatsächliche"[52]) Bestimmung des Vorhabenbegriffs hat die Rechtsprechung deren „Uferlosigkeit" ins Feld geführt; danach wäre es mit dem verfassungsrechtlichen Schutz der staatlichen Funktionenordnung (Art. 20, 28 GG) nicht vereinbar, wenn der Vorhabenträger es in der Hand hätte, durch die konkrete Gestaltung seines Vorhabens darüber zu bestimmen, welche Behörde – und letztlich auch: welches Gericht – über die Zulässigkeit der von ihm beabsichtigten Maßnahmen zu entscheiden hat. Die gegenteilige Auffassung werde darüber hinaus von § 75 Abs. 1 S. 1 VwVfG selbst widerlegt: Die dort vorgesehene Erstreckung der Konzentrationswirkung auf notwendige Folgemaßnahmen wäre überflüssig, wenn diese – wie regelmäßig – bereits Teil des tatsächlichen Vorhabens selbst wären.[53]

Die Überzeugungskraft dieser Argumentation ist augenscheinlich; selbstverständlich kann dem Vorhabenträger eine die staatliche Kompetenzverteilung überwindende Gestaltungs- bzw. Dispositionsbefugnis nicht zukommen.[54] Nur innerhalb des fachgesetzlich bestimmten Vorhabentyps vermag der Vorhabenträger über die konkrete Gestalt „seines" Vorhabens zu bestimmen, welches zur Entscheidung der Planfeststellungsbehörde steht.[55] Zwar ist es ihm ansonsten unbenommen, ein „Vorhaben" zu konzipieren, welches gleichsam quer zu in den Fachplanungsgesetzen gegenständlich beschriebenen Vorhabentypen liegt, doch handelt es sich dann eben nicht um ein Vorhaben im Rechtssinne, genauer: i.S. des allgemeinen Planfeststellungsrechts, sondern nur um ein solches im wirtschaftlichen bzw. technischen Sinne, über dessen genehmigungsrechtliche Einordnung und Behandlung (ggf. auch Segmentierung) nach den einschlägigen Vorschriften zu befinden ist.[56]

Darüber hinaus erscheint Folgendes beachtlich: Nach § 72 Abs. 1 Hs. 1 VwVfG gelten, wenn ein Planfeststellungsverfahren durch Rechtsvorschrift angeordnet ist, hierfür die §§ 73 bis 78 VwVfG. Daraus folgt zugleich, dass die Anwendung dieser Bestimmungen nur in Abhängigkeit und im Rahmen der fachgesetzlichen Anordnung in Betracht

---

51 Vgl. *VG Köln,* Urt. v. 11.08.2009, Az. 14 K 4720/06, juris, Rn. 52.

52 Vgl. *VG Köln,* wie vor.

53 *VG Köln,* Urt. v. 11.08.2009, Az. 14 K 4720/06, juris, Rn. 52.

54 Ebenso anhand der luftrechtlichen Planfeststellung *Delbanco,* Die Änderung von Verkehrsflughäfen, S. 98.

55 I.d.S. *Geiger,* in: Ziekow (Hrsg.), Praxis des Fachplanungsrechts, Rn. 267.

56 Vgl. *OVG Münster,* Beschl. v. 29.07.2010, Az. 20 B 1320/09, juris, Rn. 35: „Vorhaben" ist die in dem konkreten Plan festgelegte Gestaltungsabsicht des Vorhabenträgers (§ 73 Abs. 1 Satz 2 VwVfG NRW).

kommt, mithin die Geltung jener allgemeinen Verfahrensnormen allein durch das Fachgesetz ausgelöst werden kann.[57] Letzteres ordnet aber ein Planfeststellungsverfahren jeweils nur für bestimmte, seinem Regelungsbereich unterfallende Maßnahmen an, namentlich in § 68 Abs. 1 WHG bzw. § 14 Abs. 1 S. 1 WaStrG. Hierauf nimmt die Vorschrift des § 75 Abs. 1 S. 1 VwVfG (NRW) Bezug, wenn sie von „dem Vorhaben" spricht.[58] Dem VwVfG bzw. der Systematik von VwVfG und WHG/WaStrG ist folglich zu entnehmen, dass das allgemeine Verwaltungsverfahrensrecht keinen eigenen abstrakten, vom Fachrecht losgelösten Vorhabenbegriff schaffen will, sondern eben (nur) das als Vorhaben begreift, was nach Maßgabe des Fachplanungsrechts als solches der Planfeststellung unterworfen wird.[59] Dafür spricht bereits der Umstand, dass die planfeststellungsrechtlichen Vorschriften in §§ 72 ff. VwVfG solche des Verfahrensrechts darstellen, wohingegen die Bestimmung dessen, was „Vorhaben" ist, dem materiellen Recht zuzurechnen ist. In systematischer Hinsicht kommt hinzu, dass § 75 VwVfG die Rechtswirkungen der Planfeststellung regelt[60], nicht aber ihre Voraussetzungen, zu denen die Frage des planfeststellungsbedürftigen Gegenstandes zählt.

All jene Gründe, die für einen engen oder weiten Vorhabenzuschnitt sprechen[61], können daher allenfalls die Auslegung des fachgesetzlichen Vorhabenbegriffs leiten – dieser markiert die äußerste Grenze dessen, was der Planfeststellung zugänglich ist[62].[63] Anderenfalls geriete die Bindung der Verwaltung an das Gesetz, hier an § 68 Abs. 1 WHG bzw. § 14 Abs. 1 WaStrG, in Schieflage. Vor diesem Hintergrund ist freilich auch die Bestimmung dessen, was „Gewässerausbau" bzw. „Ausbau einer Bundeswasserstraße" i.S. dieser Vorschriften ist, nicht der Disposition des Vorhabenträgers anheim gegeben.[64]

Das *VG Köln* hat sich ferner zu der Frage verhalten, ob dem abzulehnenden „rein tatsächlichen Vorhabenbegriff" mittels einer „funktional zu bestimmenden Willkürgrenze" zur Geltung zu verhelfen sei. Gemeint ist damit, dass das Vorhaben (i.S. von § 75 Abs. 1 S. 1 VwVfG NRW) all jene Bestandteile erfasst, die dem Betrieb des Hafens zu dienen bestimmt sind. Auch ein solches Ansinnen hat das Gericht zurückgewiesen und zur Begründung wiederum die wesentliche Bedeutung der Zuständigkeitsordnung im staatlichen Funktionsgefüge angeführt, ferner die Kompetenz des eigentlich berufenen Entscheidungsträgers sowie den Umstand, dass § 78 VwVfG anderenfalls weitgehend leer liefe.[65] Das Gericht gelangt zu dem Zwischenergebnis, das Tatbestandsmerkmal des

---

57 *Kopp/ Ramsauer,* VwVfG, § 72 Rn. 4d.

58 I.d.S. *Ramsauer/ Bieback,* NVwZ 2002, 277 (279); *Czychowski/ Reinhardt*, WHG, § 70 Rn. 63; *Breuer,* in: Planung, FS Hoppe, S. 667 (668).

59 So auch *OVG Münster,* Beschl. v. 29.07.2010, Az. 20 B 1320/09, juris, Rn. 47.

60 *Bonk/ Neumann,* in: Stelkens/ Bonk/ Sachs, VwVfG, § 75 Rn. 1; *Kopp/ Ramsauer,* VwVfG, § 72 Rn. 4d, § 75 Rn. 1.

61 Dazu sogleich näher.

62 I.d.S. *Kopp/ Ramsauer,* VwVfG, § 72 Rn. 14: „Für die Planfeststellungsbedürftigkeit eines Vorhabens kommt es allein darauf an, ob es vom jeweiligen maßgeblichen Fachplanungsgesetz erfasst wird oder nicht"; so auch *Ramsauer/ Bieback,* NVwZ 2002, 277 (279); ferner *Czychowski/ Reinhardt,* WHG, § 70 Rn. 63.

63 Darüber hinaus können sich Weiterungen im Wege der Zuständigkeits- und Verfahrenskonzentration nach § 75 Abs. 1 S. 1 Hs. 1 VwVfG (Folgemaßnahmen) oder nach § 78 VwVfG (Zusammentreffen mehrerer Vorhaben) ergeben; dazu näher unter B.II.2.

64 Ebenso *OVG Münster,* Beschl. v. 29.07.2010, Az. 20 B 1320/09, juris, Rn. 45.

65 *VG Köln,* Urt. v. 11.08.2009, Az. 14 K 4720/06, juris, Rn. 53.

„Vorhabens" in § 75 Abs. 1 S. 1 VwVfG sei weder rein tatsächlich, noch „funktional", sondern vielmehr „ermächtigungsgrundlagenbezogen" auszulegen.[66] Diese Entgegensetzung des „Funktionalen" und des „Ermächtigungsgrundlagenbezuges" führt allerdings nicht weiter: Es geht nämlich, wie gesehen, letztlich nicht um eine Auslegung des Begriffs „Vorhaben" mit Bezug zur Ermächtigungsgrundlage, sondern um eine Interpretation des fachgesetzlichen Planfeststellungsvorbehalts, anlässlich derer sich die Frage stellt, ob die jeweilige Norm Raum lässt für eine funktionale Begriffsbestimmung[67] – mit dem Ergebnis, dass ein Hafen(aus)bau in Gänze, d.h. einschließlich aller hier interessierenden Bestandteile, als Gewässer- bzw. Wasserstraßenausbau verstanden werden kann. Dem ist im Folgenden nachzugehen. Die Darstellung nimmt dabei Bezug auf den wasserrechtlichen Ausbaubegriff; für denjenigen nach dem Wasserstraßenrecht (§§ 12 Abs. 2, 14 Abs. 1 WaStrG) gilt in der Sache nichts anderes, weil es sich dabei, wie bereits erwähnt, im Verhältnis zum Wasserrecht um lex specialis handelt.[68]

b) Auslegung des Begriffs „Gewässerausbau"

Nach § 68 Abs. 1 i.V.m. § 67 Abs. 2 S. 1 WHG bedarf die Herstellung, Beseitigung oder wesentliche Umgestaltung eines Gewässers oder seiner Ufer der Planfeststellung durch die zuständige Behörde. Das Gesetz umgreift jene Maßnahmentrias mit dem Oberbegriff des Gewässerausbaus. Angesichts dieser Bestimmung ist die Frage aufgeworfen, ob sie die Hafenerrichtung oder -erweiterung, jeweils verstanden als einheitliches Vorhaben, zu tragen vermag.

Die nordrhein-westfälische Verwaltungsrechtsprechung sieht sich ausdrücklich durch das geltende Recht daran gehindert, diese Frage zu bejahen.[69] Begründet wird diese Sichtweise mit dem Normwortlaut, der eine Planfeststellung räumlich auf das Gewässer und seine Ufer sowie funktional auf das „Dem-Gewässerausbau-Dienen" beschränke. Nicht mehr dazu gehörten demnach Einrichtungen, durch die der Ausbau wirtschaftlich genutzt werden soll, etwa die Errichtung von Krananlagen etc.; hierbei handele es sich um Anlagen *an* Gewässern, für die entsprechende landesrechtliche Vorschriften gälten (hier § 99 LWG NRW).[70] Mit diesem Argument unterfallen Anlagen wie Umschlags- und Lagerflächen, Flächen und Gebäude für die Hafenverwaltung u.ä., Straßenverkehrsflächen und Gleisanlagen nicht dem Begriff des Gewässerausbaus und folglich nicht der wasserrechtlichen Planfeststellung.[71] Diese restriktive Interpretation ist im Folgenden auf den Prüfstand zu stellen.

aa) Auslegung nach Wortlaut und Systematik

Ausgangspunkt und zugleich Grenze jeder Gesetzesinterpretation ist der Normwortlaut. Der Rechtsprechung zufolge kann eine Hafenerweiterung in ihrer Gesamtheit nicht als „Gewässerausbau" verstanden werden; begründet findet sich dies mit dem Argument,

---

66 *VG Köln*, Urt. v. 11.08.2009, Az. 14 K 4720/06, juris, Rn. 51.

67 Dazu dann schließlich auch *VG Köln*, Urt. v. 11.08.2009, Az. 14 K 4720/06, juris, Rn. 68; hierzu sogleich näher.

68 S. oben B.I.

69 *VG Köln*, Urt. v. 11.08.2009, Az. 14 K 4720/06, juris, Rn. 55; *OVG Münster*, Beschl. v. 29.07.2010, Az. 20 B 1320/09, juris, Rn. 36 ff.

70 *VG Köln*, Urt. v. 11.08.2009, Az. 14 K 4720/06, juris, Rn. 61.

71 *VG Köln*, Urt. v. 11.08.2009, Az. 14 K 4720/06, juris, Rn. 63.

der Begriff lasse keinen Anknüpfungspunkt für eine funktionale Komponente erkennen. Was ein Gewässer sei, bestimme sich nach den natürlichen Gegebenheiten, anders als etwa im Fall von Betriebsanlagen einer Eisenbahn i.S. des § 18 Abs. 1 S. 1 AEG, die für eine funktionale Betrachtungsweise wohl eher Raum ließen.[72]

Letzterem ist zu entgegnen, dass der Verweis auf die natürlichen Gewässergegebenheiten fehl geht, wenn sich die Errichtung eines Hafenbeckens nicht als Umgestaltung eines vorhandenen, sondern als Herstellung eines neuen Gewässers i.S. von § 67 Abs. 2 S. 1 WHG erweist, denn „die Herstellung" vermag sich denknotwendig nur auf künstliche Gewässer zu beziehen[73], denen insoweit keine „natürlichen Gegebenheiten" eigen sein können. Was in diesem Fall ein Gewässer ist, bestimmt sich nach den Vorstellungen seines Herstellers und kann damit (insoweit) sehr wohl Raum für eine funktionale Betrachtungsweise lassen.

Nach Ansicht des *OVG Münster* wird der Gewässerausbau durch den Gesetzeswortlaut räumlich auf die Flächen begrenzt, die das Gewässer in seinem äußeren Zustand ergeben. Hierzu gehöre definitionsgemäß das ständig oder zeitweilig in Betten fließende oder stehende oder aus Quellen wild abfließende Wasser (§ 1 Abs. 1 Satz 1 Nr. 1 WHG a.F.), ferner das Gewässerbett als eine das Wasser begrenzende Eintiefung der Landoberfläche einschließlich dem vom Wasser bedeckten Boden und der seitlichen Begrenzung des Wassers. Seitlich ende das Gewässer mit der durch den Mittelwasserstand bestimmten Uferlinie (§ 8 Abs. 1 LWG). Nicht zum Gewässer gehörten die an die Uferlinie anschließenden landseitigen Flächen.[74] Der wasserrechtliche Planfeststellungsvorbehalt beziehe ferner die mit dem Ausbau verfolgten Zwecke ebenso wenig ein wie die Nutzungsverflechtungen, die sich zu den an das Gewässer angrenzenden Landflächen ergäben. Auch auf die funktionale Verknüpfung eines Gewässerausbaus mit anderen gleichzeitig geplanten Maßnahmen komme es nicht an. Daran soll sich selbst dann nichts ändern, wenn die Nutzung der landseitig an das Gewässer angrenzenden Flächen bei einem Umschlaghafen zwingend auf einen Gewässerausbau angewiesen ist. Ein Umschlaghafen sei insofern nicht anders zu betrachten als etwa ein an einem Gewässer anzulegender oder zu verändernder Industriebetrieb, der zum An-/Abtransport der Rohstoffe und Produkte eine im Wege des Gewässerausbaus zu schaffende Anlegestelle benötige und dennoch seinerseits nicht der wasserrechtlichen Planfeststellung unterliege. Die Vorschrift biete keine Rechtsgrundlage für die Planfeststellung eines Umschlaghafens als Gesamtheit der für eine solche Anlage funktional erforderlichen wasserseitigen und landseitigen Teilanlagen. Die funktionale Einheit zwischen der Veränderung der Gestalt des Gewässers und der jenseits der Uferlinie liegenden Hafenflächen reiche hierfür nicht aus.[75]

In Ansehung dieser Ausführungen erscheint es zunächst nicht unproblematisch, sich allein nach dem Wortsinn des Begriffs „Gewässerausbau" zu richten, weil dieser Begriff selbst mit den von ihm erfassten Tatbeständen sprachlich nicht in Einklang gebracht

---

72 *VG Köln,* Urt. v. 11.08.2009, Az. 14 K 4720/06, juris, Rn. 68.

73 *Czychowski/ Reinhardt,* WHG, § 67 Rn. 23.

74 *OVG Münster,* Beschl. v. 29.07.2010, Az. 20 B 1320/09, juris, Rn. 36.

75 *OVG Münster,* Beschl. v. 29.07.2010, Az. 20 B 1320/09, juris, Rn. 39.

werden kann.[76] So setzt ein „Ausbau“ denknotwendig ein bereits bestehendes Gewässer voraus, was im Fall der „Herstellung“ ersichtlich nicht gegeben ist. Auch bei der „Beseitigung“ eines Gewässers lässt sich nicht von dessen Ausbau sprechen. Diese begrifflichen Friktionen erweisen, dass der Normwortlaut des § 67 Abs. 2 S. 1 WHG als alleiniges Auslegungskriterium wenig tragfähig ist und damit letztlich nicht weiterführt.[77] Auch die Ausführungen des *OVG Münster* zum Begriff des Gewässers bringen keinen Erkenntnisgewinn, weil nach § 67 Abs. 2 S. 1 WHG eben nicht nur das Gewässer selbst, sondern auch seine Ufer Gegenstand einer planfeststellungspflichtigen Ausbaumaßnahme sein können und es damit auch auf die Reichweite des Begriffs „Ufer“ ankommt.

Ebenfalls nicht überzeugen kann die rechtssystematische Erwägung, zum Gewässerausbau könnten Einrichtungen, durch die der Ausbau wirtschaftlich genutzt werden soll, nicht gehören, weil es sich dabei um Anlagen am Gewässer handele, für die ein eigenes Genehmigungserfordernis nach dem Landeswasserrecht bestehe.[78] Dem ist die Regelung in § 99 Abs. 1 LWG NRW entgegen zu halten, wonach die Errichtung oder wesentliche Veränderung von Anlagen in oder an Gewässern der Genehmigung bedarf, hiervon aber nach S. 3 Nr. 3 ausdrücklich Häfen sowie Lande- und Umschlagstellen, die einer Zulassung nach anderen Vorschriften bedürfen, von dem Genehmigungserfordernis ausgenommen sind, sofern in der Zulassungsentscheidung die Belange des § 99 Abs. 2 LWG NRW berücksichtigt werden. Die Exemtion soll sicherstellen, dass Anlagen, deren wasserwirtschaftliche Unbedenklichkeit in anderen Verfahren überprüft wird, nicht zusätzlich einer Genehmigung nach § 99 LWG bedürfen.[79] Eine klare begriffliche Abgrenzung des Gewässerausbaus von Anlagen im/am Gewässer ergibt sich aus diesem Regelungsgefüge folglich nicht; vielmehr sind, gerade im Fall der Häfen, regelmäßig Überschneidungen zu gewärtigen und kommt als „Zulassung nach anderen Vorschriften“ damit auch die Planfeststellung nach § 68 Abs. 1 WHG in Betracht.

bb) Funktion der Planfeststellung allgemein und deren Bedeutung für die Auslegung des Ausbaubegriffs

Bei der Auslegung der §§ 67 Abs. 2 S. 1, 68 Abs. 1 WHG darf im Weiteren nicht außer Acht gelassen werden, welche spezifische Funktion im Allgemeinen der Planfeststellung im Gefüge des Rechts der Vorhabenzulassung zukommt:

Die Planfeststellung stellt eine besondere Ausprägung der staatlichen Anlagenzulassung dar, nämlich ein im Allgemeininteresse liegendes rationelles, konzentriertes und einheitliches, nicht gestuftes Verwaltungs- und Planungsverfahren. Anders als bei der bloßen

---

76 Anderes gilt freilich im Wasserstraßenrecht; hier erfasst der Ausbaubegriff nach § 12 Abs. 2 S. 1 WaStrG allein die Umgestaltung einer Bundeswasserstraße, während Neubau und Beseitigung begrifflich eigenständige Modalitäten sind (§ 12 Abs. 1, Abs. 2 S. 2); dazu *Friesecke,* BWaStrG, § 12 Rn. 10.

77 I.d.S. auch *Czychowski/ Reinhardt*, WHG, § 70 Rn. 63: „Im einzelnen Fall kann es zweifelhaft sein, inwieweit Teilmaßnahmen, z.B. die Einbeziehung von Ablagerungsflächen für Aushubmaterial, die Herstellung von Nebenanlagen zur Bewirtschaftung einer Talsperre, der Neubau einer Uferstraße im Zusammenhang mit dem Ausbau eines Gewässers oder sonstige Veränderungen im (näheren oder weiteren) Ausbaubereich, noch zum Ausbau i.S. des § 67 gehören.“

78 So *Schenk,* in: Sieder/ Zeitler/ Dahme, WHG, § 31 Rn. 10; dem folgend *VG Köln,* Urt. v. 11.08.2009, Az. 14 K 4720/06, juris, Rn. 61.

79 *Honert/ Rüttgers/ Sanden,* LWG NRW, Erl. zu § 99, S. 371.

Anlagengenehmigung handelt es sich um eine Raumnutzungsentscheidung, in der selbst und unmittelbar über die Verortung eines Vorhabens entschieden wird.[80] Idealtypisch ist die Planfeststellung der Bewältigung komplexer, raumbedeutsamer (Groß-)Vorhaben zu dienen bestimmt, die regelmäßig einen erheblichen Koordinierungsbedarf auslösen, weil sie ein Geflecht von konfligierenden Interessen und Rechtspositionen berühren.[81]

Dem ihr erteilten Auftrag kann und soll die Planfeststellung dadurch gerecht werden, dass von einer Stelle in einem Verfahren eine einheitliche und umfassende, die berührten öffentlichen und privaten Belange untereinander und gegeneinander abwägende Gesamtentscheidung über die öffentlich-rechtliche Zulässigkeit des Vorhabens einschließlich der notwendigen Folgemaßnahmen getroffen wird, neben der andere behördliche Entscheidungen grundsätzlich nicht mehr erforderlich sind. In dieser uneingeschränkten und umfassenden Problembewältigung liegen der große Vorteil der Planfeststellung gegenüber einem Neben- und Nacheinander verschiedener Entscheidungen in verschiedenen Verfahren und damit zugleich ihre Sinnhaftigkeit und Rechtfertigung begründet.[82]

Im Lichte der dergestalt umrissenen Erwägungen muss das jeweilige Fachrecht interpretiert werden, und zwar schon – und gerade – bei der Frage der gegenständlichen Reichweite der Planfeststellung. Hat der Gesetzgeber sich im Hinblick auf einen bestimmten Vorhabentypus für die Anordnung der Planfeststellung entschieden, so muss das entsprechende Fachgesetz so ausgelegt werden, dass der umfassende Problembewältigungsauftrag der Planfeststellung nicht unterlaufen wird.[83] Es liegt auf der Hand, dass insbesondere ein allzu restriktiver Vorhabenzuschnitt geeignet ist, Sinn und Zweck der Planfeststellung in Frage zu stellen. Wollte man also das nach §§ 67 Abs. 2 S. 1, 68 Abs. 1 WHG zulässige Vorhaben auf das Anlegen des Hafenbeckens einschließlich der Kaimauer beschränken und die sonstigen Hafenbestandteile anderen Zulassungsverfahren anheim geben, führte eine derartige Aufspaltung zu den Folgen, welche die Planfeststellung gerade zu vermeiden bestimmt ist.

Besonders augenfällig wird diese Diskrepanz, wenn man die Funktion(en) eines modernen Industriehafens und damit zugleich dessen Erweiterung berücksichtigt. Die tatsächliche Entwicklung der Binnenhäfen geht – wie bereits erwähnt – in Richtung multimodaler Verkehrs- und Logistikknoten mit eng ineinander verwobenen Strukturen; das darf nicht ohne Rückwirkung auf das geltende Fachplanungsrecht und dessen Auslegung bleiben. So handelt es sich bei derartigen Häfen – wie erinnerlich – um solche, die vorrangig dem Güterumschlag vom und auf den Verkehrsträger Binnenschiff dienen, die aber darüber hinaus als besagte Logistikknoten fungieren und mit den hierfür erforderlichen Strukturen ausgestattet sind bzw. (im Zuge einer Erweiterung) werden sollen.[84] Wenn die Rechtsprechung den Begriff des Hafens demgegenüber auf den Gewässerteil reduzieren will, der durch seine Ausgestaltung den sich dort aufhaltenden Wasserfahr-

---

80 *Steinberg/ Berg/ Wickel,* Fachplanung, § 1 Rn. 5; *Dürr,* in: Knack, VwVfG, Vor § 72 Rn. 4.

81 Vgl. *BVerwG,* Urt. v. 14.12.1973, Az. IV C 50.71, BVerwGE 44, 235 (240); *Bonk/ Neumann,* in: Stelkens/ Bonk/ Sachs, VwVfG, § 72 Rn. 48; *Breuer,* in: Planung, FS Hoppe, S. 667 (668 f.).

82 Vgl. *BVerfG,* Beschl. v. 15.07.1969, Az. 2 BvF 1/64, BVerfGE 26, 338 (374).

83 Ebenso anhand der Planfeststellung für Verkehrsflughäfen *Delbanco,* Die Änderung von Verkehrsflughäfen, S. 97.

84 Dazu bereits unter A. bei Fn. 9.

zeugen gesteigerten Schutz gewährt[85], wird das der besagten Entwicklung und konzeptionellen Funktion eines modernen Umschlaghafens auch nicht ansatzweise gerecht. Moderne Umschlaghäfen stellen vielmehr wirtschaftliche Einrichtungen dar, deren Errichtung bzw. Erweiterung geradezu den Prototyp des komplexen, der einheitlichen und umfassenden Problembewältigung bedürftigen Vorhabens darstellen, für dessen Zulassung das Instrument der Planfeststellung geschaffen worden ist. Seine vollständige Einbeziehung in ein einheitliches Zulassungsverfahren entspricht dergestalt dem spezifischen Auftrag der Planfeststellung; eine künstliche Aussonderung einzelner Vorhabenteile setzte sich hierzu deutlich in Widerspruch.

Vor diesem Hintergrund ist es geboten, zumindest aber zulässig, ein Hafen(bau)vorhaben in seiner Gesamtheit als „Gewässerausbau" i.S. der §§ 68 Abs. 1, 67 Abs. 2 S. 1 WHG zu begreifen, ohne die bindende Wortlautgrenze dieser Vorschriften zu überschreiten. Dabei bildet die Errichtung resp. Erweiterung des Hafenbeckens als infrastruktureller Ausgangs- und Anknüpfungspunkt für die Multimodalität naturgemäß den Schwerpunkt des (Gesamt-)Vorhabens; dieses erschöpft sich darin aber nicht. Somit erfasst die Planfeststellung nach § § 68 Abs. 1 WHG – entgegen der verwaltungsgerichtlichen Rechtsprechung – sämtliche für die dargelegte Funktion des Hafens erforderlichen Bestandteile.

cc) EG-rechtskonforme Auslegung unter Berücksichtigung der UVP-RL

Im Weiteren bedarf der Überprüfung, ob und ggf. inwieweit das europäische Gemeinschaftsrecht Einfluss auf die Auslegung des Begriffs „Gewässerausbau" mit Blick auf die Erweiterung eines Binnenhafens nimmt.

(1) UVP-Pflicht für den Bau bzw. die Erweiterung bestimmter Häfen

Dieser Frage nachzugehen gebietet namentlich die UVP-Richtlinie[86], die bereits in ihrer ursprünglichen Fassung unter den Projekten, die der Pflicht zur Durchführung einer Umweltverträglichkeitsprüfung zu unterwerfen sind, „Häfen für die Binnenschifffahrt" aufführte, wenn jene Häfen Schiffen mit mehr als 1350 t zugänglich sind[87]. Mit der sog. UVP-Änderungsrichtlinie[88] wurde zusätzlich die UVP-Pflicht für mit Binnen- oder Außenhäfen verbundene Landungsstege (mit Ausnahme von Landungsstegen für Fährschiffe) zum Laden und Löschen, die Schiffe mit mehr als 1350 t aufnehmen können, eingeführt.[89] Die UVP-RL gibt somit einen Projektbegriff „Hafen" vor, dem der Mitgliedstaat im Zuge der Richtlinienumsetzung nach Art. 288 Abs. 3 AEUV (Art. 249 EG a.F.) Rechnung zu tragen hat.

---

85 *VG Köln,* Urt. v. 11.08.2009, Az. 14 K 4720/06, juris, Rn. 65.

86 Richtlinie des Rates über die Umweltverträglichkeitsprüfung bei bestimmten öffentlichen und privaten Projekten 85/337/EWG v. 27.06.1985, ABl. EG v. 05.07.1985, Nr. L 175, S. 40.

87 Art. 4 Abs. 1 UVP-RL i.V.m. Nr. 8 Anhang 1 zur UVP-RL a.F.

88 Richtlinie des Rates zur Änderung der Richtlinie 85/337/EWG über die Umweltverträglichkeitsprüfung bei bestimmten öffentlichen und privaten Projekten 97/11/EG v. 03.03.1997, ABl. EG v. 14.03.1997, Nr. L 73, S. 5.

89 Art. 4 Abs. 1 Nr. 8 b UVP-RL i.d.F. der UVP-Änderungs-RL; die UVP-Pflicht für besagte Binnenhäfen folgt nunmehr aus Nr. 8 a UVP-RL i.d.F. der UVP-Änderungs-RL.

Dem Umsetzungserfordernis genügt insoweit das deutsche UVP-Gesetz, welches in seiner Anlage 1 in der Vorhabengruppe 13 unter Nr. 13.9 ebenfalls den „Bau eines Hafens für die Binnenschifffahrt" aufführt und ein entsprechendes Vorhaben unter Nr. 13.9.1 der Anlage 1 der UVP-Pflicht unterwirft, wenn der Hafen für Schiffe mit mehr als 1350 t zugänglich ist.[90]

Aus Vorstehendem folgt, dass das deutsche UVPG – im Einklang mit dem Gemeinschaftsrecht – einen Vorhaben- bzw. Projekttyp[91] „Hafen für die Binnenschifffahrt" vorsieht und ein derartiges Vorhaben unter bestimmten Voraussetzungen zum Gegenstand einer obligatorischen Umweltverträglichkeitsprüfung macht. Gleiches gilt für die Änderung einschließlich der Erweiterung eines Hafens, die als solche ebenfalls dem Vorhabenbegriff unterfällt (§ 2 Abs. 2 Nr. 2 UVPG) bzw. nach Maßgabe des § 3e Abs. 1 UVPG einer UVP zu unterziehen ist. Dabei versteht das UVPG angesichts der Zuordnung zur Gruppe 13 in Anlage 1 den Bau eines Hafens als „wasserwirtschaftliches Vorhaben mit Ausbau eines Gewässers".[92]

(2) Verhältnis zwischen UVP-rechtlichem und fachgesetzlichem Vorhabenbegriff

Angesichts dessen fragt sich, wie sich der solchermaßen UVP-rechtlich eingeführte Vorhabenbegriff zu demjenigen planfeststellungsrechtlicher Natur verhält und ob sich hieraus Rückwirkungen des ersteren auf die Auslegung der §§ 67 Abs. 2 S. 1, 68 Abs. 1 WHG ergeben. Dabei ist von Folgendem auszugehen:

Nach § 2 Abs. 1 S. 1 UVPG ist die UVP ein unselbständiger Teil verwaltungsbehördlicher Verfahren, die der Entscheidung über die Zulässigkeit von Vorhaben dienen. Als Entscheidungen i.S. jener Begriffsbestimmung gelten nach § 2 Abs. 3 Nr. 1 UVPG u.a. Planfeststellungsbeschlüsse – woraus folgt, dass die UVP (auch) im Rahmen des Planfeststellungsverfahrens durchzuführen ist. In rechtlicher Hinsicht begegnet das dort keinen weiteren Schwierigkeiten, wo der UVP-rechtliche Vorhabenbegriff, welcher sich letztlich nach der kategorialen Umschreibung in der Anlage 1 zum UVPG bestimmt[93], unter denjenigen fach(planungs)gesetzlicher Art ohne weiteres subsumiert werden kann. Das trifft etwa, um im Bereich des Wasserwirtschaftsrechts zu bleiben, auf Flusskanalisierungs- und Stromkorrekturarbeiten (Nr. 13.8 Anlage 1 zum UVPG) zu, die sich zwanglos unter den Gewässerausbaubegriff des § 67 Abs. 2 S. 1 WHG in seiner Modalität „wesentliche Umgestaltung eines Gewässers" fassen lassen[94]. Freilich ist eine derartige begriffliche Harmonisierung zwischen UVPG und Fachgesetz nicht durchgängig zu verzeichnen, was sich daraus erklärt, dass der deutsche Gesetzgeber aus Furcht vor (weiterer) gerichtlicher Beanstandung durch den *EuGH*[95] die EG-rechtlich vorgegebenen Projekttypen weitgehend unbesehen in die Anlage 1 zum UVPG übertragen hat („1:1-Umsetzung"). Wenn die Umsetzung von Richtlinien in das deutsche Umweltrecht vor-

---

90 Hinzu kommen in Nr. 13.10 der Anlage 1 zum UVPG der Bau eines Binnenhafens für die Seeschifffahrt und in Nr. 13.11–13.12 weitere hafenbaubezogene Vorhabentypen.

91 Zwischen den Begrifflichkeiten „Projekt" in Art. 1 Abs. 2 UVP-RL und „Vorhaben" in § 2 Abs. 2 UVPG besteht kein sachlicher Unterschied, s. nur *Kment,* in: Hoppe, UVPG, Vorbem. Rn. 9.

92 Zur Kategorisierung hafenbezogener Vorhaben im UVPG und deren (Nicht-)Maßgeblichkeit für die planfeststellungsrechtliche Einordnung s. bereits oben B.I.2.b).

93 S. § 2 Abs. 2 Nr. 1 UVPG (nach Maßgabe der Anlage 1…").

94 *Czychowski/Reinhardt,* WHG, § 67 Rn. 28.

95 Vgl. *EuGH,* Urt. v. 22.10.1998, Az. C-301/95, Slg 1998, 6135.

genommen wird, ohne hinreichend auf die vorhandenen rechtlichen Strukturen und Begrifflichkeiten Bedacht zu nehmen, muss dies zwangsläufig zu Diskrepanzen führen – hier mit der Folge, dass der Vorhabentyp „Bau eines Hafens“ nach dem UVPG UVP-pflichtig ist, dies aber im einschlägigen Fachplanungsgesetz keine Entsprechung findet. Derartige Unstimmigkeiten sind, soweit möglich, im Wege der gemeinschaftsrechtskonformen Auslegung[96] aufzulösen.

(3) Erfordernis einer einheitlichen UVP für das gesamte Hafenerweiterungsvorhaben

Zunächst fragt sich, ob der UVP-RL überhaupt das Erfordernis entnommen werden kann, die Errichtung oder Erweiterung eines Binnenhafens im hier verstandenen umfassenden Sinne in einem einheitlichen Verfahren *einer* UVP zu unterziehen. Letzteres wäre bereits dann zu verneinen, wenn der EG-rechtliche Hafenbegriff Raum ließe für ein restriktives Verständnis, dem zufolge lediglich die Anlegung eines Hafenbeckens einschließlich der Kaimauer als „Hafen“ i.S. der UVP-RL verstanden werden könnte. Dagegen spricht indes schon die Unterscheidung zwischen den Projektarten „Hafen“ und „mit Binnen- oder Außenhäfen verbundene Landungsstege zum Laden und Löschen“ in der UVP-RL (und dem folgend im UVPG)[97]. Diese Differenzierung belegt, dass dem EG-rechtlichen Hafenbegriff ein umfassendes Projektverständnis zugrunde liegt. Davon zeugt zudem die Anknüpfung der UVP-Pflicht an die Schiffstonnage; diese findet ihren Sinn nicht etwa nur darin, die Dimensionen des Hafenbeckens und der Kaimauer zum Kriterium der UVP-Pflicht zu machen. Entscheidend ist vielmehr auch und gerade, welche Mengen an Wirtschaftsgütern ein Schiff aufnehmen kann, die sodann im Hafen umgeschlagen, gelagert und auf Straße und Schiene weiter transportiert werden müssen, was unmittelbar Rückwirkungen auf Art und Dimension der Hafenflächen, Umschlagsanlagen, Gebäude und Verkehrswege hat, um deren kumulative Umweltauswirkungen (einschließlich denjenigen des Hafenbeckens und der Kaimauer) es der UVP-RL mit der Aufnahme der Projektart „Hafen“ offensichtlich geht.[98] Damit lässt sich festhalten, dass die UVP-RL von einem umfassenden Hafenbegriff ausgeht, der sich nicht auf den unmittelbaren Bereich des betroffenen Gewässers beschränkt.

Es schließt sich die Frage an, ob die UVP-RL dem zur ihrer Umsetzung aufgerufenen Mitgliedstaat gestattet, das so verstandene Projekt „Hafen(aus)bau“ im Zuge mehrerer paralleler oder aufeinander folgender Gestattungsverfahren und damit „segmentiert“ zuzulassen. Von einem derartigen Verständnis hat sich der Gesetzgeber des UVPG bei der Umsetzung der UVP-Änderungs-RL durch das sog. Artikelgesetz[99] leiten lassen. So heißt es in der Begründung zum Gesetzentwurf:[100]

---

96 Dazu allgemein etwa *Erbguth/ Schlacke*, Umweltrecht, § 7 Rn. 15 anhand der richtlinienkonformen Auslegung.

97 Dazu bereits vorstehend unter B.II.1.b)cc)(1).

98 I.d.S. die Begründung zum Entwurf eines Gesetzes zur Umsetzung der UVP-Änderungsrichtlinie, der IVU-Richtlinie und weiterer EG-Richtlinien zum Umweltschutz v. 14. November 2000, BT-Drs. 14/4599, S. 71.

99 Gesetz zur Umsetzung der UVP-Änderungsrichtlinie, der IVU-Richtlinie und weiterer EG-Richtlinien zum Umweltschutz v. 27.07.2001, BGBl. I S. 1950.

100 So die Begründung zum Entwurf eines Gesetzes zur Umsetzung der UVP-Änderungsrichtlinie, der IVU-Richtlinie und weiterer EG-Richtlinien zum Umweltschutz v. 14. November 2000, BT-Drs. 14/4599, S. 118.

„Die in der UVP-Änderungsrichtlinie in den genannten Nummern der Anhänge I und II aufgeführten Häfen werden nur hinsichtlich ihrer wasserrechtlich relevanten Teile erfasst. Ein umfassendes Zulassungsverfahren für die Errichtung von Häfen ist im deutschen Recht nicht vorgesehen. Die landseitigen Teile eines Hafens werden von den anderen Nummern der Anlage 1 abgedeckt."

Diesen Ausführungen liegt offenbar die Annahme zugrunde, dass die UVP-RL eine Anpassung der im nationalen Recht bereits vorfindlichen Zulassungsverfahren an die Projekttypen der Anhänge I und II nicht fordere und folglich einer Aufspaltung der Projektkategorie „Hafen" in mehrere kleine Einzelvorhaben mit jeweils darauf bezogener UVP nicht entgegenstehe. Zweifelhaft erscheint, ob eine derartige Segmentierung mit dem integrativen bzw. ganzheitlichen Ansatz der UVP-RL vereinbar ist.

Hierbei ist Folgendes zu bedenken: Die UVP richtet sich auf die Ermittlung, Beschreibung und Bewertung sämtlicher mittelbarer und unmittelbarer Umweltauswirkungen *des Projekts*, hier also der Hafenerweiterung, einschließlich ihrer Wechselwirkungen (Art. 3 UVP-RL). Jene Umweltauswirkungen sind sodann bei der Entscheidung über die Zulässigkeit *des Projekts* zu berücksichtigen (Art. 8 UVP-RL). Dabei verfolgt die UVP-RL einen medienübergreifenden bzw. integrativen Prüfansatz, wonach die Auswirkungen des Projekts auf die Umwelt insgesamt, d.h. verstanden als Wirkungsgefüge, zu untersuchen sind.[101] Gegenstand der UVP haben damit auch die Folgen von einzelnen Belastungen zu sein, die sich durch ihr Zusammentreffen addieren (Kumulationseffekte) oder sich gegenseitig verstärken und damit mehr als die Summe ihrer einzelnen Wirkungen erzeugen (synergetische Effekte). Ferner werden Verlagerungseffekte bzw. Problemverschiebungen von einem Medium in ein anderes erfasst.[102] Diese Vorgaben sprechen dafür, dass die gegenständlich in Anhang 1 der UVP-RL beschriebenen Projekte als solche, d.h. in ihrer Gesamtheit, einer einheitlichen, von einer Behörde ganzheitlich durchgeführten und verantworteten UVP zu unterziehen sind – und es folglich unzulässig ist, einzelne Projekte in mehrere Teile zu zerlegen und deren jeweilige Umweltauswirkungen zum Gegenstand sektoral (und damit notwendig medial) beschränkter Umweltverträglichkeitsprüfungen zu machen.[103] Zwar könnten auch die Auswirkungen jedes Vorhabensegments auf die Umwelt nach besagtem medienübergreifenden Ansatz untersucht und bewertet werden, doch bleibt dann naturgemäß das Spektrum jener Auswirkungen lediglich ausschnitthaft. Auch die Summe derartiger Teil-UVPen muss hinter einer „Gesamt-UVP" qualitativ zurück bleiben, weil nur Letztere das kumulative Zusammenwirken der einzelnen Vorhabenteile und die daraus resultierenden Umweltauswirkungen zu erfassen imstande ist. Solches ist nun aber zwingende Voraussetzung für die Wahrung der durch die UVP-RL gebotenen integrativen Betrachtungsweise.[104]

Nach alledem verpflichtet die EG-rechtlich vorgegebene UVP auf eine komplexartige, umfassenden Prüfung des Gesamtvorhabens „Hafen(ausbau)", um eine vollständige Berücksichtigung des UVP-Ergebnisses nach Art. 8 UVP-RL (§ 12 UVPG) zu gewährleisten.

---

101 *Erbguth/ Schink,* UVPG, § 2 Rn. 27 ff.; *Appold,* in: Hoppe, UVPG, § 2 Rn. 42 ff.

102 *Appold,* in: Hoppe, UVPG, § 2 Rn. 47 f.

103 Bereits *Erbguth/ Schink,* UVPG, § 2 Rn. 40.

104 *Erbguth/ Schink,* UVPG, § 2 Rn. 40.

(4) Gewährleistung einer EG-rechtskonformen UVP durch §§ 2 Abs. 1 S. 4, 14 UVPG?

Angesichts dieses Befundes bleibt zu prüfen, ob damit zwingend eine Erweiterung des Gegenstandes der Planfeststellung nach dem WHG (bzw. WaStrG) einherzugehen hat oder ob nicht das UVPG bereits auf andere Weise sicherstellt, dass die Umweltauswirkungen des Vorhabens „Hafen(aus)bau" entsprechend den Vorgaben der UVP-RL umfassend geprüft werden.

Solches könnte namentlich § 2 Abs. 1 S. 4 i.V.m. § 14 UVPG gewährleisten. § 2 Abs. 1 S. 4 UVPG bestimmt für den Fall, dass über die Zulässigkeit eines Vorhabens im Rahmen mehrerer Verfahren entschieden wird, die in diesen Verfahren durchgeführten Teilprüfungen zu einer Gesamtbewertung aller Umweltauswirkungen zusammenzufassen sind. In verfahrensmäßiger Hinsicht soll das aufgrund § 14 Abs. 1 UVPG durch die Bestimmung einer federführenden Behörde sichergestellt werden. Nach Abs. 2 der Vorschrift haben die Zulassungsbehörden auf der Grundlage der zusammenfassenden Darstellung nach § 11 UVPG eine Gesamtbewertung der Umweltauswirkungen des Vorhabens vorzunehmen und diese nach § 12 UVPG bei den Entscheidungen zu berücksichtigen. Die federführende Behörde hat dabei das Zusammenwirken der Zulassungsbehörden sicherzustellen.

Es ist bereits zweifelhaft, ob die hier interessierende Konstellation überhaupt unter das vorstehend umrissene Regelungskonzept fällt, ist Letzteres doch ersichtlich auf die Zulassung *eines* Vorhabens durch mehrere Behörden, d.h. die Fälle paralleler Zulassungsverfahren, zugeschnitten[105]. Es geht folglich um Fälle, in denen die Auswirkungen des Gesamtvorhabens von den zuständigen Fachbehörden jeweils nur medial, d.h. im Hinblick auf einzelne bestimmte Umweltgüter, geprüft werden. Dementsprechend werden von den unter §§ 2 Abs. 1 S. 4, 14 UVPG fallenden parallelen Zulassungsverfahren Planfeststellungsverfahren abgegrenzt, denen infolge ihrer Konzentrationswirkung die Befähigung attestiert wird, eine EG-rechtskonforme, weil einheitliche und vollständige UVP für ein Vorhaben zu gewährleisten.[106]

Unter § 14 UVPG sollen nach einer im Schrifttum geäußerten Auffassung indes auch solche Konstellationen fallen, in denen sich die Zulassungen jeweils nur auf einen Teil des Gesamtvorhabens beschränken, weil der jeweilige fachgesetzliche Anlagenbegriff enger sei als das Gesamtvorhaben; ein tatsächlich als Einheit bestehender Lebenssachverhalt, ein wirtschaftliches Vorhaben werde also in parallel durchzuführenden Verwaltungsverfahren mit jeweils spezifischen verfahrensrechtlichen und materiell-rechtlichen Anforderungen geprüft und in mehreren behördlichen Gestattungsakten zugelassen.[107] Gegen die Einbeziehung auch solcher sektoraler Teilprüfungen in den Anwendungsbereich der §§ 2 Abs. 1 S. 4, 14 UVPG spricht allerdings, dass beide Vorschriften expressis verbis auf den legal definierten Rechtsbegriff „Vorhaben" i.S. des § 2 Abs. 2 UVPG Bezug nehmen und folglich nicht auf Vorhaben im tatsächlichen resp. wirtschaftlichen Sinne[108] abstellen (können). Dann aber handelt es sich gerade nicht um die Zulassung

105 *Storm/ Bunge,* HdUVP, UVPG, § 14 Rn. 3.

106 *Erbguth/ Schink,* UVPG, § 2 Rn. 41, § 14 Rn. 1; *Storm/ Bunge,* HdUVP, UVPG, § 14 Rn. 3.

107 So *Schieferdecker,* in: Hoppe, UVPG, § 14 Rn. 1.

108 Zur Unterscheidung bereits oben B.II.1.a).

eines Vorhabens durch mehrere Behörden, sondern um die Zulassung mehrerer (Teil-) Vorhaben.

Will man dem nicht folgen und die hier interessierende Konstellation dem Anwendungsbereich der §§ 2 Abs. 1 S. 4, 14 UVPG unterworfen wissen[109], so schließt sich die Frage an, ob der durch jene Vorschriften vorgegebene Weg eine den Anforderungen der UVP-RL entsprechende, also gemeinschaftsrechtskonforme Lösung herbeiführen kann. Hieran bestehen gewichtige Zweifel: § 2 Abs. 1 S. 4 UVPG belässt es bei der Parallelität verschiedener Verfahren und schreibt lediglich vor, dass die Teilprüfungen zu einer Gesamtbewertung aller Umweltauswirkungen zusammen zu fassen sind. Die bloße nachträgliche Zusammenführung von Teil-UVPen zu einer Gesamtbewertung trägt aber – wie gesagt – dem EG-rechtlich gebotenen gesamtheitlichen Verfahren nicht hinreichend Rechnung, weil gerade nicht von vornherein eine umfassende Prüfung vorgenommen wird.[110] Mit Blick auf § 14 UVPG kommt hinzu, dass sich aufgrund jener Vorschrift isolierte Teilprüfungen durch die Zulassungsbehörden und integrativ ausgerichtete Verfahrensschritte seitens der federführenden Behörde im Prüfvorgang vermengen; auch das ist mit dem Gebot einer einheitlichen und gesamthaft ansetzenden UVP nicht zu vereinbaren, und zwar nicht nur hinsichtlich der Bewertung, sondern auch bezogen auf die Ermittlung und Beschreibung der Umweltauswirkungen.[111] Um dieser Anforderung Rechnung zu tragen, ist es weder ausreichend, dass die („Gesamt“-)Bewertung der Zulassungsbehörden an die übergreifend erstellte zusammenfassende Darstellung gebunden wird, noch, dass die federführende Stelle ihrerseits zum Zusammenwirken mit den Zulassungsbehörden und der berührten Naturschutzbehörde verpflichtet ist.[112] Den solcherart gemeinschaftsrechtlich begründeten Bedenken lässt sich auch nicht unter Verweis auf die durch § 14 Abs. 1 S. 2 UVPG den Ländern eröffnete Übertragung weiterer Aufgaben nach §§ 6, 7 und 9 UVPG auf die federführende Stelle entgehen. Damit wird nämlich ein von Land zu Land unterschiedliches Maß an integrativer Ausgestaltung der UVP impliziert, das den Anforderungen des Art. 3 UVP-RL an eine einheitliche, medienübergreifende Prüfung gerade zuwiderläuft.[113]

Schließlich vermag auch die Vorgabe in Art. 2 Abs. 2 UVP-RL vorstehende Bedenken nicht zu zerstreuen, wonach die UVP im Rahmen der bestehenden Verfahren zur Genehmigung der Projekte durchgeführt werden kann oder, falls solche nicht bestehen, im Rahmen anderer Verfahren oder der Verfahren, die einzuführen sind, um den Zielen der UVP-RL zu entsprechen.[114] Die Bestimmung gewährt zwar den Mitgliedstaaten einen Umsetzungsspielraum hinsichtlich der Bestimmung und Ausgestaltung des jeweils maßgeblichen Trägerverfahrens und nimmt insoweit Rücksicht auf bestehende zulassungsrechtliche Strukturen. Die Eignung des Trägerverfahrens, eine im vorstehenden Sinne

---

109 So offenbar *OVG Münster*, Beschl. v. 29.07.2010, Az. 20 B 1320/09, juris, Rn. 48.

110 *Erbguth/ Schink*, UVPG, § 2 Rn. 41, 44.

111 *Erbguth/ Schink*, UVPG, § 14 Rn. 12; *Erbguth*, NVwZ 1988, 969 (973).

112 *Erbguth/ Schink*, wie vor; *Dohle*, NVwZ 1989, 697 (703); Zweifel an der EG-Rechtskonformität des § 14 UVPG auch bei *Storm/ Bunge*, HdUVP, UVPG, § 14 Rn. 10; anders *Schieferdecker*, in: Hoppe, UVPG, § 14 Rn. 5.

113 *Erbguth/ Schink*, wie vor; *Püchel*, ZAU 1988, 121 (131).

114 So aber *Appold*, in: Hoppe, UVPG, § 2 Rn. 74.

gesamthafte UVP zu integrieren, wird damit indes nicht zur mitgliedstaatlichen Disposition gestellt.[115]

(5) Zwischenergebnis

Nach alledem vermag das EG-rechtliche Gebot, die Umweltauswirkungen des Projekts „Hafen(erweiterung)" umfassend zu untersuchen, nur dadurch befolgt zu werden, dass über dessen Zulassung in einem einheitlichen Verfahren entschieden wird. Dem lässt sich allein dadurch Rechnung tragen, dass der Prüfungsrahmen bzw. -gegenstand der Planfeststellung entsprechend weit gefasst wird. Solange der zur Umsetzung der EG-rechtlichen Vorgaben berufene Gesetzgeber den vorstehend dargelegten Anforderungen nicht ausdrücklich durch eine Harmonisierung des UVP-rechtlichen und des fachgesetzlichen Vorhabenbegriffes Rechnung trägt, muss den Anforderungen der UVP-RL im Wege gemeinschaftsrechtskonformer Auslegung des nationalen Rechts zur Durchsetzung verholfen werden. Das ist angesichts des insoweit offenen Wortlauts[116] durch eine Interpretation eröffnet, die den Hafen bzw. dessen Erweiterung in seiner/ihrer Gesamtheit als „Gewässerausbau" i.S. des § 67 Abs. 2 S. 1 WHG der Planfeststellung und damit einer i.S. des Art. 3 UVP-RL „geeigneten" Umweltverträglichkeitsprüfung unterwirft.[117] Wenn das *OVG Münster* dem entgegenhält, es gehe über den Rahmen einer Auslegung des nationalen Rechts hinaus, das vom nationalen Gesetzgeber unübersehbar mit Blick auf die UVP-Pflichtigkeit gewollte Beibehalten möglicherweise paralleler Zulassungsverfahren außer Acht zu lassen[118], so übersieht es, dass der gesetzgeberische Wille zwar ein gewichtiges, nicht aber das allein maßgebliche Auslegungskriterium darstellt und zur Herstellung europarechtskonformer Rechtszustände – innerhalb der unüberwindbaren Wortlautgrenze – übergangen werden darf.

c) Vereinbarkeit des Auslegungsergebnisses mit sonstigen Rechtsvorschriften

Den vorstehenden Ergebnissen stehen schließlich sonstige Rechtsvorschriften des Bundes- und Landesrechts nicht entgegen:

So begründet § 104 Abs. 2 S. 1 LWG NRW lediglich das *verfahrensrechtliche* Erfordernis, für die Einleitung des wasserrechtlichen Planfeststellungsverfahrens die Zustimmung der für Verkehr zuständigen obersten Landesbehörde einzuholen, wenn der Gewässerausbau der Schifffahrt oder der Errichtung von Häfen, Lande- und Umschlagstellen dient. Das *VG Köln* vermag dieser Vorschrift hinsichtlich der Frage, was Gewässerausbau sei, keine materielle Aussage zu entnehmen, verweist aber auf den Wortlaut („dient" anstatt „besteht" oder „ist"), der im Übrigen sogar eher dafür sprechen soll, dass der Vorschrift ein Verständnis zugrunde liege, wonach Gewässerausbau und Hafenerrichtung eben etwas Unterschiedliches seien bzw. sein könnten.[119] Tatsächlich sind die Begriffe „Gewässerausbau" und „Hafenerrichtung" nicht deckungsgleich; darauf kommt es vorliegend aber nicht an. Der Vorschrift ist für die Auslegung des bundes-

115 *Storm/ Bunge,* HdUVP, UVPG, § 14 Rn. 9.

116 Vgl. nach Fn. 72.

117 Nichts anderes gilt für den „Ausbau einer Bundeswasserstraße" i.S. der §§ 12 Abs. 2 S. 1, 14 Abs. 1 S. 1 WaStrG.

118 *OVG Münster,* Beschl. v. 29.07.2010, Az. 20 B 1320/09, juris, Rn. 50.

119 *VG Köln,* Urt. v. 11.08.2009, Az. 14 K 4720/06, juris, Rn. 65.

rechtlichen Gewässerausbaubegriffs jedenfalls keine *inhaltliche* Einschränkung zu entnehmen; insoweit ist der Auffassung des *VG Köln* zuzustimmen.

Ferner nimmt das Hochwasserschutzrecht Bezug auf Häfen, namentlich in § 78 Abs. 1 S. 1 Nr. 1 und in § 113 Abs. 1 S. 1 Nr. 7 LWG NRW. Nach der bundesrechtlichen Vorschrift dürfen in Überschwemmungsgebieten durch Bauleitpläne keine neuen Baugebiete ausgewiesen werden; davon werden im Weiteren aber Bauleitpläne für Häfen ausgenommen.[120] § 113 Abs. 1 S. 1 Nr. 7 LWG NRW verbietet in festgesetzten Überschwemmungsgebieten das „Ausweisen von Baugebieten in einem Verfahren nach dem Baugesetzbuch einschließlich deren Änderung mit Ausnahmen von Bauleitplänen für Häfen…“. Aus den Bestimmungen kann indes nichts weiter abgeleitet werden, als dass es „Bauleitpläne für Häfen“ geben kann. Solches folgt aber bereits aus dem Bauplanungsrecht, worauf die wasserrechtlichen Bestimmungen Bezug nehmen: Nach § 5 Abs. 2 Nr. 7 BauGB können etwa Häfen im Flächennutzungsplan dargestellt werden. Derartige Ausweisungen dienen entweder der nachrichtlichen Übernahme entsprechender Fachplanungen (§ 5 Abs. 4 BauGB); sie können aber auch als eigene Darstellungen in den Flächennutzungsplan aufgenommen werden, sofern sie der nach § 38 BauGB privilegierten Fachplanung nicht widersprechen.[121] All dem lassen sich freilich keine Einschränkungen der gegenständlichen Reichweite der wasserrechtlichen Planfeststellung zugunsten der kommunalen Bauleitplanung entnehmen. Das Verhältnis beider Planungen zueinander, genauer: die Frage nach der vorrangigen Planungskompetenz, bestimmt sich anhand der Regelungen in §§ 7, 38 BauGB.[122] Im Anwendungsbereich des aus letztgenannter Norm abgeleiteten Fachplanungsprivilegs richtet sich die Planungskompetenz der Gemeinden und folglich die Reichweite der Bauleitplanung nach dem fachplanerischen Vorhabenbegriff[123], der hier – wie dargelegt – den Hafen insgesamt erfasst.

2. *Planfeststellungsfähigkeit des Hafen(aus)baus infolge gesetzlicher Zuständigkeits- und Verfahrenskonzentration*

Will man der vorstehend dargelegten Sichtweise nicht folgen, bleibt zu untersuchen, ob gleichwohl der Hafen(aus)bau insgesamt Gegenstand eines einheitlichen Planfeststellungsverfahrens sein kann. Das ist nur im Wege der gesetzlich angeordneten Zuständigkeits- und Verfahrenskonzentration möglich; insoweit richtet sich der Blick auf §§ 75 Abs. 1 S. 1, 78 VwVfG (NRW).

a) Bestandteile des Hafenausbaus als notwendige Folgemaßnahmen an anderen Anlagen i.S. von § 75 Abs. 1 S. 1 VwVfG?

Zunächst fragt sich, ob Hafenbestandteile jenseits des Hafenbeckens (einschließlich der Kaimauer) als „notwendige Folgemaßnahmen an anderen Anlagen“ i.S. des § 75 Abs. 1 S. 1 Hs. 1 VwVfG verstanden werden können. Jene Norm erstreckt die Rechtswirkungen der Planfeststellung in gegenständlicher Hinsicht über das eigentliche Vorhaben hinaus auf besagte Folgemaßnahmen und führt damit zu einem entsprechenden Kompe-

---

120 Näher zum Ganzen in Teil 2 B.III.

121 Zu alldem näher unter E.

122 Dazu ausführlich in Teil 2 A.I.

123 Dazu grundlegend *BVerwG,* Urt. v. 16.12.1988, Az. 4 C 48.86, BVerwGE 81, 111; ferner *Ronellenfitsch,* VerwArch 1999, 581 (586).

tenzzuwachs zugunsten der für das Vorhaben zuständigen Planfeststellungsbehörde.[124] Die Vorschrift trägt dem Grundsatz der Problembewältigung Rechnung, wonach die Planung sich all jener Probleme anzunehmen hat, die das Vorhaben in seiner räumlichen Umgebung aufwirft.[125] Allerdings darf die Planfeststellungsbehörde nach allgemeiner Auffassung nicht schon alle nützlichen oder zweckmäßigen Maßnahmen an anderen Anlagen mit genehmigen, sondern – nach Maßgabe des Kriteriums der Notwendigkeit – nur solche, die erforderlich sind, nachhaltige Störungen der Funktionsfähigkeit der anderen Anlage(n) zu beseitigen bzw. ihnen vorzubeugen.[126] Als notwendig sind folglich nur solche Maßnahmen zu erachten, die dem Anschluss und der Anpassung des Vorhabens an sonstige – bereits vorhandene – Anlagen (z.B. das vorfindliche Wegenetz[127]) dienen, Probleme von einigem Gewicht betreffen und erforderlich sind, um durch das Vorhaben aufgeworfene Konflikte zu bewältigen.[128] Nach Auffassung des *BVerwG* ist es hingegen unzulässig, dergestalt Planungen mit zu erledigen, die ihrerseits ein eigenes umfassendes Planungskonzept eines anderen Planungsträgers erfordern. Die gesetzliche Kompetenzordnung und die Zuständigkeiten anderer Behörden müssten hiernach gewahrt bleiben und dürften auch einverständlich nicht geändert werden.[129]

Als solcherart notwendige Folgemaßnahmen ließen sich vorliegend allenfalls die Anschlüsse des Hafengeländes an die vorhandenen öffentlichen Straßen und Schienenwege begreifen.[130] I.d.S. hat das *OVG Lüneburg* in einem Beschluss zum „Jade-Weser-Port" entschieden, dass die unmittelbaren Gleis- und Straßenanschlüsse zutreffend in den (hier: wasserstraßenrechtlichen) Planfeststellungsbeschluss einbezogen worden seien. Die Grenze sei dort zu ziehen, wo die Verkehre in die bestehenden und öffentlich zugänglichen Strecken einmündeten und sich dort mit dem Hafenverkehr vermischen würden. Erst hier handelt es sich nach Auffassung des Gerichts nicht mehr um notwendige Folgemaßnahmen gem. § 75 Abs. 1 S. 1 VwVfG.[131]

Hinsichtlich sonstiger Bestandteile eines Hafens bzw. dessen Erweiterung lässt sich die Vorschrift hingegen nicht fruchtbar machen, weil es insoweit schon an existierenden anderen Anlagen fehlt. Als eine solche kann auch nicht der ggf. zu erweiternde Hafen selbst verstanden werden, denn die Errichtung eines neuen Terminals und etwaiger Ge-

---

124 *BVerwGE* 109, 192 (201); *OVG Münster,* Urt. v. 26.08.2009, Az. 11 D 31/08.AK, juris, Rn. 24; *Bonk/ Neumann,* in: Stelkens/ Bonk/ Sachs, VwVfG, § 75 Rn. 8; s. auch *Ronellenfitsch,* VerwArch 1997, 175 (181): Annexkompetenz der Planfeststellungsbehörde.

125 *BVerwG,* NVwZ 2005, 813 (814); *OVG Münster,* Urt. v. 26.08.2009, Az. 11 D 31/08.AK, juris, Rn. 24.

126 *BVerwG,* NVwZ 1989, 153 (154); dem folgend *OVG Münster,* Urt. v. 20.08.2009, Az. 11 A 656/06, juris, Rn. 115 = DVBl 2009, 1530 (Leitsatz); *dass.,* Urt. v. 26.08.2009, Az. 11 D 31/08.AK, juris, Rn. 24; *Bonk/ Neumann,* in: Stelkens/ Bonk/ Sachs, VwVfG, § 75 Rn. 8; *Kopp/ Ramsauer,* VwVfG, § 75 Rn. 6a; *Geiger,* in: Ziekow (Hrsg.), Praxis des Fachplanungsrechts, Rn. 271.

127 *OVG Münster,* Urt. v. 26.08.2009, Az. 11 D 31/08.AK, juris, Rn. 24.

128 *BVerwG,* NVwZ 1989, 153 (154); *dass.*, NVwZ 2005, 813 (814); *OVG Münster,* Urt. v. 26.08.2009, Az. 11 D 31/08.AK, juris, Rn. 24.

129 *BVerwG,* NVwZ 1989, 153 (154); *BVerwGE* 109, 192 (201); *BVerwG,* NVwZ 2005, 813 (814); *OVG Münster,* Urt. v. 20.08.2009, Az. 11 A 656/06, juris, Rn. 117 = DVBl 2009, 1530 (Leitsatz); *dass.,* Urt. v. 26.08.2009, Az. 11 D 31/08.AK, juris, Rn. 37; auch *VG Köln,* Urt. v. 11.08.2009, Az. 14 K 4720/06, juris, Rn. 70; vgl. ferner *Ronellenfitsch,* VerwArch 1997, 175 (181).

130 Vgl. *Kopp/ Ramsauer,* VwVfG, § 75 Rn. 6a m.w.N.

131 *OVG Lüneburg*, NuR 2008, 265 (268).

bäude auf den erst zukünftigen Hafenflächen lassen sich ersichtlich nicht als zur Beseitigung von Funktionsstörungen des vorhandenen Hafens erforderliche Anpassungsmaßnahmen begreifen.[132]

b) Zusammentreffen mehrerer Vorhaben i.S. von § 78 VwVfG?

Im Folgenden ist zu untersuchen, ob sich eine umfassende Behördenzuständigkeit für die Hafenerweiterung aus § 78 VwVfG herleiten lässt. Treffen mehrere selbständige Vorhaben, für deren Durchführung Planfeststellungsverfahren vorgeschrieben sind, derart zusammen, dass für diese Vorhaben oder für Teile von ihnen nur eine einheitliche Entscheidung möglich ist, so findet nach jener Vorschrift für diese Vorhaben oder für deren Teile nur ein Planfeststellungsverfahren statt. Nachfolgend ist zu untersuchen, ob die Vorschrift für Fälle der Hafenerrichtung wie -erweiterung eine umfassende Zuständigkeits- und Verfahrenskonzentration zu begründen vermag.

aa) Erfordernis der Planfeststellung für sämtliche Anlagen und Flächen des Hafen(aus)baus

Der Tatbestand des § 78 Abs. 1 VwVfG verlangt zunächst, dass Vorhaben zusammentreffen, für deren Durchführung Planfeststellungsverfahren vorgesehen sind. Handelt es sich jedenfalls bei der Errichtung eines Hafenbeckens einschließlich der Kaimauer um ein nach § 67 Abs. 2 S. 1, 68 Abs. 1 WHG planfeststellungsbedürftiges Vorhaben, so fragt sich, wie es um das Planfeststellungserfordernis im Hinblick auf die sonstigen Bestandteile eines Hafenvorhabens bestellt ist.

Denkbar ist es, hinsichtlich zur Erschließung des Hafengeländes vorgesehener Straßenbaumaßnahmen auf § 38 Abs. 1 StrWG NRW[133] abzustellen, wonach Landesstraßen, Kreisstraßen und Gemeindestraßen, sofern für Letztere eine Umweltverträglichkeitsprüfung durchzuführen ist, nur gebaut oder geändert werden dürfen, wenn der Plan vorher festgestellt ist. Voraussetzung für die Planfeststellungsfähigkeit eines derartigen Vorhabens ist nach § 38 Abs. 1 i.V.m. § 3 Abs. 1 StrWG NRW zunächst, dass es sich um eine öffentliche Straße i.S. des § 2 Abs. 1 StrWG und damit nicht um einen Privatweg handelt.[134] Hierbei kommt es bekanntlich darauf an, ob die Straße dem Gemeingebrauch zu dienen bestimmt ist und nach ihrer Herstellung dem öffentlichen Verkehr gewidmet werden soll.[135]

Handelt es sich um eine öffentliche Straße im vorstehenden Sinne, so ist im Weiteren Folgendes beachtlich: § 38 Abs. 4 StrWG NRW sieht zwar die Möglichkeit vor, die danach erforderliche Planfeststellung durch einen Bebauungsplan zu ersetzen. Daraus kann indes nicht abgeleitet werden, dass für derartige Vorhaben Planfeststellungsverfahren nicht i.S. des § 78 Abs. 1 VwVfG „vorgesehen" seien. Letzteres ist auch dann der

---

132 I.d.S. auch *VG Köln,* Urt. v. 11.08.2009, Az. 14 K 4720/06, juris, Rn. 73.

133 Straßen- und Wegegesetz des Landes Nordrhein-Westfalen i.d.F. der Bekanntmachung v. 23.09.1995, GV. NRW. 1995, 1028, zuletzt geändert durch Art. 182 des Dritten Befristungsgesetzes v. 05.04.2005, GV. NRW. S. 306.

134 Zur Abgrenzung s. *Krämer,* in: Kodal/ Krämer, Straßenrecht, Kap. 4, Rn. 1 ff.

135 Vgl. *Krämer,* in: Kodal/ Krämer, Straßenrecht, Kap. 4, Rn. 2 ff.; s. auch *Erbguth,* Allgemeines Verwaltungsrecht, § 26 Rn. 2 ff.; *OVG Münster,* Beschl. v. 29.07.2010, Az. 20 B 1320/09, juris, Rn. 54 f.

Fall, wenn ein Planfeststellungsverfahren zwar nicht zwingend angeordnet, wohl aber vom Gesetzgeber als zulässige Verfahrensart zur Verfügung gestellt wird.[136] Damit ist zugleich dem möglichen Einwand der Boden entzogen, die Straßenbaumaßnahmen bedürften nach dem UVPG NRW keiner UVP[137] und damit nach § 38 Abs. 1 StrWG keiner Planfeststellung. Sofern es sich bei der fraglichen Straße um eine Gemeindestraße handelt, ist im Außenbereich nach § 35 BauGB für deren Änderung die Planfeststellung zulässig, auch wenn das Vorhaben nicht UVP-pflichtig sein sollte (§ 38 V StrWG). Es ist allerdings darauf hinzuweisen, dass nach Auffassung des *OVG Münster* ein gem. § 38 Abs. 5 StrWG nur fakultatives Planfeststellungsverfahren für Gemeindestraßen nicht ausreichen und daran die Anwendbarkeit des § 78 VwVfG NRW scheitern soll.[138]

Weiter lassen sich Schienenwege auf dem Hafengelände als nach § 18 Abs. 1 AEG planfeststellungsbedürftige Betriebsanlagen einer Eisenbahn ansehen.

Probleme bereiten indessen sonstige Teile eines Hafenvorhabens, etwa Terminal-, Zwischenlager- und Bereitstellungsflächen, ferner Gebäude mit Verwaltungs-, Abfertigungs-, Aufenthalts- oder Sozialräumen. Diesbezüglich kommt eine Planfeststellung nach § 18 AEG allenfalls dann in Betracht, wenn diese Flächen bzw. baulichen Anlagen als „Betriebsanlagen einer Eisenbahn" i.S. jener Bestimmung angesehen werden können.

Jenseits der Schienenwege als Anlagenkern können Grundstücke, Bauwerke und sonstige Einrichtungen als Nebenanlagen dem Planfeststellungsvorbehalt unterfallen, sofern sie dazu dienen, den Eisenbahntransport abzuwickeln oder zu sichern.[139] Erforderlich ist ein räumlicher und betriebstechnischer Zusammenhang mit den Schienenwegen; die Nebenanlagen müssen zudem bestimmungsgemäß dazu dienen, den Betrieb der Schienenwege zu ermöglichen. Als planfeststellungsbedürftige Bahnanlagen kommen demnach solche Anlagen in Betracht, denen eine technisch-funktionale Eisenbahnbetriebsbezogenheit eignet.[140] Das trifft allgemein auf sämtliche Flächen, Bauwerke und maschinellen Einrichtungen zu, die das Be- und Entladen der Schienenfahrzeuge ermöglichen oder fördern[141], etwa auf besagte Umschlags-, Bereitstellungs- und Zwischenlagerflächen, Krananlagen, Förderbänder u.ä.[142] Verwaltungsgebäude von Bahnunternehmen weisen die erforderliche Bahnbetriebsbezogenheit auf, wenn sich das Personal dort für die Vorbereitung und Aufrechterhaltung des Bahnbetriebs bereithalten muss[143].[144]

Fraglich ist die Beurteilung solcher Anlagen und Flächen, die nicht allein dem Bahnbetrieb, sondern auch anderen Nutzungsformen dienen sollen. Das gilt zum einen für o.g.

---

136 *VGH Mannheim*, NVwZ 2000, 1188, ebenso *Ziekow*, VwVfG, § 78 Rn. 5; *Bonk/ Neumann*, in: Stelkens/ Bonk/ Sachs, VwVfG, § 78 Rn. 9; anders offenbar *OVG Münster*, Urt. v. 26.08.2009, Az. 11 D 31/08.AK, juris, Rn. 63.

137 Vgl. Nrn. 15–18 der Anlage 1 zum UVPG NRW.

138 *OVG Münster*, Urt. v. 26.08.2009, Az. 11 D 31/08.AK, juris, Rn. 63.

139 S. § 4 Abs. 1 S. 1 EBO; dazu auch *Vallendar*, in: Hermes/ Sellner (Hrsg.), Beck'scher AEG-Kommentar, § 18 Rn. 43.

140 *Vallendar*, in: Hermes/ Sellner (Hrsg.), Beck'scher AEG-Kommentar, wie vor.

141 Vgl. § 4 Abs. 1 S. 2 EBO.

142 Vgl. *Vallendar*, in: Hermes/ Sellner (Hrsg.), Beck'scher AEG-Kommentar, § 18 Rn. 48, 50.

143 *Vallendar*, in: Hermes/ Sellner (Hrsg.), Beck'scher AEG-Kommentar, wie vor.

144 Zu sog. bahnfremden Nutzungen, um die es hier nicht geht, BVerwGE 81, 111.

einheitliche bauliche Anlagen, deren Räumlichkeiten lediglich unterschiedlich genutzt werden sollen. Ferner trifft dies auf Umschlagsanlagen und -flächen zu, die nur teilweise dem Güterumschlag vom Schiff auf die Bahn dienen, daneben auch dem Umschlag vom Verkehrsträger Wasserstraße auf den Verkehrsträger Straße.

In Bezug auf jene „gemischt“ genutzten Anlagen argumentiert das *OVG Münster* in seinem Beschluss zum Hafen Köln-Godorf wie folgt: Die dort vorgesehenen Einrichtungen für den Güterumschlag sowie das „Ingate“ seien weder ausschließlich bahnfremder noch ausschließlich bahnbetriebsbezogener Natur. Es sei offen, in welchem anteiligen Verhältnis die bahnbezogene zur bahnfremden Nutzung des Hafengeländes stehe. Jedenfalls sei nicht mit einem signifikanten Übergewicht der Nutzung des Bahnverkehrs zu rechnen, sondern mit einem jeweils etwa hälftigen Anteil des Lkw- bzw. Bahnverkehrs an der umgeschlagenen Gütertonnage.[145] Dergestalt gemischt genutzte Anlagen würfen bislang nicht abschließend geklärte Rechtsfragen auf.[146] Dem Gericht zufolge reicht jedenfalls die Planfeststellung nach § 18 AEG, selbst wenn ihr eine wie vorliegend gemischt genutzte Anlage unterfallen sollte, nicht aus, die bahnfremden Nutzungen der Anlage zu legalisieren: Die eisenbahnrechtliche Regelungskompetenz sei nämlich begrenzt auf die Bahnbetriebsanlagen und deren Verkehrsfunktion für die Eisenbahn. Aus der Rechtsprechung des *BVerwG*[147] leitet das Gericht ab, es bedürfe zur Aufnahme einer solchen bahnfremden Nutzung einer Zulassungsentscheidung nach dem jeweils berührten Rechtsgebiet.[148] Das *OVG Münster* zieht für seine Auffassung ferner die Planfeststellungsrichtlinien des Eisenbahnbundesamts heran; danach unterliegt (auch) eine nur teilweise eisenbahnbetrieblich genutzte Anlage zwar insgesamt einer Zulassungsentscheidung nach § 18 AEG (I.1. Abs. 5 Satz 1 der Richtlinien). Unter I.1. Abs. 5 Satz 4 heißt es aber sodann: „Die Zulassungsentscheidung trifft keine Entscheidungen zu den bahnfremden Nutzungen.“

Die Rechtsprechung des *BVerwG* lässt sich allerdings für die hier interessierende Konstellation einer einheitlichen Anlage, die sowohl für Bahnzwecke als auch bahnfremde Zwecke – folglich „gemischt“ – genutzt werden soll, nicht fruchtbar machen. In der herangezogenen Grundsatzentscheidung aus dem Jahr 1988[149] geht es nämlich um die „Umnutzung“ einer Bahnanlage (Errichtung eines Lebensmittelladens auf Bahngelände), nicht aber um eine „Mischnutzung“ derselben. Soweit ersichtlich, hat das *BVerwG* zu der hier interessierenden Frage bislang nicht Stellung genommen.

Nach einer Entscheidung des *VGH München* vom 20.10.1998 erstreckt sich die Zuständigkeit für Planfeststellungen für ein Bahnhofsgebäude auch auf solche Nutzungen innerhalb des Gebäudes, die keinen Bezug zum Eisenbahnbetrieb aufweisen (z.B. Ladenlokale).[150] Der Gerichtshof hat dies zutreffend damit begründet, dass es sich bei dem Bahnhof um eine baulich einheitliche Anlage handele, die nicht i.S. einer funktionalen

---

145 *OVG Münster,* Beschl. v. 29.07.2010, Az. 20 B 1320/09, juris, Rn. 61 ff.

146 *OVG Münster,* Beschl. v. 29.07.2010, Az. 20 B 1320/09, juris, Rn. 61, unter Bezugnahme auf *Vallendar,* in: Hermes/ Sellner (Hrsg.), Beck'scher AEG-Kommentar, § 18 Rn. 29, 42, 48 ff.

147 *BVerwGE* 81, 111.

148 *OVG Münster,* Beschl. v. 29.07.2010, Az. 20 B 1320/09, juris, Rn. 66 ff.

149 S. Fn. 147; dazu eingehend unter Teil 2 A.I.2.c).

150 *VGH München,* UPR 1999, 76; ebenso *Seegmüller,* in: Ziekow (Hrsg.), Praxis des Fachplanungsrechts, Rn. 1417.

Trennung nach verschiedenen Nutzungsarten durchschnitten werden könne.[151] Nichts anderes gilt für die Umschlagsanlagen eines Hafens, die – räumlich ebenfalls nicht voneinander abgrenzbar – sowohl dem Güterumschlag vom Schiff auf die Bahn als auch vom Schiff auf Kraftfahrzeuge zu dienen bestimmt sind. Entscheidend ist letztlich, dass es anderenfalls zu einem doppelten Rechtsregime für identische Teile der Gesamtanlage käme; dem ist nur zu entgehen, indem der Planfeststellungsbehörde kraft Sachzusammenhangs auch für den überschießenden Teil der Gesamtanlage bzw. ihrer Nutzungen die Entscheidungskompetenz zugesprochen wird.[152] Nicht anderes gilt für nicht nur nachrangig für Eisenbahnzwecke genutzte Hafengebäude, so dass auch diese in Gänze der eisenbahnrechtlichen Planfeststellung unterfallen.

bb) Zwischenergebnis und Folgerungen

Unterstellt man vor diesem Hintergrund, dass die Bestandteile eines Hafenvorhabens dreierlei fachgesetzlichen Planfeststellungserfordernissen unterliegen, so kann daraus bereits eine einheitliche Behördenzuständigkeit erwachsen, wenn das Gesetz jeweils die Zuständigkeit derselben Behörde anordnet. Insoweit kommt es auf § 78 VwVfG NRW nicht an. Selbst in einem solchen Fall wird aber die weitere Prüfung der Voraussetzungen jener Norm nicht hinfällig, weil es überdies um die Frage der Verfahrenskonzentration geht, also darum, ob die Planfeststellungsbehörde nur ein einziges (wasser- bzw. wasserstraßenrechtliches) Planfeststellungsverfahren durchführen darf oder ob drei selbständige Verfahren aufgrund der verschiedenen Fachplanungsgesetze erforderlich sind. Die Konzentrationswirkung nach § 75 Abs. 1 S. 1 VwVfG NRW hilft hier nicht weiter, weil diese – wie gesagt – nur im Fall eines einzigen Vorhabens eintritt.[153]

cc) Zusammentreffen mehrerer selbständiger Vorhaben.

In Anbetracht dessen hängt die Anwendbarkeit des § 78 VwVfG davon ab, dass es sich um „mehrere selbständige“ Vorhaben handelt, die „zusammentreffen“. Das *BVerwG* hatte sich in seiner Rechtsprechung zu § 78 VwVfG vornehmlich mit Konstellationen zu befassen, in denen Vorhaben mehrerer Vorhabenträger gleichzeitig geplant und realisiert werden sollten; es grenzt den Anwendungsbereich der Vorschrift von dem des § 75 Abs. 1 VwVfG dergestalt ab, dass Letzterer Folgemaßnahmen erfasst, die von der Planung nur eines Vorhabenträgers veranlasst sind.[154] Dem liegt das Verständnis der Norm als formelle Koordinationsregel zugrunde, derer es (nur) bedarf, wenn zumindest zwei Vorhabenträger mit ihren Planungsvorstellungen aufeinander treffen und es infolge dessen für eine einheitliche Problembewältigung der Koordinierung jener selbständigen Vorhaben bedarf.[155] Auch das *OVG Münster* geht offenbar von diesem Normverständnis

---

151 *VGH München,* wie vor; krit. *Jäde*, BayVBl. 1999, 149; *Durner,* Konflikte räumlicher Planungen, S. 235 f.

152 So bereits anhand besagter Bahnhöfe „neuen Typs“ *Ronellenfitsch,* VerwArch 1997, 175 (198); *ders.,* VerwArch 1999, 581 (588 ff.); krit. *von Heyl/ Steinfort,* DVBl. 1999, 1311 (1321 f.).

153 Zu der entsprechenden Konstellation des „unechten Zusammentreffens von Planungen“ s. unten B.II.2.c).

154 *BVerwG,* NVwZ 1996, 901 (903); *dass.*, NVwZ 1996, 389 (390); *dass.*, LKV 1997, 213 (213).

155 *Ronellenfitsch,* VerwArch 1997, 175 (181); i.d.S. auch *Allesch/ Häußler,* in: Obermayer, VwVfG, § 78 Rn. 3.

aus.[156] Das Erfordernis verschiedener Vorhabenträger wird andernorts allerdings ausdrücklich bestritten.[157] Das *VG Köln* hat die Frage dahinstehen lassen, neigt aber offenbar dazu, das Vorhandensein verschiedener Vorhabenträger nicht als notwendig zu erachten.[158] Letztlich ist mangels entgegenstehender Anhaltspunkte im Normtext davon auszugehen, dass § 78 VwVfG auch anzuwenden ist, wenn mehrere Vorhaben durch denselben Vorhabenträger zur Entscheidung gestellt werden.

Im Schrifttum wird des Weiteren gefordert, dass es sich um mehrere selbständige Vorhaben handeln muss, die aufgrund eigenständiger Pläne mit jeweils eigenem Planungskonzept durchgeführt werden sollen und bei denen sich die Gleichzeitigkeit nur mehr oder weniger zufällig ergibt. Keines der Vorhaben dürfe von dem anderen dergestalt abhängig sein, dass bei Wegfall des einen die Notwendigkeit oder Zweckmäßigkeit zur Realisierung des anderen entfalle.[159] Erforderlich sei aber ein enger zeitlicher, räumlicher und funktionaler Zusammenhang zwischen den Vorhaben.[160] Angesichts dieser Forderungen erscheint die Beschreibung der Beziehung, welche die aufeinander treffenden Vorhaben zueinander haben sollen, unscharf: Sie sollen in funktionalem Zusammenhang stehen, dürfen aber gleichzeitig weder sachlich noch funktional aufeinander bezogen sein.[161]

Geht man dessen ungeachtet mit der Rechtsprechung von der Prämisse aus, ein Hafenvorhaben stelle kein einheitliches Vorhaben, sondern eine Mehrheit unterschiedlicher Vorhaben dar, so fragt sich weiter, ob ihnen auch die gesetzlich geforderte Selbständigkeit attestiert werden kann. Zweifel ergeben sich diesbezüglich daraus, dass besagten Vorhaben wasser-, straßen- und eisenbahnrechtlicher Natur keine jeweils eigenständigen Pläne mit eigenem Planungskonzept zugrunde liegen. Das findet seine Ursache darin, dass der Vorhabenträger die Errichtung bzw. Erweiterung eines Hafens in aller Regel als ein einziges, zusammenhängendes Vorhaben konzipieren wird. Hält man also an dem Erfordernis selbständiger Planungen mit jeweils eigenem Planungskonzept fest, muss die Anwendung des § 78 VwVfG daran scheitern. Zudem fällt es schwer zu begründen, dass bei Wegfall des einen Vorhabens die Notwendigkeit und Zweckmäßigkeit der Realisierung des anderen nicht entfällt. Das Hafenbecken kann offenkundig nicht bestimmungsgemäß zum Güterumschlag auf Straße und Schiene genutzt werden, wenn die dafür erforderlichen Flächen und Anlagen nicht realisiert werden. Gleiches gilt im umgekehrten Fall. Die Gleichzeitigkeit aller Maßnahmen kommt also nicht, wie gefordert wird, nur mehr oder weniger zufällig zustande, sondern ist vom Vorhabenträger beabsichtigt, weil er eben jene Bestandteile als funktionale Einheit verstanden wissen will.

Es ist allerdings ein gewisser Widerspruch nicht von der Hand zu weisen, wenn einerseits die Anwendung des § 78 VwVfG auch im Falle der Identität des Vorhabenträgers angenommen, andererseits aber gefordert wird, es müssten separate, voneinander unab-

156 *OVG Münster,* Urt. v. 26.08.2009, Az. 11 D 31/08.AK, juris, Rn. 59.

157 *Ziekow*, VwVfG, § 78 Rn. 3.

158 *VG Köln,* Urt. v. 11.08.2009, Az. 14 K 4720/06, juris, Rn. 75 f.

159 *Bonk/ Neumann,* in: Stelkens/ Bonk/ Sachs, VwVfG, § 78 Rn. 6; so auch *Ziekow*, VwVfG, § 78 Rn. 4; *Kopp/ Ramsauer,* VwVfG, § 78 Rn. 6.

160 *Ziekow*, VwVfG, § 78 Rn. 4 unter Verweis auf *BVerwG*, NVwZ 1993, 565 (566); auch *Kopp/ Ramsauer,* VwVfG, § 78 Rn. 6.

161 So ausdrücklich *Kopp/ Ramsauer,* VwVfG, wie vor.

hängige Vorhabenkonzepte vorliegen. Handelt es sich um einen einzigen Vorhabenträger, so wird man ihm bei realistischer Sicht der Dinge einräumen müssen, eine Mehrzahl räumlich, zeitlich und funktional zusammentreffender Vorhaben zum Gegenstand eines gemeinsamen Planungskonzepts zu machen, ohne dass es dann bei diesen Vorhaben an der Selbständigkeit i.S. des § 78 Abs. 1 VwVfG fehlte. Ein solches Vorgehen erscheint sogar notwendig, weil die Vorhaben inhaltlich so eng miteinander verknüpft sind, dass die zu treffende Abwägungsentscheidung die zusammengefassten Maßnahmen in toto in den Blick zu nehmen hat.[162] Das folgt schon daraus, dass sich Eingriffe ggf. nur im Hinblick auf die mit dem gesamten Vorhaben erreichbaren Wirkungen rechtfertigen lassen.[163]

Nach Vorstehendem erweisen sich also manche Ungereimtheiten hinsichtlich der tatbestandlichen Voraussetzungen, die zur Anwendung des § 78 VwVfG führen sollen. So ist die Forderung, es müsse sich, auch bei nur einem Vorhabenträger, um separate Planungen mit jeweils eigenständigen Planungskonzepten handeln, der Vorschrift nicht zu entnehmen. Vielmehr muss es ausreichen, dass keines der Vorhaben sich als bloße Folgemaßnahme des jeweils anderen darstellt und damit die hierauf gerichtete Zuständigkeitsregelung des § 75 Abs. 1 nicht eingreift.[164] Ist dem entsprochen, erscheint es vertretbar, von selbständigen Vorhaben i.S. des § 78 VwVfG auszugehen.

dd) Notwendigkeit einer einheitlichen Entscheidung

Im Gefolge der vorstehenden Einschätzungen bedarf es schließlich der Prüfung, ob die Vorhaben derart zusammen treffen, dass für sie oder für Teile derselben nur eine einheitliche Entscheidung möglich ist. Jenes Tatbestandsmerkmal des § 78 Abs. 1 VwVfG wird in der Rechtsprechung äußerst streng gehandhabt. So fordert das *BVerwG* ein Zusammentreffen dergestalt, dass jeder der Vorhabenträger zur sachgerechten Verwirklichung seines Planungskonzepts darauf angewiesen sein muss, dass über die Zulassung der zusammentreffenden Vorhaben nur in einem Verfahren entschieden wird. Die Notwendigkeit einer „einheitlichen Entscheidung" bestehe dagegen nicht, wenn planerisch erhebliche Belange des einen Verfahrens im anderen durch Verfahrensbeteiligung und durch Berücksichtigung – etwa im Rahmen planerischer Abwägung – angemessen erfasst werden könnten. Ein „nur materielles Interesse" an der planerischen Koordination verschiedener Belange rechtfertige es für sich nicht, die gesetzliche Verfahrenszuständigkeit zu ändern.[165] Erforderlich sei vielmehr ein nicht sinnvoll trennbarer Sachzusammenhang zwischen den Verfahren.[166] Es werde stets ganz wesentlich von den Umständen des Einzelfalls abhängen, ob der in § 78 Abs. 1 VwVfG zum Ausdruck kommende Grundsatz der Problembewältigung eine einheitliche planerische Entscheidung für mehrere räumlich und zeitlich zusammentreffende selbständige Vorhaben fordere, oder ob

162 So auch *Kupfer/ Wurster,* DV 2007, 75 (84 f.) mit dem Hinweis auf Widersprüchlichkeiten in der Judikatur des *BVerwG.*

163 So *BVerwG,* NVwZ 2005, 327 (328): „Mit der Durchführung eines gemeinsamen Planfeststellungsverfahrens wird nicht nur [...] eine formelle Verbindung vorgenommen; vielmehr erfolgt auch eine inhaltliche Verknüpfung."

164 *BVerwG,* NVwZ 1996, 901 (903); *dass.,* LKV 1997, 213 (213); *dass.,* NVwZ 2005, 813 (814).

165 *BVerwG,* NVwZ 1996, 901 (903); krit. gegenüber dem Verweis auf die gesetzliche Verfahrenszuständigkeit mit guten Gründen *Kupfer/ Wurster,* DV 2007, 75 (84).

166 *BVerwG,* NVwZ 2004, 1500 (1501); *dass.,* NVwZ 2005, 813 (814).

die gebotene Koordinierung mittels verfahrensmäßiger und inhaltlicher Abstimmung auch ohne förmliche Zusammenführung der Verfahren und damit unter Wahrung der gesetzlichen Zuständigkeitsordnung möglich sei. Ein erhöhter planerischer Koordinierungsbedarf, der eine Kompetenzverlagerung erzwinge, werde in der Praxis eine Ausnahme bleiben.[167]

Auch bei Berücksichtigung jener restriktiven Maßstäbe kann das Erfordernis einer einheitlichen Entscheidung vorliegend schwerlich bestritten werden: Die Konzeption eines Hafens als trimodal ausgerichtetes Güterumschlagsunternehmen macht es notwendig, die unterschiedlichen Verkehrswege (Wasserstraße, Straßen und Schienen) eng aufeinander abzustimmen und miteinander zu verzahnen. Ein reibungsloser Ablauf der Verkehrs-, Umschlags- und Zwischenlagerungsvorgänge ist essentiell für die Wirtschaftlichkeit der Betriebsabläufe im gesamten Hafen. Um diese sicher zu stellen, bedarf es einer technischen und planerischen Konzeption, die das Wechselspiel zwischen den unterschiedlichen Verkehrsträgern und -vorgängen insgesamt im Blick hat und aufeinander abstimmt. I.d.S. wird im Schrifttum ein erhöhter planerischer Koordinierungsbedarf, dem durch eine einheitliche Zulassungsentscheidung Rechnung getragen werden muss, im Regelfall dann angenommen, wenn – wie vorliegend – verdichtete räumliche Verhältnisse mehrerer Bauvorhaben, insbesondere unterschiedlicher Verkehrsträger (Schiene, Straße, Wasserstraße) mit einer Häufung von Verflechtungen auf verhältnismäßig engem Raum anzutreffen sind.[168] Folglich erscheint es als nicht ausreichend, dem damit gesteigerten Abstimmungsbedarf nur im Wege der verfahrensmäßigen Koordination und wechselseitigen planerischen Berücksichtigung Rechnung zu tragen. Vielmehr bedarf es der Zusammenführung in einem einheitlichen Planfeststellungsverfahren.

ee) Zuständigkeit und Verfahren nach § 78 Abs. 2 VwVfG

§ 78 Abs. 2 S. 1 VwVfG bestimmt, dass sich Zuständigkeiten und Verfahren nach den Rechtsvorschriften über das Planfeststellungsverfahren richten, das für diejenige Anlage vorgeschrieben ist, die einen größeren Kreis öffentlich-rechtlicher Beziehungen berührt.

Die Bestimmung des „führenden" Verfahrens ist danach an objektive Kriterien gebunden, die nicht allein die Größe der Vorhaben oder ihren Raumbedarf einbeziehen, sondern darüber hinaus das Ausmaß der von den Vorhaben berührten öffentlichen und privaten Belange berücksichtigen muss. Deshalb sind auch die qualitativen Auswirkungen des jeweiligen Vorhabens mit in den Blick zu nehmen.[169] Die Vorhaben sind miteinander zu vergleichen, etwa nach der Größe und Beschaffenheit der Anlagen mit ihren jeweiligen Folgemaßnahmen, dem beanspruchten Raum, dem Ausmaß und der Intensität der nachteiligen Wirkungen sowie dem Aufwand für notwendige Schutzmaßnahmen, ferner nach der Zahl möglicher Betroffener.[170] Im Schrifttum wird für den Fall, dass sich ein eindeutiger Schwerpunkt nicht feststellen lässt, darauf abgestellt, welche Behörde für das Hauptvorhaben oder das Vorhaben mit den größten quantitativen und qualitati-

167 *BVerwG*, NVwZ 2004, 1500 (1501).

168 Ausdrücklich *Bonk/ Neumann*, in: Stelkens/ Bonk/ Sachs, VwVfG, § 78 Rn. 11; vgl. auch die Entscheidungen des *BVerwG* zum Berliner Tiergartentunnel: *BVerwG*, NVwZ 1996, 901 (903); *dass.*, NVwZ 1996, 389 (390).

169 *BVerwG*, LKV 1997, 213 (213).

170 *Bonk/ Neumann*, in: Stelkens/ Bonk/ Sachs, VwVfG, § 78 Rn. 16.

ven Auswirkungen auf die Umgebung die spezifische Fachkompetenz und größtmögliche Sachnähe hat.[171] Unter Zugrundelegung der vorstehenden Kriterien dürfte regelmäßig der „eigentliche Gewässerausbau", d.h. die Anlegung des bzw. der Hafenbecken(s) einschließlich der Kaimauer, den größeren Kreis öffentlich-rechtlicher Beziehungen berühren. So erweist sich dieses (Teil-)Vorhaben nicht nur als „Herzstück" eines Hafens, sondern bewirkt zugleich einen massiven Eingriff in das vorhandene Gewässer mit allen damit verbundenen Folgen wasserwirtschaftlicher und ökologischer Art. Damit unterfallen sämtliche Vorhaben den für das wasserrechtliche Planfeststellungsverfahren einschlägigen Vorschriften.

c) *„Unechtes Zusammentreffen" mehrerer Planfeststellungen bei Annahme eines Vorhabens*

Für den Fall, dass man der Auffassung folgt, es handele sich bei allen Bestandteilen einer Hafenerrichtung resp. -erweiterung zwar um planfeststellungsbedürftige Anlagen, nicht aber um selbständige Vorhaben i.S. von § 78 Abs. 1 VwVfG, sondern vielmehr um ein einheitliches Vorhaben, ist abschließend zu klären, wie diese Konstellation kompetenzrechtlich zu behandeln ist.

§ 78 Abs. 1 VwVfG erfasst ausschließlich die Fallgruppe des „echten Zusammentreffens planfeststellungsbedürftiger Vorhaben". Davon zu unterscheiden ist das „unechte Zusammentreffen" bzw. die „unechte Planungskonkurrenz"[172], bei dem/der für ein einziges – etwa aus mehreren Anlagen bestehendes – Vorhaben an sich mehrere Planfeststellungsverfahren nach unterschiedlichen Fachplanungsgesetzen durchgeführt werden müssten.[173] Die überwiegende Auffassung lehnt eine analoge Anwendung des § 78 VwVfG unter Verweis auf § 75 Abs. 1 VwVfG ab, der auch für derartige Vorhaben eine einheitliche Entscheidung vorsehe.[174] Zu Recht findet sich betont, dass die Konzentrationswirkung der vorrangigen Planfeststellung für ein Vorhaben nach § 75 Abs. 1 S. 1 Hs. 2 VwVfG auch die nachrangigen Planfeststellungen erfasse.[175] Für eine entsprechende Heranziehung des § 78 VwVfG ist daher kein Raum[176]; vielmehr handelt es sich um ein einheitliches Vorhaben, für das infolge der ausdrücklichen Erstreckung der Konzentrationswirkung auf andere Planfeststellungen in § 75 Abs. 1 S. 1 Hs. 2 VwVfG nur ein Verfahren durchzuführen ist. Nicht gesetzlich geregelt ist allerdings, nach welchem Planfeststellungsverfahren im Fall des „unechten Aufeinandertreffens" zu entscheiden ist. Im Schrifttum wird angenommen, es sei entsprechend der Regelung in § 78 Abs. 2

---

171 *Bonk/ Neumann,* in: Stelkens/ Bonk/ Sachs, VwVfG, wie vor.

172 *Allesch/ Häußler,* in: Obermayer, VwVfG, § 78 Rn. 7.

173 *Ronellenfitsch,* VerwArch 1997, 175 (180).

174 *Kopp/ Ramsauer,* VwVfG, § 78 Rn. 4a m.w.N.; offen gelassen bei *OVG Münster,* Beschl. v. 29.07.2010, Az. 20 B 1320/09, juris, Rn. 72.

175 *Ronellenfitsch,* VerwArch 1997, 175 (180); *ders.,* VerwArch 1999, 581 (592); *Kopp/ Ramsauer,* VwVfG, § 75 Rn. 7a.

176 Das gilt erst Recht, wenn angenommen wird, Teile der Hafenerweiterung seien nicht planfeststellungsfähig, sondern unterfielen der Kompetenz der Gemeinde für die Bauleitplanung. Eine Analogie zu § 78 VwVfG für diese Fälle ist im Schrifttum denn auch zu Recht als „reichlich kühn" verworfen und stattdessen gesetzgeberischer Handlungsbedarf konstatiert worden, s. *Ronellenfitsch,* VerwArch 1997, 175 (198); *ders.,* VerwArch 1999, 581 (592).

VwVfG das Fachplanungsgesetz führend, das den größeren Kreis öffentlich-rechtlicher Beziehungen berühre.[177]

Im Ergebnis würde folglich auch die Sichtweise eines einheitlichen Vorhabens mit nach verschiedenen Gesetzen planfeststellungsbedürftigen Anlagen zu einer Zuständigkeits- und Verfahrenskonzentration des wasser(straßen)rechtlichen Planfeststellungsbeschlusses führen.

3. *Folgerungen für die Praxis*

Für die Praxis besteht vor dem vorstehend dargelegten Hintergrund, jedenfalls bis zu einer abschließenden obergerichtlichen Klärung, erhebliche Rechtsunsicherheit. Das gilt auch angesichts des Umstands, dass in anderen Fällen des Hafen(aus)baus (in anderen Bundesländern) bereits vonseiten der Planfeststellungsbehörden ein die Hafeninfrastruktur – also auch Flächen jenseits des eigentlichen Gewässers, Straßen und Schienenwege – umfassender Zuschnitt der Planfeststellung vorgenommen worden ist, der von der Rechtsprechung nicht beanstandet wurde.[178] Ein solches Vorgehen soll indessen folgerichtig die positive Feststellung voraussetzen, dass die „Suprastruktur" (vor allem der spätere Umschlagbetrieb) mit den Anforderungen des zwingenden (Umwelt-)Rechts in Einklang stehen wird. Nicht ausreichend sei die bloße Feststellung, dass der Genehmigung des späteren Betriebs keine offenkundig überwindbaren Hindernisse entgegenstehen; in einem solchen Fall fehlte es bereits an der Planrechtfertigung. Anderenfalls könnte z.B. die Genehmigungsbehörde bei ihrer Entscheidung über die (immissionsschutzrechtliche) Zulässigkeit der Suprastruktur den Betrieb des Hafenumschlags dergestalt beschränken, dass die Abwägungsgrundlagen des Planfeststellungsbeschlusses in Frage gestellt wären.[179] Gleiches gelte für den Fall, dass der Verkehrsabführung auf Dauer schlechthin unüberwindbare rechtliche Hindernisse entgegenstünden.[180]

Aus Sicht der Praxis empfiehlt sich freilich, eine Rechtssicherheit schaffende obergerichtliche Entscheidung in der Sache abzuwarten. Sollte demgegenüber der hier verworfene Weg einer segmentierten Planung und Zulassung verfolgt werden, so wäre über die nicht der Planfeststellung unterworfenen Vorhabenteile, insbesondere bauliche Anlagen, in gesonderten Zulassungsverfahren zu entscheiden. Hierbei handelte es sich regelmäßig um Baugenehmigungsverfahren. Das würde auch für Containerumschlagterminals gelten, die keine genehmigungsbedürftigen Anlagen i.S. von § 4 ff. BImSchG darstellen.[181]

---

177 *Kopp/Ramsauer,* VwVfG, § 75 Rn. 7b.

178 *OVG Bremen,* Urt. v. 11.06.1996, Az. 1 G 3/94 (CT Bremerhaven III), juris, Rn. 50; *dass.,* Urt. v. 13.12.2001, Az. 1 D 299/01 (CT Bremerhaven IIIa), NordÖR 2002, 116; *dass.*; Urt. v. 13.01.2005, Az. 1 D 224/04 (CT Bremerhaven IV), juris, Rn. 100 ff.; *VG Hamburg,* Beschl. v. 30.10.2006, Az. 19 E 3517/06 (CT Burchardkai), NordÖR 2007, 125 (126).

179 *OVG Bremen,* Urt. v. 11.06.1996, Az. 1 G 3/94 (CT Bremerhaven III), juris, Rn. 50; *dass.,* Urt. v. 13.12.2001, Az. 1 D 299/01 (CT Bremerhaven IIIa), NordÖR 2002, 116 (die maßgeblichen Erwägungen sind a.a.O. nicht mit abgedruckt, s. hierzu d. vollständigen Text bei juris, Rn. 45 ff.); *dass.,* Urt. v. 13.01.2005, Az. 1 D 224/04 (CT Bremerhaven IV), juris, Rn. 100 ff.; *VG Hamburg,* Beschl. v. 30.10.2006, Az. 19 E 3517/06 (CT Burchardkai), NordÖR 2007, 125 (127).

180 *OVG Lüneburg,* Beschl. v. 05.03.2008, Az. 7 MS 115/07 (Jade-Weser-Port), NVwZ-RR 2008, 686 (687).

181 *Büge,* UPR 2006, 137 (140); *Mann,* NWVBl. 2002, 413; anders noch *OVG Münster,* Beschl. v. 26.10.2000, Az. 21 B 1468/00, NWVBl. 2001, 106; vgl. nunmehr *dass.,* Urt. v. 08.06.2005, Az. 8 A 3745/03, ZUR 2005, 531.

Im Übrigen stünden die nicht planfestgestellten Vorhabenteile des Hafens der Steuerung mittels der kommunalen Bauleitplanung offen, die insoweit eine die Fachplanung flankierende und ergänzende Funktion ausübte.[182]

4. Abgrenzung zur bergrechtlichen Planfeststellung

Hinzuweisen ist schließlich auf die Vorgehensweise bei der Zulassung von Vorhaben im Zusammenhang mit dem bereits erwähnten Jade-Weser-Port; hier wurde die für eine Neuaufschüttung von künftigen Hafenflächen erforderliche Sandentnahme aus der Bundeswasserstraße Jade einem separaten bergrechtlichen Planfeststellungsverfahren unterworfen. Das *VG Oldenburg* hat insoweit entschieden, dass trotz des Zusammenhangs mit dem parallel geplanten Ausbau der Jade und der Aufspülung der neuen Hafenfläche beide Teilvorhaben selbständig nach dem jeweils einschlägigen Fachrecht behandelt und lediglich informatorisch aufeinander abgestimmt werden durften.[183] Bei den in Rede stehenden Sanden handele es sich um bergfreie Bodenschätze i.S. des § 3 Abs. 3 S. 2 lit. a BBergG, die durch Ausbeutung der Abbaufelder i.S. von § 4 Abs. 2 Hs. 1 BBergG gewonnen werden sollten. Nach § 4 Abs. 2 Hs. 2 Nr. 2 BBergG ist zwar das Lösen oder Freisetzen von Bodenschätzen in oder an einem Gewässer als Voraussetzung für dessen Ausbau kein Gewinnen von Bodenschätzen i.S. des BBergG. Nach Auffassung des *VG Oldenburg* greife diese Regelung indes nicht ein, weil es an dem dafür erforderlichen Unmittelbarkeitszusammenhang zwischen der Sandentnahme und dem Ausbau der Bundeswasserstraße fehle. Zwar rage das Abbaufeld teilweise in das auszubauende künftige Fahrwasser hinein, jedoch diene der Sandabbau schwerpunktmäßig nicht der Herstellung eines Teils der Fahrrinne, sondern der Sandgewinnung. Letzteres Vorhaben habe der Träger trotz besagten Zusammenhangs hinreichend deutlich abgegrenzt und ihm einen vom wasserstraßenrechtlichen Teilvorhaben abweichenden Zweck (Sandgewinnung) gegeben.[184]

Einer derartigen Aufspaltung in separat zuzulassende Vorhaben ist damit im Umkehrschluss der Weg versperrt, wenn das zur Aufspülung neuer Hafenflächen benötigte Material unmittelbar infolge der Arbeiten zum Ausbau der Wasserstraße gewonnen wird. Im Übrigen gilt dem Grunde nach gegenüber der Rechtsprechung des *VG Oldenburg* nichts anderes als hinsichtlich derjenigen des *VG Köln* und des *OVG Münster* im Fall Godorf: Auch hier dürften die vorstehend dargelegten Gesichtspunkte für ein einheitliches Planfeststellungsverfahren und gegen eine segmentierende Vorgehensweise sprechen.

C. Rechtmäßigkeitsanforderungen an die Planfeststellung anhand des Wasserstraßenrechts

Nachfolgend werden die wesentlichen formellen und materiellen Anforderungen der Planfeststellung anhand der §§ 14 ff. WaStrG behandelt. Diese stimmen – abgesehen von der Zuständigkeit – dem Grundsätzlichen nach mit jenen der Planfeststellung nach § 68 WHG überein.

---

182 Dazu auch unter E.

183 *VG Oldenburg,* Urt. v. 19.06.2008, Az. 5 A 4956/06 (Jade-Weser-Port), NuR 2008, 887.

184 *VG Oldenburg,* Urt. v. 19.06.2008, Az. 5 A 4956/06 (Jade-Weser-Port), NuR 2008, 887 (888).

I. Formell-rechtliche Anforderungen

Zunächst sollen die wesentlichen Bestimmungen formell-rechtlicher Natur skizziert werden, die im Rahmen der Planfeststellung nach §§ 14 ff. WaStrG Geltung beanspruchen.

1. Zuständigkeit

Anhörungs- und Planfeststellungsbehörde ist die (im Einzelfall örtlich zuständige) Wasser- und Schifffahrtsdirektion des Bundes (§ 14 Abs. 1 S. 3 WaStrG). Die Bundeszuständigkeit gilt nach § 45 Abs. 4 WaStrG auch im Falle der Erweiterung eines bestehenden Hafens, in den der auszubauende Teil der Bundeswasserstraße einbezogen ist, selbst wenn der Hafen – wie regelmäßig – nicht vom Bund betrieben wird.[185]

2. Wesentliche Anforderungen an das Planfeststellungsverfahren

a) Anzuwendende Vorschriften

Die rechtlichen Anforderungen an die Durchführung des Planfeststellungsverfahrens ergeben sich aus §§ 14a, b WaStrG sowie aus §§ 72 ff. VwVfG, die § 14 Abs. 1 S. 5 WaStrG zufolge „nach Maßgabe des WaStrG gelten“. Die Bestimmungen des Wasserstraßengesetzes sind danach als fachgesetzliche Spezialvorschriften vorrangig anzuwenden; §§ 72 ff. VwVfG treten unmittelbar ergänzend hinzu, soweit §§ 14a, b WaStrG keine inhaltsgleichen oder entgegenstehenden Bestimmungen enthalten.[186]

b) Anhörungsverfahren

In Konkretisierung des soeben dargestellten Ineinandergreifens von allgemeinem Planfeststellungsverfahrensrecht nach dem VwVfG und fachgesetzlichen Spezialvorschriften des WaStrG bestimmt § 14a WaStrG für das Anhörungsverfahren – als ersten Abschnitt des Planfeststellungsverfahrens – die Geltung des § 73 VwVfG mit den in § 14a Nr. 1 bis 7 WaStrG aufgeführten Maßgaben. Aus dem Zusammenspiel jener Vorschriften ergibt sich im Wesentlichen folgender Verfahrensablauf:[187]

Nachdem der Vorhabenträger den Plan bei der Anhörungsbehörde eingereicht hat (§ 73 Abs. 1 S. 1 VwVfG), fordert diese innerhalb eines Monats nach Zugang des vollständigen Plans die Behörden, deren Aufgabenbereich durch das Vorhaben berührt wird, zur Stellungnahme auf und veranlasst die Auslegung in den Gemeinden, in denen sich das Vorhaben voraussichtlich auswirkt (§ 73 Abs. 2 VwVfG i.V.m. § 14a Nr. 1 WaStrG). Aus § 73 Abs. 3 S. 1 VwVfG folgt die Pflicht der Gemeinden, den Plan innerhalb von drei Wochen nach Zugang für die Dauer eines Monats zur Einsicht auszulegen. Die Auslegung ist nach § 73 Abs. 5 S. 1 VwVfG vorher ortsüblich bekannt zu machen; der nähere Inhalt der Bekanntmachung ergibt sich aus § 73 Abs. 5 S. 2 VwVfG.

Die Behörden geben sodann ihre Stellungnahmen innerhalb einer Frist ab, die von der Anhörungsbehörde festzusetzen ist, aber drei Monate nicht überschreiten darf (§ 73 Abs. 3a S. 1 VwVfG).

---

185 *Friesecke,* BWaStrG, § 45 Rn. 6.

186 *Bonk/ Neumann,* in: Stelkens/ Bonk/ Sachs, VwVfG, § 72 Rn. 73; *Friesecke,* BWaStrG, § 14 Rn. 2.

187 Im Näheren dazu *Friesecke,* BWaStrG, § 14a Rn. 17 ff.

Nach § 73 Abs. 4 S. 1 VwVfG kann jeder, dessen Belange durch das Vorhaben berührt werden, bis zwei Wochen nach Ablauf der Auslegungsfrist bei der Anhörungsbehörde oder der Gemeinde Einwendungen gegen den Plan erheben. Das gilt auch für Vereinigungen, soweit diese sich für den Umweltschutz einsetzen und nach in anderen gesetzlichen Vorschriften zur Einlegung von Rechtsbehelfen in Umweltangelegenheiten vorgesehenen Verfahren anerkannt sind (§ 14a Nr. 3 WaStrG). Solche Vereinigungen, ebenso wie die nach § 59 BNatSchG oder nach dem Landesnaturschutzrecht anerkannten Vereine, hat die Anhörungsbehörde in der Frist des § 73 Abs. 2 VwVfG von der Auslegung des Plans zu benachrichtigen und ihnen Gelegenheit zur Stellungnahme zu geben (§ 14a Nr. 2 WaStrG).

Nicht ortsansässige Betroffene, deren Person und Aufenthalt bekannt sind, sollen auf Veranlassung der Anhörungsbehörde von der Auslegung in der Gemeinde benachrichtigt werden (§ 14a Nr. 4 WaStrG). Diese Vorschrift, die von § 73 Abs. 5 S. 3 VwVfG abweicht, entbindet von der nach letzterer Bestimmung bestehenden Pflicht, unbekannte ortsansässige Personen zu ermitteln.

§ 73 Abs. 6 VwVfG sieht die Durchführung eines Erörterungstermins vor, auf den aber die Anhörungsbehörde nach § 14a Nr. 5 WaStrG ohne weitere tatbestandliche Voraussetzungen nach ihrem Ermessen verzichten kann. Macht sie von der Verzichtsmöglichkeit keinen Gebrauch, so hat die Anhörungsbehörde die Erörterung (nach Maßgabe des § 73 Abs. 6 S. 1 bis 6 VwVfG) innerhalb von drei Monaten nach Ablauf der Einwendungsfrist abzuschließen, wie sich § 14a Nr. 5 S. 2 WaStrG entnehmen lässt.

Soll ein ausgelegter Plan geändert werden und werden dadurch der Aufgabenbereich einer Behörde oder Belange Dritter erstmalig oder stärker als bisher berührt, so ist diesen die Änderung mitzuteilen und ihnen Gelegenheit zu Stellungnahmen und Einwendungen innerhalb von zwei Wochen zu geben (§ 73 Abs. 8 S. 1 VwVfG). Die Vorschrift wird durch § 14a Nr. 6 WaStrG ergänzt, wonach auch Vereinigungen entsprechend zu beteiligen sind.

§ 14a Nr. 7 WaStrG bestimmt die materielle Präklusion jeglicher Einwendungen gegen den Plan oder dessen Änderung, die nicht innerhalb der Einwendungsfrist erhoben worden sind. Gleiches gilt für Einwendungen und Stellungnahmen der Vereinigungen nach Ablauf der Äußerungsfrist.

Infolge der Identität von Anhörungs- und Planfeststellungsbehörde entfällt die sonst nach § 73 Abs. 9 VwVfG erforderliche Abgabe einer Stellungnahme zum Ergebnis des Anhörungsverfahrens durch die Anhörungsbehörde.[188]

c) Erfordernis und Durchführung einer Umweltverträglichkeitsprüfung

Wie bereits angesprochen, unterfällt der Ausbau einer Bundeswasserstraße zu Zwecken der Anlegung oder Erweiterung eines Binnenhafens nach Maßgabe des UVPG der Pflicht, eine Umweltverträglichkeitsprüfung durchzuführen.[189]

---

188 *Bonk/ Neumann,* in: Stelkens/ Bonk/ Sachs, VwVfG, § 73 Rn. 142.

189 S. oben B.I.2.b) sowie B.II.3.b).

aa) UVP-Pflicht des Vorhabens

Die UVP-Pflicht ergibt sich aus §§ 3 ff. i.V.m. Anlage 1 zum UVPG. Ungeachtet der Zuordnung zu den wasserwirtschaftlichen Vorhaben (Nr. 13 Anlage 1 zum UVPG)[190] ist für die Errichtung eines Hafens Nr. 13.9 einschlägig, sofern ein Hafen für die Binnenschifffahrt errichtet werden soll. Wenn der Hafen Schiffen mit mehr als 1350 t zugänglich ist, muss nach § 3b Abs. 1 i.V.m. Nr.13.9.1 der Anlage 1 zum UVPG eine obligatorische UVP durchgeführt werden. Unterhalb des Werts von 1350 t sieht das Gesetz (§ 3c i.V.m. Nr. 13.9.2 der Anlage 1) eine Allgemeine Vorprüfung des Einzelfalls vor.

Nach § 3b Abs. 1 i.V.m. Nr. 13.10 der Anlage zum UVPG ist ein Binnenhafen für die Seeschifffahrt ungeachtet der Schiffsgröße stets UVP-pflichtig. Soll der Hafen sowohl Binnen- als auch Seeschiffen zugänglich sein, ist ebenfalls Nr. 13.10 anzuwenden. Geht es, wie wohl regelmäßig, zugleich um einen mit einem Binnenhafen für die Seeschifffahrt verbundenen Landungssteg zum Laden und Löschen von Schiffen, kann Nr. 13.11 der Anlage 1 zum UVPG außer acht gelassen werden, weil der zu errichtende Hafen ohnehin UVP-pflichtig ist.

Was die Änderung oder Erweiterung eines bereits bestehenden, seinerseits UVP-pflichtigen Hafens angeht, ist eine solche nach Maßgabe des § 3e Abs. 1 bzw. Abs. 2 UVPG selbst UVP-pflichtig.

Die Abgrenzung der einzelnen in Betracht kommenden Vorhabenarten ist im Fall der Errichtung oder Erweiterung eines Hafens nicht immer zweifelsfrei möglich; das gilt auch im Verhältnis zu den wasserstraßenbezogenen Verkehrsvorhaben i.S. der Nr. 14.1 und 14.2 der Anlage 1 zum UVPG. Aus Gründen der Rechtssicherheit und Verfahrensökonomie empfiehlt es sich daher, in jedem Fall eine UVP durchzuführen.

bb) Durchführung der UVP

Die UVP dient nach § 2 Abs. 1 S. 2 UVPG der Ermittlung, Beschreibung und Bewertung der unmittelbaren und mittelbaren Auswirkungen des Vorhabens auf die Umwelt. Sie ist unselbständiger Teil des Planfeststellungsverfahrens (§ 2 Abs. 1 S. 1 UVPG).

Das Verhältnis der Verfahrensvorschriften der §§ 73 ff. VwVfG, §§ 14 ff. WaStrG und derjenigen des UVPG, auf welches das Landes-UVPG NRW in § 1 für die Durchführung der UVP verweist, bestimmt sich nach § 4 UVPG. Danach findet das UVPG Anwendung, soweit Rechtsvorschriften des Bundes oder Landes die Prüfung der Umweltverträglichkeit nicht näher bestimmen oder in ihren Anforderungen dem UVPG nicht entsprechen. Rechtsvorschriften mit weitergehenden Anforderungen bleiben hingegen nach § 4 S. 2 UVPG unberührt. Weder das WaStrG noch das VwVfG enthalten mit Blick auf das Planfeststellungsverfahren UVP-spezifische Regelungen, so dass die Verfahrensvorschriften des UVPG anzuwenden sind. Demnach sind in das Planfeststellungsverfahren folgende zusätzlichen Verfahrensschritte der UVP zu integrieren:[191]

190 B.I.2.b).

191 S. dazu auch *Friesecke,* BWaStrG, § 14a Rn. 67 ff.

- Scoping gem. § 5 UVPG,
- Vorlage der entscheidungserheblichen Unterlagen über die Umweltauswirkungen des Vorhabens einschließlich einer allgemein verständlichen, nichttechnischen Zusammenfassung und deren Auslegung als Teil des Plans gem. § 6 UVPG,
- Beteiligung der Behörden, die in ihrem umweltbezogenen Aufgabenbereich berührt sind (§ 7 S. 1 UVPG), im Rahmen der Beteiligung nach § 73 Abs. 2 VwVfG,
- Ggf. Durchführung einer grenzüberschreitenden Behörden- und Öffentlichkeitsbeteiligung gem. §§ 8, 9a UVPG,
- Zusammenfassende Darstellung der Umweltauswirkungen gem. § 11 UVPG.

Auf der Grundlage der zusammenfassenden Darstellung bewertet die Planfeststellungsbehörde die Umweltauswirkungen des Vorhabens und berücksichtigt die Bewertung bei der Entscheidung über die Zulässigkeit (§ 12 UVPG), d.h. im Rahmen der Abwägung nach § 14 Abs. 1 S. 2 WaStrG[192].

3. *Einvernehmenserfordernis nach § 14 Abs. 3 WaStrG*

Soweit der Ausbau der Bundeswasserstraße Belange der Landeskultur oder der Wasserwirtschaft berührt, bedarf die Planfeststellung des Einvernehmens mit der zuständigen Landesbehörde (§ 14 Abs. 3 S. 1 WaStrG). Die Norm stellt den Vollzug der Verfassungsbestimmung des Art. 89 Abs. 3 GG sicher.[193]

Der Begriff „Landeskultur" erfasst nach der Rechtsprechung des *BVerwG* (nur) die geordnete Bewirtschaftung der vorhandenen Grundflächen zum Zwecke der Land- und Forstwirtschaft, nicht aber die Vollzugshoheit der Länder in den Bereichen Naturschutz und Landschaftspflege sowie Denkmalschutz.[194] Unter „Wasserwirtschaft" ist die rechtliche Ordnung des Wasserhaushalts nach den Regeln einer „haushälterischen" Bewirtschaftung zu verstehen, die dazu dient, den Wasserhaushalt vor schädlichen Einwirkungen zu schützen.[195] Damit steht zugleich fest, dass die Landesbehörde ihr Einvernehmen nicht aus Gründen versagen darf, die mit den wie vorstehend konturierten Belangen nichts zu tun haben.[196]

Was das „Berührtsein" jener Belange angeht, so reicht es, wenn sie im Verfahren zu prüfen sind; das ist nur dann nicht der Fall, wenn die Auswirkungen des Vorhabens auf die Landeskultur bzw. die Wasserwirtschaft offensichtlich unerheblich sind.[197] Als nicht entscheidend stellt sich nach der Rspr. dar, dass die Prüfung dieser Fragen zu dem Ergebnis führt, das Vorhaben sei wasserwirtschaftlich „gemeinverträglich".[198] Werden

---

192 Dazu unten bei C.II.3.

193 *BVerwG*, Urt. v. 17.04.2002, Az. 9 A 24/01 (Teltowkanal), BVerwGE 116, 175 (177).

194 *BVerwG*, Urt. v. 17.04.2002, Az. 9 A 24/01 (Teltowkanal), BVerwGE 116, 175 (179 ff.).

195 *BVerfG*, Urt. v. 30.10.1962, Az. 2 BvF 2/60, 1, 2, 3/61, BVerfGE 15, 1 (15); *dass.*, Beschl. v. 15.07.1981, Az. 1 BvL 77/78, BVerfGE 58, 300 (341); *BVerwG*, Urt. v. 17.04.2002, Az. 9 A 24/01 (Teltowkanal), BVerwGE 116, 175 (178).

196 *BVerwG*, wie vor.

197 So *BVerwG*, Urt. v. 17.04.2002, Az. 9 A 24/01 (Teltowkanal), BVerwGE 116, 175 (184), für das Berührtsein von Belangen der Wasserwirtschaft; diese Anforderungen lassen sich ohne weiteres auf die Belange der Landeskultur übertragen, so zutreffend *Friesecke*, BWaStrG, § 14 Rn. 71.

198 *BVerwG*, wie vor.

besagte Belange von dem Vorhaben berührt, so unterliegen freilich nur die sie „berührenden Teile“ des Planfeststellungsbeschlusses dem Einvernehmenserfordernis („soweit...“).[199]

Die Versagung des Einvernehmens, welches auf die volle Willensübereinstimmung zwischen beiden Trägern der Vollzugshoheit gerichtet ist, bindet die Planfeststellungsbehörde auch im Falle ihrer Rechtswidrigkeit; der Planfeststellungsbeschluss darf also ohne Erteilung des Einvernehmens nicht erlassen werden.[200]

II. Materiell-rechtliche Anforderungen

Im Folgenden werden die wesentlichen Anforderungen materiell-rechtlicher Art, denen der Planfeststellungsbeschluss zu genügen hat, dargestellt. Es handelt sich dabei um das Erfordernis der Planrechtfertigung (dazu 1.), ferner um weitere die Planfeststellungsbehörde bindende inhaltliche Anforderungen, vornehmlich solche umweltrechtlicher Natur (dazu 2.), sowie um die Wahrung des Abwägungsgebots (unter 3.).

Aus Gründen der Übersichtlichkeit werden die wesentlichen fachfremden Anforderungen, namentlich des Immissionsschutzrechts, des Naturschutzrechts und des Wasserrechts, unabhängig von ihrer Einordnung als strikt beachtliches oder der Abwägung zugängliches Recht, jeweils im Zusammenhang dargestellt (unter 4.-6.), freilich unter Hinweis auf die ihnen jeweils zukommende Bindungswirkung.

1. Planrechtfertigung

Der Rechtsprechung des *BVerwG* zufolge kann ein Vorhaben der öffentlichen Infrastruktur nur zugelassen werden, wenn es, gemessen an den Zielen des jeweils einschlägigen Fachplanungsgesetzes, gerechtfertigt ist (fachplanerische Zielkonformität).[201] Bei dem ungeschriebenen Erfordernis der Planrechtfertigung handelt es sich um eine Ausprägung des Verhältnismäßigkeitsgrundsatzes, welcher vor dem Hintergrund der regelmäßig eigentumsbeeinträchtigenden Wirkung planfeststellungsbedürftiger Vorhaben Geltung beansprucht.[202] Im Näheren verlangt die Planrechtfertigung vorliegend, dass für das Vorhaben nach Maßgabe der vom WaStrG verfolgten Ziele einschließlich sonstiger gesetzlicher Entscheidungen ein Bedürfnis besteht.[203] Neben der Übereinstimmung mit den Zielen des Gesetzes muss das Vorhaben für sich in Anspruch nehmen können, in der konkreten Situation erforderlich zu sein. Das ist nicht erst bei der Unausweichlichkeit des Vorhabens der Fall, sondern bereits dann, wenn es vernünftigerweise geboten ist.[204] Damit erweist sich die Planrechtfertigung als eine nur gegenüber groben und offensichtlichen Missgriffen wirksame Schranke der Planungshoheit.[205]

---

199 *Friesecke,* BWaStrG, § 14 Rn. 71.

200 *BVerwG,* wie vor; ob anderes gilt, wenn die Versagung erkennbar rechtsmissbräuchlich ist, hat das Gericht offen gelassen.

201 *BVerwG,* Urt. v. 14.02.1975, Az. IV C 21.74, BVerwGE 48, 56 (60) (st. Rspr.); zuletzt *dass.,* Urt. v. 09.11.2006, Az. 4 A 2001/06, BVerwGE 127, 95 (102 f.).

202 *BVerwG,* Urt. v. 09.11.2006, Az. 4 A 2001/06, BVerwGE 127, 95 (102).

203 *OVG Lüneburg,* Beschl. v. 05.03.2008, Az. 7 MS 115/07 (Jade-Weser-Port), NVwZ-RR 2008, 686 (687).

204 *BVerwG,* Urt. v. 07.07.1978, Az. IV C 79/76, BVerwGE 56, 110 (118); *dass.,* Urt. v. 05.12.1986, Az. 4 C 13/85, BVerwGE 75, 214 (232 f.); *dass.,* Urt. v. 08.07.1998, Az. 11 A 53/97, BVerwGE

Vor dem Hintergrund dieser allgemeinen Anforderungen ist, unter Berücksichtigung der einschlägigen Rechtsprechung, für die Neuerrichtung bzw. Erweiterung eines Hafens Folgendes beachtlich:

Dem WaStrG sind keine fachplanerischen Ziele zu entnehmen, auf die sich die Planrechtfertigung für ein Hafen(aus)bauvorhaben gründen ließe, so dass wiederum auf die Verkehrsfunktion der Bundeswasserstraße als maßgeblichen Aspekt zurückgegriffen werden muss. Überdies finden sich in § 14e Abs. 1 WaStrG Maßgaben zur planungsrechtlichen Privilegierung bestimmter Bundeswasserstraßen, denen in der Literatur allgemeingültige gesetzliche Wertungen entnommen werden, welche sich für die Begründung der Planrechtfertigung heranziehen lassen sollen.[206] Hier kommen insbesondere die dienende Funktion zur Verbesserung der seewärtigen Zufahrten zu den deutschen Seehäfen und deren Hinterlandanbindung (Nr. 3), ein sonstiger internationaler Bezug des Vorhabens (Nr. 4) oder eine besondere Funktion zur Beseitigung schwerwiegender Verkehrsengpässe (Nr. 5) in Betracht.

Jenseits dessen gelten als fachplanerische Ziele, die für eine wesentliche Umgestaltung einer Bundeswasserstraße maßgeblich sein können, die Verbesserung oder sonstige, der Verkehrsfunktion dienende Veränderung einer Bundeswasserstraße oder die Verbesserung der Sicherheit und Leichtigkeit des Verkehrs.[207] Dementsprechend hat das *OVG Lüneburg* in einem Beschluss zum Jade-Weser-Port die Planrechtfertigung mit der Erwägung bejaht, das Vorhaben diene der Anpassung des Schiffsverkehrs an die moderne Containerschifffahrt sowie der nachhaltigen Verbesserung der regionalen wie nationalen Hafenstruktur mit den damit in der Folge verbundenen positiven wirtschaftlichen Effekten.[208] Das *OVG Bremen* hat die Planrechtfertigung für den Ausbau eines Container-Terminals – eher beiläufig und pauschal – mit der Verbesserung des Containerschiffsverkehrs begründet.[209] Indes ist davor zu warnen, die Planrechtfertigung lediglich mit allgemeinen Erwägungen zu begründen. Vielmehr sind die erwarteten zielkonformen Entwicklungen, die das Vorhaben legitimieren sollen, anhand von methodisch einwandfreien konkreten Bedarfsprognosen darzustellen[210]; ihrer bedarf es ohnehin für eine fehlerfreie Abwägungsentscheidung nach § 14 Abs. 1 S. 2 WaStrG.[211]

Wie bereits erwähnt, fehlt die Planrechtfertigung nach Auffassung der Rechtsprechung, wenn zunächst nur die Infrastruktur des Hafens Gegenstand der Planfeststellung ist[212] und der nachfolgenden Genehmigung des späteren Hafenbetriebs offenkundig unüber-

---

107, 142 (145); *dass.*, Urt. v. 16.03.2006, Az. 4 A 1075/04 (Flughafen Berlin-Schönefeld), BVerwGE 125, 116 (177); *dass.*, Urt. v. 09.11.2006, Az. 4 A 2001/06, BVerwGE 127, 95 (102 f.).

205 *BVerwG,* Urt. v. 11.07.2001, Az. 11 C 14/00, BVerwGE 114, 364 (372).

206 *Friesecke,* BWaStrG, § 14 Rn. 14.

207 *Friesecke*, wie vor.

208 *OVG Lüneburg*, Beschl. v. 05.03.2008, Az. 7 MS 115/07 (Jade-Weser-Port), NVwZ-RR 2008, 686 (687).

209 *OVG Bremen,* Urt. v. 13.01.2005, Az. 1 D 224/04 (CT Bremerhaven IV), juris, Rn. 62.

210 Vgl. *Schmidt-Aßmann*, Planungs- und Enteignungsfragen des Entwurfs eines Hafenentwicklungsgesetzes, in: Badura/ Schmidt-Aßmann, Hafenentwicklung in Hamburg, S. 95 (117 f.).

211 Die Rechtsprechung des *BVerwG* zur behördlichen Bedarfsfeststellung zusammenfassend *Kupfer/ Wurster,* DV 2007, 239 (252 ff.); zur Abwägung unter C.II.3.

212 Zum Umfang der Planfeststellung bereits unter B.II.

windbare rechtliche oder tatsächliche Hindernisse entgegenstehen[213],[214] und ferner dann, wenn die Realisierung des Vorhabens aus finanziellen Gründen ausgeschlossen ist[215].

2. *Zwingendes materielles Recht („Planungsleitsätze")*

Als zwingendes materielles Recht sind solche, vor allem fachfremden Rechtsvorschriften zu betrachten, welche von der Planfeststellung strikte Beachtung einfordern, der planerischen Abwägung nach § 14 Abs. 1 S. 2 WaStrG[216] also von vornherein entzogen sind. Derartige gesetzliche Bindungen entfallen nicht etwa infolge der – lediglich formellen – Konzentrationswirkung des Planfeststellungsbeschlusses nach § 75 Abs. 1 S. 1 Hs. 2 VwVfG. Der Neubau bzw. die Erweiterung eines Hafens kann, in Abhängigkeit vom Standort und den geplanten Maßnahmen im konkreten Einzelfall, die Beachtung zahlreicher materieller Regelungen verlangen, die hier angesichts ihrer Vielgestaltigkeit nicht alle im Detail dargestellt werden können. Dazu zählen insbesondere Vorschriften des (europäischen) Naturschutzrechts[217] und des Wasserhaushaltsrechts[218]. Derartige strikt beachtliche Bestimmungen werden auch, ohne dass damit ein zusätzlicher Erkenntnisgewinn einhergeht, als Planungsleitsätze bezeichnet.[219]

3. *Planerische Abwägung, insbesondere Alternativenprüfung*

Umfangreiche und anspruchsvolle rechtliche Anforderungen an die Errichtung wie Erweiterung eines Hafens erwachsen dem Abwägungsgebot, das für die wasserwegerechtliche Planfeststellung in § 14 Abs. 1 S. 2 WaStrG normiert ist. Danach sind die von dem Vorhaben berührten öffentlichen und privaten Belange einschließlich der Umweltverträglichkeit im Rahmen der Abwägung zu berücksichtigen. Wie in allen Fällen rechtsstaatlicher Planung verlangt auch das Abwägungsgebot wasserstraßenrechtlicher Provenienz, dass eine Abwägung überhaupt stattfindet, dass darin an Belangen eingestellt wird, was nach Lage der Dinge in sie eingestellt werden muss, und dass weder die Bedeutung der betroffenen Belange verkannt noch der Ausgleich zwischen ihnen in einer Weise vorgenommen wird, die zur objektiven Gewichtigkeit einzelner Belange außer Verhältnis steht. In diesem Rahmen vermag sich die Planfeststellungsbehörde für die Vorziehung des einen und damit notwendig für die Zurückstellung des anderen Belangs zu entscheiden; das ist Ausdruck ihrer planerischen Gestaltungsfreiheit.[220]

---

213 *OVG Bremen,* Urt. v. 13.12.2001, Az. 1 D 299/01 (CT Bremerhaven IIIa), NordÖR 2002, 116 (117); *OVG Lüneburg*, Beschl. v. 05.03.2008, Az. 7 MS 115/07 (Jade-Weser-Port), NVwZ-RR 2008, 686 (687).

214 Zu dem damit zusammenhängenden Erfordernis einer immissionsschutzrechtlichen Vorausbeurteilung des späteren Hafenbetriebs unter C.II.4.a)aa)(1).

215 *BVerwG,* Urt. v. 16.03.2006, Az. 4 A 1075.04 (Flughafen Berlin-Schönefeld), BVerwGE 125, 116 (182 Rn. 200).

216 Dazu nachfolgend unter 3.

217 Dazu im Näheren unter B.II.5.

218 Dazu näher unter B.II.6.

219 Dazu *Erbguth,* Öffentliches Baurecht, § 5 Rn. 115; *Steinberg/ Berg/ Wickel,* Fachplanung, § 3 Rn. 8 ff.

220 Grundlegend *BVerwG,* Urt. v. 14.02.1975, Az. IV C 21.74, BVerwGE 48, 56 (63 f.), st. Rspr., näher zur fachplanerischen Abwägung *Steinberg/ Berg/ Wickel,* Fachplanung, § 3 Rn. 57 ff.

Der Kreis der öffentlichen und privaten Belange, die in die Abwägung einzustellen sind, kann freilich nicht losgelöst vom konkreten Vorhaben abschließend umrissen werden. Allgemein ist indes auf folgende Aspekte hinzuweisen:

Das WaStrG selbst benennt an abwägungserheblichen Belangen lediglich solche der Umwelt, die typischerweise von Ausbaumaßnahmen gem. § 12 WaStrG betroffen werden. I.S. der in § 14 Abs. 1 S. 2 WaStrG genannten Umweltverträglichkeit finden sich in §12 Abs. 7 des Gesetzes ökologische Anforderungen an den Ausbau von Bundeswasserstraßen, namentlich die Beachtung des Bildes und der Erholungseignung der Gewässerlandschaft sowie der Erhaltung und Verbesserung des Selbstreinigungsvermögens des Gewässers (S. 1). Ferner sind die natürlichen Lebensräume zu bewahren und müssen Ausbaumaßnahmen die nach §§ 27 bis 31 des Wasserhaushaltsgesetzes maßgebenden Bewirtschaftungsziele berücksichtigen[221] (S. 2 u. 3). Schließlich werden nach S. 4 der Vorschrift Ausbaumaßnahmen so durchgeführt, dass mehr als nur geringfügige Auswirkungen auf den Hochwasserschutz vermieden werden.[222] All jenen Belangen – mit Ausnahme der wasserwirtschaftlichen Bewirtschaftungsziele[223] – ist gemein, dass es sich um solche handelt, die in der Abwägung lediglich zu berücksichtigen sind; § 12 Abs. 7 WaStrG begründet kein Optimierungsgebot[224].[225]

Im Weiteren stellt der Bedarf für die Hafenerrichtung bzw. -erweiterung einen wesentlichen Abwägungsbelang dar. In einer entsprechenden Prognose ist eingehend – und deutlich über die Anforderungen, die im Rahmen der Planrechtfertigung gelten[226], hinaus – darzustellen, wie sich die Umschlagszahlen künftig entwickeln werden und inwiefern dies den Bedarf für weitere Kapazitäten begründet.[227] Ebenso sind die zu erwartenden wirtschaftlichen Effekte des Vorhabens darzustellen.[228]

Nach ständiger Rechtsprechung des *BVerwG* haben sich ferner die Anforderungen des Abwägungsgebots auf die Berücksichtigung von planerischen Standort- und Ausführungsalternativen zu richten.[229] Ernsthaft sich anbietende Alternativlösungen müssen bei der Zusammenstellung des abwägungserheblichen Materials berücksichtigt werden und mit der ihnen objektiv zukommenden Bedeutung in die vergleichende Prüfung der von den möglichen Alternativen jeweils berührten öffentlichen und privaten Belange Eingang finden.[230] Zu diesen in das Verfahren einzubeziehenden und zu untersuchenden Alternativen gehören neben den von Amts wegen ermittelten auch solche, die von dritter

221 Dazu eingehend unter C.II.6.a).

222 Dazu näher unter C.II.6.b).

223 Zu deren zwingender Beachtlichkeit aus Gründen des Gemeinschaftsrechts s. unten C.II.6.a)aa).

224 Dazu eingehend *Hoppe,* DVBl. 1992, 853; *ders.,* in: Hoppe/ Bönker/ Grotefels, Öffentliches Baurecht, § 7 Rn. 29 ff.

225 *Friesecke,* BWaStrG, § 12 Rn. 26; ebenso bereits *Schink,* ZfW 1985, 1 (13).

226 Dazu unter C.II.1.

227 Dazu eingehend *OVG Bremen,* Urt. v. 13.01.2005, Az. 1 D 224/04 (CT Bremerhaven IV), juris, Rn. 72 ff.

228 Vgl. *OVG Bremen,* Urt. v. 13.01.2005, Az. 1 D 224/04 (CT Bremerhaven IV), juris, Rn. 89 ff.

229 Zum Verhältnis der Fachplanung und der Raumordnung im Hinblick auf die Prüfung von Standortalternativen s. aber unten D.I., II.

230 *BVerwG,* Beschl. v. 20.12.1988, Az. 7 NB 2/88, BVerwGE 81, 128 (136); *dass.,* Urt. v. 14.11.2002, Az. 4 A 15/02, BVerwGE 117, 149 (160 f.); zuletzt *dass.,* Beschl. v. 24.04.2009, Az. 9 B 10/09, NuR 2009, 480 (481).

Seite im Laufe des Verfahrens vorgeschlagen werden.[231] Die Planfeststellungsbehörde ist indes nicht verpflichtet, die Variantenprüfung bis zuletzt offen zu halten und alle von ihr zu einem bestimmten Zeitpunkt erwogenen oder von dritter Seite vorgeschlagenen Alternativen gleichermaßen detailliert und umfassend zu untersuchen. Auch im Bereich der Planungsalternativen braucht sie den Sachverhalt nur so zu klären, wie dies für eine sachgerechte Entscheidung und eine zweckmäßige Gestaltung des Verfahrens erforderlich ist. Sie ist befugt, Alternativen, die sich aufgrund einer Grobanalyse als weniger geeignet erweisen, schon in einem frühen Verfahrensstadium zu verwerfen.[232]

Als Alternativlösungen kommen indes nur solche Varianten in Betracht, welche die Identität des geplanten Vorhabens unberührt lassen. Letztere bestimmt sich anhand des jeweiligen Planungskonzepts und der mit ihm verfolgten Ziele.[233] Stellt sich im Rahmen einer solchen Vorprüfung heraus, dass das mit der Planung zulässigerweise verfolgte Konzept bei Verwirklichung der Alternative nicht erreicht werden kann und daher die Variante in Wirklichkeit auf ein anderes Projekt hinausliefe, so kann die Planfeststellungsbehörde diese Variante ohne weitere Untersuchungen als ungeeignet ausscheiden.[234] Im Hinblick auf die Flughafenplanung hat das *BVerwG* die Aussage getroffen, die Neuanlage oder der Ausbau eines anderen Flughafens an anderer Stelle sei jedenfalls dann kein anderes Projekt, wenn beide Flughäfen im Wesentlichen denselben Verkehrsbedarf decken würden.[235] Für die Errichtung bzw. Erweiterung eines Binnenhafens kann nichts Abweichendes gelten.

Über die Fälle der fehlenden Eignung zur Zielverwirklichung hinaus ist die Planfeststellungsbehörde befugt, Alternativen bereits in einem frühen Verfahrensstadium auszusondern, die sich nach den in diesem Stadium des Planungsprozesses angestellten Sachverhaltsermittlungen hinsichtlich der berührten öffentlichen und privaten Belange als weniger geeignet erweisen als andere Varianten.[236]

4. *Insbesondere: Materielle Anforderungen des Immissionsschutzrechts*

Dem Schutz benachbarter Grundstücke vor Immissionen, die von der Errichtung bzw. Erweiterung und dem Betrieb eines Hafens ausgehen, kommt – dies lässt sich der einschlägigen Rechtsprechung entnehmen – große rechtliche wie praktische Bedeutung zu. Rechtlicher Ausgangspunkt ist insofern das Erfordernis, die Belange des Immissionsschutzes in der planerischen Abwägung, hier nach § 14 Abs. 1 S. 2 WaStrG[237], zu berücksichtigen. Die Ermittlung und Bewertung jener Belange haben sich nach den Vorgaben des BImSchG und den dazu ergangenen untergesetzlichen Regelungen zu richten.

---

231 *BVerwG,* Urt. v. 12.12.1996, Az. 4 C 29/94, BVerwGE 102, 331 (342).

232 *BVerwG,* Urt. v. 25.01.1996, Az. 4 C 5/95, BVerwGE 100, 238 (249 f.); *dass.,* Urt. v. 20.05.1999, Az. 4 A 12/98, NVwZ 2000, 555; *dass.,* Urt. v. 09.06.2004, Az. 9 A 11/03, NVwZ 2004, 1486 (1491 f.).

233 *Friesecke,* BWaStrG, § 14 Rn. 38.

234 *BVerwG,* Urt. v. 19.05.1998, Az. 4 A 9/97, BVerwGE 107, 1 (13 f.).

235 *BVerwG,* Urt. v. 13.12.2007, Az. 4 C 9/06, BVerwGE 130, 83 (108); *dass.,* Beschl. v. 01.04.2009, Az. 4 B 61/08, NVwZ 2009, 910 (913).

236 *BVerwG,* Beschl. v. 24.04.2009, Az. 9 B 10/09, NuR 2009, 480 (481).

237 Dazu bereits unter C.II.3.

a) *Anforderungen des Lärmschutzes*

Bei der planerischen Bewältigung der von dem Vorhaben aufgeworfenen Immissionsschutzprobleme steht der Lärmschutz im Vordergrund. Eine erste wesentliche Weichenstellung liegt in diesem Zusammenhang in der getrennten Betrachtung desjenigen Lärms, der durch den späteren Hafen-, genauer: Terminalbetrieb verursacht werden wird, und des Verkehrslärms. Ebenfalls zu berücksichtigen ist der in der Errichtungsphase auftretende Baulärm.

aa) *Betriebslärm*

Als Betriebslärm ist der Rechtsprechung zufolge nicht nur der von den Umschlagsanlagen (Van Carrier, Container-Brücken, Zugmaschinen mit Trailern, Stapler) selbst verursachte Lärm zu qualifizieren; hinzu treten jene Straßen- und Schienenverkehrsgeräusche, die von Fahrzeugbewegungen auf dem Betriebsgelände sowie bei Ein- und Ausfahrten, die in Zusammenhang mit dem Betrieb der Anlage stehen, verursacht werden.[238]

(1) Erfordernis der immissionsschutzrechtlichen Vorausbeurteilung bei engem Vorhabenzuschnitt

Die Pflicht zur Berücksichtigung des vom späteren Terminalbetrieb verursachten Lärms besteht unabhängig von der gegenständlichen Reichweite der Planfeststellung[239] im konkreten Einzelfall. Wird – wie hier – ein umfassender Vorhabenbegriff zugrunde gelegt, der die Errichtung und den Betrieb des Terminals umfasst, so versteht sich von selbst, dass der davon ausgehende Lärm Gegenstand der Abwägung zu sein hat.

Doch selbst dann, wenn sich – im Gefolge der Rechtsprechung – die Planfeststellung nicht auf die Terminalanlagen erstrecken sollte, sind besagte Lärmimmissionen bereits im Rahmen der wasser(straßen)rechtlichen Planfeststellung zu berücksichtigen, obwohl es sich um Anlagen handelt, die erst Gegenstand nachfolgender Zulassungsverfahren, etwa solcher nach dem Bauordnungsrecht, sind. Die Planfeststellungsbehörde hat dann – aus den bereits angesprochenen Gründen[240] – eine sog. immissionsschutzrechtliche Vorausbeurteilung des späteren Hafenbetriebes vorzunehmen und in der Abwägung zu berücksichtigen. Anhand jener Vorausbeurteilung ist die grundsätzliche Vereinbarkeit des Hafenumschlags mit den Anforderungen des Immissionsschutzrechts positiv festzustellen. Es kann nämlich im späteren Baugenehmigungsverfahren nicht mehr über ggf. erforderliche Schutzvorkehrungen zur Vermeidung nachteiliger Wirkungen auf die Rechte anderer entschieden werden; das gilt insbesondere dann, wenn der Planfeststellungsbeschluss entsprechende Anordnungen gem. § 74 Abs. 2 S. 2 VwVfG nicht vorsieht oder vorbehält und damit möglicherweise ausschließt. Die Konfliktlösung hat somit bereits im Planfeststellungsverfahren zu erfolgen.[241]

---

238 *OVG Bremen,* Urt. v. 11.06.1996, Az. 1 G 3/94 (CT Bremerhaven III), juris, Rn. 57; *dass.,* Urt. v. 13.12.2001, Az. 1 D 299/01 (CT Bremerhaven IIIa), NordÖR 2002, 116 (dort insoweit nicht abgedruckt, s. juris, Rn. 83).

239 Zu dieser Frage bereits unter B.II.

240 S. ebenfalls oben B.II.

241 *OVG Bremen,* Urt. v. 13.12.2001, Az. 1 D 299/01 (CT Bremerhaven IIIa), NordÖR 2002, 116 (insoweit nicht abgedruckt, s. juris, Rn. 47); anders noch *dass.,* Urt. v. 11.06.1996, Az. 1 G 3/94 (CT Bremerhaven III), juris, Rn. 72.

(2) Beurteilungsmaßstab

Der hier immissionsschutzrechtlich zu beurteilende Containerterminal (bzw. die Gesamtheit der dort künftig vorfindlichen Umschlagsanlagen) ist eine nicht genehmigungsbedürftige ortsfeste Anlage i.S. von § 3 Abs. 5 Nr. 1 BImSchG[242], die materiellrechtlich den Grundpflichten des § 22 Abs. 1 S. 1 BImSchG zu genügen hat.[243] Danach sind jene Anlagen u.a. so zu errichten und zu betreiben, dass schädliche Umwelteinwirkungen verhindert werden, die nach dem Stand der Technik vermeidbar sind (Nr. 1) und nach dem Stand der Technik unvermeidbare schädliche Umwelteinwirkungen auf ein Mindestmaß beschränkt werden (Nr. 2). Zu den schädlichen Umwelteinwirkungen gehören nach § 3 Abs. 1, 2 BImSchG Geräusche, die nach Art, Ausmaß oder Dauer geeignet sind, Gefahren, erhebliche Nachteile oder erhebliche Belästigungen für die Allgemeinheit oder die Nachbarschaft herbeizuführen. Als erheblich sind Beeinträchtigungen anzusehen, die den Betroffenen unzumutbar sind.[244] Für die Beurteilung der Zumutbarkeit von Lärm ist eine „Güterabwägung" der konkreten Gegebenheiten zum einen der emittierenden Nutzung, zum anderen der immissionsbetroffenen Nutzung erforderlich.[245] Jene Abwägung ist in besonderer Weise von Wertungen geprägt und kann daher einer sehr unterschiedlichen Beurteilung im Einzelfall unterliegen.[246]

Es obliegt vorrangig dem Verordnungsgeber, die gesetzlich umschriebene Schwelle zumutbarer Lärmbeeinträchtigungen unter abstrakt-genereller Abwägung der widerstreitenden Interessen verbindlich festzulegen.[247] Eine Verordnung zur Beurteilung des Lärms, der von Hafenumschlagsanlagen verursacht wird, gibt es allerdings nicht. Insbesondere kann die 16. BImSchV (Verkehrslärmschutzverordnung)[248] weder unmittelbar noch entsprechend angewandt werden[249], weil sie nur typisch verkehrsbedingte Immissionen erfasst, nicht aber die dem Verkehr vor- und nachgelagerten Arbeiten.[250] Die Immissionen von Verlade- und Umschlagsanlagen stehen in keinem unmittelbaren Zusammenhang mit dem Verkehrssystem Straße bzw. Bahn.[251]

---

242 *Jarass*, BImSchG, § 3 Rn. 71 a.E.; s. hierzu auch unter B.II.4.

243 *OVG Bremen*, Urt. v. 11.06.1996, Az. 1 G 3/94 (CT Bremerhaven III), juris, Rn. 51; *dass.*, Urt. v. 13.12.2001, Az. 1 D 299/01 (CT Bremerhaven IIIa), NordÖR 2002, 116 (117); *dass.*, Urt. v. 13.01.2005, Az. 1 D 224/04 (CT Bremerhaven IV), juris, Rn. 102; *OVG Lüneburg*, Beschl. v. 05.03.2008, Az. 7 MS 115/07 (Jade-Weser-Port), NVwZ-RR 2008, 686 (687).

244 *BVerwG*, Urt. v. 12.12.1975, Az. IV C 71.73, BVerwGE 50, 49 (50); *dass.*, Urt. v. 25.02.1992, Az. 1 C 7/90, BVerwGE 90, 53 (56); *Jarass*, BImSchG, § 3 Rn. 47.

245 *BVerwG*, Urt. v. 29.04.1988, Az. 7 C 33/87, BVerwGE 79, 254 (260); *OVG Bremen*, Urt. v. 13.12.2001, Az. 1 D 299/01 (CT Bremerhaven IIIa), NordÖR 2002, 116 (117).

246 *BVerwG*, Urt. v. 28.01.1999, Az. 4 CN 5/98, BVerwGE 108, 260 (265).

247 *BVerwG*, wie vor.

248 Sechzehnte Verordnung zur Durchführung des Bundes-Immissionsschutzgesetzes – Verkehrslärmschutzverordnung v. 12.06.1990, BGBl. I, S. 1036, zuletzt geändert durch Art. 3 des Gesetzes v. 19.09.2006, BGBl. I S. 2146.

249 *OVG Bremen*, Urt. v. 13.12.2001, Az. 1 D 299/01 (CT Bremerhaven IIIa), NordÖR 2002, 116 (117).

250 *OVG Bremen*, Urt. v. 11.06.1996, Az. 1 G 3/94 (CT Bremerhaven III), juris, Rn. 54.

251 *OVG Bremen*, wie vor; s. auch *Jarass*, BImSchG, § 41 Rn. 13, 16.

Angesichts dessen fragt sich, ob die TA Lärm[252] als normkonkretisierende Verwaltungsvorschrift für die Lärmbeurteilung heranzuziehen ist, die ein einheitliches Ermittlungs- und Beurteilungsverfahren zur Feststellung der maßgeblichen Geräuschkenngrößen und höchstzulässige Immissionswerte als Zumutbarkeitsmaßstab festlegt. Diese sind auch bei der Prüfung der Einhaltung des § 22 BImSchG im Rahmen der Prüfung von Anträgen auf öffentlich-rechtliche Zulassungen nach anderen Vorschriften, insbesondere von Anträgen im Baugenehmigungsverfahren, zu beachten (Nr. 1 Abs. 3 b) aa) TA Lärm). Allerdings finden sich u.a. Seehafenumschlagsanlagen in Nr. 1 Abs. 2 ausdrücklich aus dem Anwendungsbereich der TA Lärm herausgenommen. Damit soll den Besonderheiten des internationalen Seeschiffsverkehrs Rechnung getragen werden: Seeschiffe müssen jederzeit be- und entladen werden können.[253] Es kommt angesichts dessen für die Bestimmung des Begriffs „Seehafenumschlagsanlagen" darauf an, ob der zu errichtende oder zu erweiternde Hafen bzw. Terminal von Seeschiffen angelaufen werden soll.[254] Ist das der Fall, so scheidet eine unmittelbare und verbindliche Geltung der TA Lärm für entsprechende Vorhaben aus.

Nach der zu den Seehäfen Bremerhaven und Wilhelmshaven (Jade-Weser-Port) ergangenen Rechtsprechung besitzt indes die TA Lärm dennoch Relevanz für Seehafenumschlagsanlagen, nämlich dergestalt, dass die Zumutbarkeit der von Ihnen ausgehenden Lärmimmissionen zwar aufgrund einer individuell-konkreten Abwägung zu ermitteln und zu bewerten ist, aber in diesem eingeschränkten Sinne auch auf die in der TA Lärm geregelten Grundsätze zurückgegriffen werden kann. Die Sichtweise findet sich zutreffend damit begründet, dass die Exemtion von Seehafenumschlagsanlagen nicht auf lärmfachlichen Gesichtspunkten gründet. Es sei daher sachgerecht, sich für die Ermittlung und Bewertung der Lärmimmissionen von Seehafenumschlagsanlagen an den Richtwerten der TA Lärm zu orientieren und sodann zu prüfen, ob im Einzelfall Anlass besteht, hiervon abzuweichen.[255]

Bei allein Binnenschiffen zugänglichen Hafenumschlagsanlagen gilt indes die TA Lärm unmittelbar. Die Verwaltungsvorschrift sieht in Nr. 6 zur abstrakten Festlegung der Zumutbarkeitsschwelle von Geräuschimmissionen zeitlich wie örtlich differenzierte Richtwerte vor. Unterschieden werden Immissionsrichtwerte für Immissionsorte außerhalb von Gebäuden (Nr. 6.1), die auf den Baugebietstyp des betroffenen Gebiets abstellen[256], ferner für Immissionsorte innerhalb von Gebäuden (Nr. 6.2) und Werte für seltene Ereignisse (Nr. 6.3). Allen Werten ist eine weitere Unterscheidung in Tag- und Nachtwerte gemein.

---

252 Sechste Allgemeine Verwaltungsvorschrift zum Bundes-Immissionsschutzgesetz (Technische Anleitung zum Schutz gegen Lärm – TA Lärm) v. 26.08.1998, GMBl. Nr. 26/1998, S. 503.

253 *Hansmann,* TA Lärm, in: Landmann/ Rohmer, Umweltrecht, Band II, Nr. 1 Rn. 20.

254 I.d.S. *Hansmann*, wie vor.

255 *OVG Bremen,* Urt. v. 13.12.2001, Az. 1 D 299/01 (CT Bremerhaven IIIa), NordÖR 2002, 116 (117 f.).

256 Zur Qualifizierung des betroffenen Gebiets ist, soweit vorhanden, auf Festlegungen in einem Bebauungsplan abzustellen (Nr. 6.6 S. 1 TA Lärm), anderenfalls sind die Immissionsrichtwerte nach Nr. 6.1 heranzuziehen, die der Schutzwürdigkeit des Gebiets am ehesten entsprechen, *Hansmann,* TA Lärm, in: Landmann/ Rohmer, Umweltrecht, Band II, Nr. 6 Rn. 15.

(3) Erforderliche Maßnahmen nach § 22 Abs. 1 S. 1 BImSchG

Wird auch nur ein Immissionsrichtwert überschritten und liegen keine besonderen Umstände des Einzelfalls vor, die für eine andere Beurteilung sprechen, ist von schädlichen Umwelteinwirkungen durch Geräuschimmissionen auszugehen.[257] Diese sind, soweit sie nach dem Stand der Technik[258] vermeidbar sind, zunächst vorrangig zu verhindern (§ 22 Abs. 1 S. 1 Nr. 1 BImSchG). Entsprechende Maßnahmen sind solche technologischer Art bzw. der Art und Weise, wie der Containerterminal geplant, gebaut und betrieben wird. Es muss sich hierbei um Maßnahmen für Anlagen der fraglichen Art handelt, nicht aber müssen sie auf die individuelle Anlage im Hinblick auf deren besonderes Umfeld bezogen sein.[259]

Nach dem Stand der Technik unvermeidbare schädliche Umwelteinwirkungen sind nach § 22 Abs. 1 S. 1 Nr. 2 BImSchG auf ein Mindestmaß zu beschränken. Der Rechtsprechung des Bundesverwaltungsgerichts zufolge ist damit die „Beschränkung auf ein unter dem Gesichtspunkt des nachbarlichen Interessenausgleichs zumutbares Mindestmaß“ gemeint.[260] Bei unvermeidbaren schädlichen Umwelteinwirkungen unterhalb der Gefahrenschwelle für Leben und Gesundheit von Menschen seien solche Beschränkungen vom Anlagenbetreiber erst dann nicht mehr hinzunehmen, wenn und soweit sie unverhältnismäßig sind.[261] Damit erfordert das Beschränkungsgebot eine umfassende Abwägung aller Interessen; insbesondere sind der Aufwand für Abwehrmaßnahmen und der Nutzen der emittierenden Anlage für die Allgemeinheit zu berücksichtigen.[262] In letzterem Sinne lässt sich hier das öffentliche Interesse an der Errichtung/Erweiterung und dem Betrieb der Hafenumschlagsanlagen in die Waagschale werfen, etwa der Nutzen prognostizierter Umschlagssteigerungen für die Hafenwirtschaft des Bundeslandes Nordrhein-Westfalen.[263]

Freilich führt ein derartiges öffentliches Interesse nicht ohne weiteres dazu, dass die Interessen der Nachbarschaft an der Vermeidung unzumutbarer Lärmbelästigungen in der Abwägung zurücktreten müssten. Auch dringende Gemeinwohlbelange rechtfertigen es nicht, so das *BVerwG*, den Betrieb lärmverursachender Anlagen von der Rücksichtnahme auf die Wahrung anderer öffentlicher oder rechtlich geschützter privater Interessen freizustellen.[264] Eine Überschreitung der maßgeblichen Pegel der TA Lärm aufgrund überwiegender Interessen der Allgemeinheit kommt danach nur insoweit in Betracht, als alle Möglichkeiten der Lärmreduzierung erschöpft sind. Dazu zählen technische Maßnahmen, die über den Stand der Technik hinausgehen, ferner solche zur (räumlichen)

---

257 *Hansmann,* TA Lärm, in: Landmann/ Rohmer, Umweltrecht, Band II, Nr. 6 Rn. 3.

258 Vgl. § 3 Abs. 6 BImSchG.

259 *Jarass,* BImSchG, §§ 22 Rn. 35.

260 *BVerwG,* Urt. v. 19.01.1989, Az. 7 C 77/87, BVerwGE 81, 197 (210).

261 *BVerwG,* wie vor.

262 *Jarass,* BImSchG, §§ 22 Rn. 39.

263 Vgl. *OVG Bremen,* Urt. v. 13.12.2001, Az. 1 D 299/01 (CT Bremerhaven IIIa), NordÖR 2002, 116 (120).

264 *BVerwG,* Urt. v. 19.01.1989, Az. 7 C 77/87, BVerwGE 81, 197 (208).

Anordnung der emittierenden Anlagenteile sowie Nutzungsbeschränkungen der Anlage.[265]

Sofern besagte Maßnahmen des aktiven Lärmschutzes ausscheiden, etwa eine Beschränkung des Hafenumschlags zur Nachtzeit aufgrund eines ansonsten nicht konkurrenzfähigen Betriebs[266], muss geprüft werden, ob den Auswirkungen der Überschreitung durch einen Geldausgleich für Maßnahmen des passiven Schallschutzes begegnet werden kann.[267] Entsprechende Regelungen sind bereits im Planfeststellungsbeschluss zu treffen; dies folgt aus § 74 Abs. 2 S. 2 VwVfG.[268] Als geeignete Maßnahme kommt insbesondere der Einbau von Schallschutzfenstern in Betracht.[269]

Die Lärmeinwirkungen, die nach dem Ergreifen von Maßnahmen des passiven Schallschutzes verbleiben, dürfen selbstverständlich nicht die Grenze der Gesundheitsgefahr überschreiten. In einem solchen Fall ist das Mindestmaß i.S. von § 22 Abs. 1 S. 1 Nr. 2 BImSchG stets überschritten.[270]

bb) Verkehrslärm

Ebenso wie der Betriebslärm ist auch der zu erwartende Verkehrslärm in die Abwägung einzubeziehen bzw. einer immissionsschutzrechtlichen Vorausbeurteilung zu unterziehen.

(1) Beurteilungsmaßstab

Soweit die wasserstraßenrechtliche Planfeststellung den Bau oder die wesentliche Änderung öffentlicher Verkehrswege umfasst[271], hat die Beurteilung der von ihnen künftig hervorgerufenen Geräuschimmissionen nach Maßgabe der Sonderregelungen des § 41 BImSchG i.V.m. der 16. BImSchV zu erfolgen.[272] Diese werden im Fall der Hafenplanung nicht etwa dadurch verdrängt, dass ein enger funktioneller Zusammenhang zwischen den öffentlichen Verkehrswegen und der nach allgemeinem Immissionsschutzrecht zu beurteilenden Anlage einschließlich der Verkehrsvorgänge auf dem Betriebsgelände[273] besteht. So hat das *OVG Bremen* zutreffend ausgeführt, dass die Zubringerfunktion, die der Verkehrsweg für eine derartige Anlage (Terminal) wahrnimmt, ihn noch nicht zu einem Bestandteil derselben macht.[274] Eine von vornherein einheitliche Beurtei-

---

265 *OVG Bremen,* Urt. v. 13.12.2001, Az. 1 D 299/01 (CT Bremerhaven IIIa), NordÖR 2002, 116 (120).

266 S. hierzu Erwägungen bei *OVG Bremen,* Urt. v. 13.01.2005, Az. 1 D 224/04 (CT Bremerhaven IV), juris, Rn. 156.

267 *BVerwG,* Urt. v. 29.04.1988, Az. 7 C 33/87, BVerwGE 79, 254 (262 f.); *dass.,* Urt. v. 19.01.1989, Az. 7 C 77/87, BVerwGE 81, 197 (200); *OVG Bremen,* Urt. v. 13.12.2001, Az. 1 D 299/01 (CT Bremerhaven IIIa), NordÖR 2002, 116 (120); *Jarass,* BImSchG, §§ 22 Rn. 39.

268 Dazu unter C.III.

269 Einzelheiten bei *OVG Bremen,* Urt. v. 13.12.2001, Az. 1 D 299/01 (CT Bremerhaven IIIa), NordÖR 2002, 116 (120 f.); *dass.,* Urt. v. 13.01.2005, Az. 1 D 224/04 (CT Bremerhaven IV), juris, Rn. 158 ff.

270 *Jarass,* BImSchG, §§ 22 Rn. 38.

271 Dazu unter B.II.

272 *OVG Bremen,* Urt. v. 11.06.1996, Az. 1 G 3/94 (CT Bremerhaven III), juris, Rn. 52.

273 Dazu bereits unter C.II.4.a)aa).

274 *OVG Bremen,* Urt. v. 11.06.1996, Az. 1 G 3/94 (CT Bremerhaven III), juris, Rn. 52.

lung des Hafenbau- bzw. -erweiterungsvorhabens verbietet sich somit angesichts der gesetzlich vorgesehenen Differenzierung zwischen anlagen- und verkehrsbezogenem Immissionsschutz. Eine andere Frage ist es freilich, ob die zunächst isoliert ermittelten und bewerteten Betriebs- und Verkehrsgeräusche in einem weiteren Schritt einer einheitlichen Bewertung, etwa nach Maßgabe eines Summenpegels, zu unterziehen sind.[275]

Nach § 41 Abs. 1 BImSchG ist bei dem Bau oder der wesentlichen Änderung[276] öffentlicher Straßen sowie von Eisenbahnen, Magnetschwebebahnen und Straßenbahnen unbeschadet des § 50 BImSchG[277] sicherzustellen, dass durch diese keine schädlichen Umwelteinwirkungen durch Verkehrsgeräusche hervorgerufen werden können, die nach dem Stand der Technik vermeidbar sind.

Öffentliche Straßen sind diejenigen Verkehrsflächen, die dem allgemeinen Verkehr gewidmet werden sollen; Privatstraßen innerhalb des Betriebsgeländes unterfallen hingegen, wie dargelegt, als Teil der Anlage dem Regime des § 22 BImSchG.[278]

Unterschiedlich beurteilt wird die Frage, ob Schienenwege, die nicht dem allgemeinen Verkehr gewidmet sind (hier: die „Hafenbahn"), nach § 41 BImSchG beurteilt werden müssen. Unter Verweis auf § 3 Abs. 5 Nr. 3 BImSchG wird vertreten, private Schienenwege seien als Anlagen zu behandeln.[279] Der überwiegenden Auffassung zufolge gilt § 41 BImSchG hingegen auch für Privatbahnen.[280] Das *OVG Bremen* hat die Frage mit der Begründung offen gelassen, die Beurteilung des Schienenverkehrs auf dem Betriebsgelände des Terminals nach der TA Lärm führe zu einer für die Lärmbetroffenen günstigeren Bewertung und sei damit zulässig.[281] Überzeugend erscheint es letztlich, auch die nichtöffentlichen Schienenwege auf dem Betriebsgelände § 41 BImSchG zu unterwerfen. Der Wortlaut der Vorschrift ist nicht etwa offen[282]; ihm lässt sich entnehmen, dass der Gesetzgeber sämtliche Schienenwege, ganz gleich, ob privat oder öffentlich, in den Geltungsbereich aufnehmen wollte – sonst hätte er statt der Wendung „...öffentlicher Straßen sowie von Eisenbahnen..." diejenige „...öffentlicher Straßen, Eisenbahnen..." o.ä. gebraucht. Dem kann nicht entgegengehalten werden, der Gesetzgeber habe private Verkehrswege generell als Anlagen dem Anwendungsbereich des § 41 BImSchG entziehen wollen. § 3 Abs. 5 Nr. 3 des Gesetzes gibt für eine solche Annahme nichts her, denn der Umstand, dass die Vorschrift öffentliche Verkehrswege nicht als Anlagen verstanden wissen will, berechtigt nicht zu dem Umkehrschluss, dass private Verkehrswege stets Anlagen seien. Zwar zieht die herrschende Auffassung eine Diskrepanz nach sich, weil nicht recht ersichtlich ist, warum private Schienenwege weniger strengen immissionsschutzrechtlichen Anforderungen genügen müssen als private Straßen, doch ist dies ein rechtspolitischer Einwand, dem nicht durch eine unzulässige

275 Dazu unten C.II.4.a)cc).

276 Dazu § 1 Abs. 2 16. BImSchV.

277 Dazu unter C.II.4.d).

278 *Jarass,* BImSchG, § 41 Rn. 11; dazu bereits unter C.II.4.a)aa).

279 *Jarass,* BImSchG, § 41 Rn. 15.

280 *Hansmann*, BImSchG, in: Landmann/ Rohmer, Umweltrecht, Band I, § 41 Rn. 22; *Schulze-Fielitz,* in: GK-BImSchG, § 41 Rn. 27.

281 *OVG Bremen,* Urt. v. 11.06.1996, Az. 1 G 3/94 (CT Bremerhaven III), juris, Rn. 80, dennoch hat sich das Gericht mit der Frage auseinandergesetzt, ob es sich bei der Bremischen Hafeneisenbahn um eine öffentliche Einrichtung handelt (wie vor, Rn. 77 ff.).

282 I.d.S. aber *Jarass,* BImSchG, § 41 Rn. 15.

Gesetzeskorrektur unter dem Deckmantel der Auslegung zur Durchsetzung verholfen werden darf. Im Ergebnis sind die der Planfeststellung unterfallenden Schienenwege einheitlich nach § 41 BImSchG zu beurteilen.

Wiederum ist zunächst zu prognostizieren, ob die Nutzung der Straßen und Schienenwege mit hinreichender Wahrscheinlichkeit Verkehrsgeräusche verursachen wird, die sich als schädliche Umwelteinwirkungen[283] darstellen. Hierbei ist die 16. BImSchV (Verkehrslärmschutzverordnung)[284] heranzuziehen, welche in § 2 Immissionsgrenzwerte für den Tag (6–22 Uhr) und die Nacht (22–6 Uhr) festlegt, die der relevante Beurteilungspegel[285] nicht überschreiten darf. Die Grenzwerte sind in Abhängigkeit vom jeweiligen Typus betroffener Anlagen (§ 2 Abs. 1 Nr. 1 der 16. BImSchV: Krankenhäuser, Schulen, Kurheime, Altenheime) bzw. Gebiete (Nr. 2: reine und allgemeine Wohngebiete, Kleinsiedlungsgebiete; Nr. 3: Kern-, Dorf- und Mischgebiete; Nr. 4: Gewerbegebiete) unterschiedlich gefasst; die Einordnung bestimmt sich – soweit vorhanden – nach Festsetzungen in Bebauungsplänen, ansonsten anhand der tatsächlichen Verhältnisse.[286] Geräuschvorbelastungen, d.h. die vor Errichtung oder Änderung des Verkehrswegs bereits tatsächlich vorhandenen oder zugelassenen Lärmbelastungen, sind für die Bestimmung des Beurteilungspegels unerheblich.[287]

(2) Aktiver Schallschutz nach § 41 BImSchG

Werden die Grenzwerte der 16. BImSchV überschritten, so liegen schädliche Umwelteinwirkungen vor, die nach § 41 Abs. 1 BImSchG zu vermeiden sind, soweit dies nach dem Stand der Technik möglich ist. Das erfordert Maßnahmen des aktiven Lärmschutzes, d.h. solche an den Verkehrswegen selbst (etwa Schallschutzwände) oder auf dem Übertragungsweg.[288] Passive Schallschutzmaßnahmen an Einrichtungen der Betroffenen werden hingegen von § 42 BImSchG erfasst.[289]

Nach § 41 Abs. 2 BImSchG sind die beschriebenen Vermeidungsmaßnahmen nicht erforderlich, wenn die Kosten der gebotenen Maßnahmen außer Verhältnis zu dem angestrebten Schutzzweck stehen. Vorzunehmen ist also eine Abwägung zwischen den gebotenen Maßnahmen des aktiven Schallschutzes und dem angestrebten Schutzzweck, wobei es entscheidend darauf ankommt, in welchem Maße sich schädliche Umwelteinwirkungen vermeiden lassen.[290]

Über den Wortlaut des § 41 Abs. 2 BImSchG hinaus eröffnen es der 11. und der 9. Senat des *BVerwG*, aus anderen, nicht die Kosten betreffenden Gründen auf aktive Schallschutzmaßnahmen zu verzichten, namentlich im Fall entsprechend gewichtiger öffentli-

283 Zum Begriff (§ 3 Abs. 1 BImSchG) s. bereits oben C.II.4.a)aa)(2).

284 S. Fn. 248.

285 Dessen Berechnung hat nach § 3 S. 1 der 16. BImSchV nach den Vorgaben der Anlage 1 (für Straßen) bzw. Anlage 2 (für Schienenwege) zu erfolgen; Einzelheiten bei *Jarass,* BImSchG, § 41 Rn. 34 ff.

286 Näher § 2 Abs. 2 der 16. BImSchV.

287 *BVerwG,* Urt. v. 23.01.2005, Az. 4 A 4/04, BVerwGE 123, 37 (45).

288 *BVerwG,* Urt. v. 04.11.2001, Az. 11 A 31/00, BVerwGE 115, 237 (244).

289 *BVerwG,* Beschl. v. 17.05.1995, Az. 4 NB 30/94, NJW 1995, 2572; dazu sogleich unter (3).

290 *BVerwG,* Urt. v. 15.03.2000, Az. 11 A 42/97, BVerwGE 110, 370 (390); *Jarass,* BImSchG, § 41 Rn. 51.

cher Belange und „privater Belange negativ betroffener Dritter“.[291] Der 4. Senat hat die Frage bislang offen gelassen.[292]

(3) Entschädigung für Maßnahmen passiven Schallschutzes nach § 42 BImSchG

Werden die Grenzwerte der 16. BImSchV überschritten, gewährt § 42 BImSchG dem Eigentümer einer betroffenen baulichen Anlage Anspruch auf Erstattung der Kosten für passive Schutzmaßnahmen an besagter Anlage (Aufwendungsersatz), es sei denn, die Beeinträchtigung ist wegen der besonderen Benutzung der Anlage zumutbar. Die Vorschrift genießt Vorrang gegenüber § 74 Abs. 2 S. 2 VwVfG, soweit dieser zu Maßnahmen passiven Schallschutzes verpflichtet.[293]

cc) Fragen der nachträglichen Gesamtbeurteilung von Betriebs- und Verkehrslärm

Es fragt sich, ob über die getrennte Erfassung und Bewertung der planfeststellungsbefangenen Lärmquellen hinaus eine nachträgliche immissionsschutzrechtliche Gesamtbeurteilung vorzunehmen ist, um dem engen Funktionszusammenhang des Betriebs- und Verkehrslärms Rechnung zu tragen, der sich freilich den Betroffenen de facto als von dem Gesamtkomplex „Hafen(erweiterung)“ ausgehende Geräuschkulisse darstellt. Einem solchem Erfordernis steht freilich entgegen, dass, nicht nur aus methodischen Gründen, Verkehrs- und Gewerbelärm nicht verrechenbar sind[294] und das Gesetz deshalb hinsichtlich ihrer Erfassung und Bewertung strikt zwischen ihnen trennt.[295] Eine Summenbildung ist folglich rechtlich nicht vorgesehen.[296]

Die sektorale Betrachtung und Bewertung verschiedener Lärmquellen führt erst dann nicht mehr zu tragfähigen Ergebnissen, wenn auf Grund des Zusammenwirkens unterschiedlicher Lärmquellen der Bereich der Gesundheitsgefährdung erreicht wird.[297]

dd) Baulärm

Die Planfeststellungsbehörde hat sich im Rahmen der Abwägung ferner mit dem Schutz vor Baulärm auseinanderzusetzen. Als Ansatzpunkt sind die auf den Baustellen eingesetzten (beweglichen) Anlagen, insbesondere Baumaschinen aller Art, ferner die Baustelle selbst, sofern sie mehrere Monate ununterbrochen besteht, zu betrachten. Da es sich jedenfalls um nicht genehmigungsbedürftige Anlagen handelt, ist § 22 BImSchG ebenfalls einschlägig. Für Baumaschinen gilt des Weiteren die Geräte- und Maschinen-

---

291 *BVerwG,* Urt. v. 05.03.1997, Az. 11 A 25/95, BVerwGE 104, 123 (139); *dass.*, Urt. v. 15.03.2000, Az. 11 A 42/97, BVerwGE 110, 370 ff.; *dass.*, Urt. v. 24.09.2003, Az. 9 A 69/02, NVwZ 2004, 341 f.

292 *BVerwG,* Urt. v. 28.01.1999, Az. 4 CN 5/98, BVerwGE 108, 248 (258).

293 *BVerwG,* Urt. v. 09.02.1995, Az. 4 C 26/93, BVerwGE 97, 367 (371 f.).

294 *Schulze-Fielitz,* in: GK-BImSchG, § 41 Rn. 55.

295 *OVG Bremen,* Urt. v. 11.06.1996, Az. 1 G 3/94 (CT Bremerhaven III), juris, Rn. 90; das Gericht hat in dieser Entscheidung die Frage letztlich offen gelassen, weil die fraglichen Lärmbelastungen insgesamt noch unterhalb dem maßgeblichen Grenzwert der 16. BImSchV lagen.

296 *OVG Lüneburg,* Beschl. v. 05.03.2008, Az. 7 MS 115/07 (Jade-Weser-Port), NVwZ-RR 2008, 686 (687); eine solche ist aber im Rahmen der UVP angezeigt, weil diese infolge ihres integrativen Ansatzes auch Kumulationseffekte und solche synergetischer Art zu ermitteln, zu bewerten und zu berücksichtigen hat, vgl. *Appold,* in: Hoppe, UVPG, § 2 Rn. 48.

297 *BVerwG,* Urt. v. 21.03.1996, Az. 4 C 9/95, BVerwGE 101, 1 (9 f.); *OVG Lüneburg,* wie vor.

lärmschutzverordnung (32. BImSchV)[298]. Im Übrigen enthält die AVV Baulärm[299], die nach § 66 Abs. 2 BImSchG weiter gilt, Regelungen zur Beurteilung des von Baustellen ausgehenden Lärms.[300] Diese Verwaltungsvorschrift ist aber insoweit nicht mehr anzuwenden, als gesicherte neue Erkenntnisse, etwa hinsichtlich der Ermittlung der Geräuschimmissionen, vorliegen oder ein Widerspruch zu höherrangigem Recht besteht. In solchen Fällen können andere geeignete Erkenntnisquellen, zu denen auch die TA Lärm gehört, zur Ermittlung und Beurteilung von Baustellenlärm herangezogen werden, obgleich Baustellen nach Nr. 1 Abs. 2 lit. f von deren Anwendungsbereich ausgenommen sind.[301]

b) Berücksichtigung von Luftverunreinigungen

Zu den Folgen, die im Rahmen der nach § 14 Abs. 1 S. 2 WaStrG gebotenen Abwägungsentscheidung zu bewältigen sind, zählen ferner die mit dem Hafen(aus)bau und etwaigen Folgemaßnahmen im Bereich der Straßen- und Eisenbahninfrastruktur ggf. verbundenen Luftverunreinigungen.

Hinsichtlich der verkehrsbedingten Luftverunreinigungen gilt weder § 22 BImSchG, noch gelten die auf Lärmimmissionen beschränkten §§ 42 ff. BImSchG. Zum Einsatz kommen indessen § 74 Abs. 2 S. 2 VwVfG und besagtes Abwägungsgebot.[302]

Durch den späteren Terminalbetrieb verursachte Luftverunreinigungen haben demgegenüber die Vorgaben des § 22 Abs. 1 BImSchG einzuhalten. Zu deren Konkretisierung sollen nach Nr. 1 Abs. 5 TA Luft[303] die in Nr. 4 TA Luft festgelegten Grundsätze zur Ermittlung und Maßstäbe zur Beurteilung von schädlichen Umwelteinwirkungen herangezogen werden. Einschränkend sieht die Bestimmung vor, dass die Ermittlung von Immissionskenngrößen nach Nr. 4.6 zu unterbleiben hat, soweit eine Prüfung im Einzelfall ergibt, dass der damit verbundene Aufwand unverhältnismäßig wäre.

Die Einhaltung der in der 22. BImSchV[304] festgelegten Grenzwerte ist hingegen keine unbedingte Rechtmäßigkeitsvoraussetzung für die Planfeststellung, weil die Verordnung nicht auf die durch ein einzelnes Vorhaben hervorgerufenen Luftverunreinigungen abstellt.[305] Ihr liegt vielmehr eine gebiets- und ballungsraumbezogene Betrachtung zugrunde; die Einhaltung der Grenzwerte ist nach Maßgabe des § 47 Abs. 1 BImSchG im Wege der Luftreinhalteplanung sicherzustellen, so dass es dem Träger der Planfeststellung regelmäßig unbenommen bleibt, die Problembewältigung diesem Verfahren zu überlas-

298 32. Verordnung zur Durchführung des Bundes-Immissionsschutzgesetzes, Geräte- und Maschinenlärmschutzverordnung v. 29.08.2002, BGBl. I, S. 3478, zuletzt geändert durch Art. 6 Abs. 5 der Verordnung v. 06.03.2007 (BGBl. I, S. 261).

299 Allgemeine Verwaltungsvorschrift zum Schutz gegen Baulärm v. 19.08.1970, Beilage zum BAnz Nr. 160 v. 01.09.1970.

300 Dazu *OVG Bremen,* Urt. v. 13.01.2005, Az. 1 D 224/04 (CT Bremerhaven IV), juris, Rn. 175 ff.

301 *Hansmann,* TA Lärm, in: Landmann/ Rohmer, Umweltrecht, Band II, Nr. 1 Rn. 19.

302 *Jarass,* BImSchG, § 41 Rn. 9.

303 Technische Anleitung zur Reinhaltung der Luft – TA Luft v. 24.07.2002, GMBl. 511.

304 Verordnung über Immissionswerte für Schadstoffe in der Luft v. 11.09.2002, BGBl. I S. 3626, i.d.F. der Bekanntmachung v. 04.06.2007, BGBl. I S. 1006.

305 *BVerwG,* Urt. v. 26.05.2004, Az. 9 A 6/03, BVerwGE 121, 57; *dass.,* Urt. v. 18.04.2004, Az. 4 CN 11/03, BVerwGE 122, 207; *dass.,* Urt. v. 23.02.2005, Az. 4 A 5/04, BVerwGE 123, 23; *dass.,* Urt. v. 16.03.2006, Az. 4 A 1075.04 (Flughafen Berlin-Schönefeld), BVerwGE 125, 116.

sen.[306] Allerdings gilt auch hier der allgemeine planungsrechtliche Grundsatz, dass Konflikte, die durch ein Planvorhaben ausgelöst oder verschärft werden, in ein anderes Verfahren dann nicht verlagert werden dürfen, wenn bereits absehbar ist, dass sie sich dort nicht werden lösen lassen. Durch das Vorhaben dürfen mithin keine vollendeten Tatsachen geschaffen werden, die sich mit dem Instrumentarium der Luftreinhaltung nicht wieder beseitigen lassen. Die Planfeststellungsbehörde hat daher im Rahmen der Abwägung zu prüfen, ob das Planvorhaben für sich genommen (einschließlich der verkehrsbedingten Luftverunreinigungen) Grenzwertüberschreitungen erwarten lässt.[307]

c) *Berücksichtigung sonstiger Immissionen*

Im Rahmen der planerischen Abwägung nach § 14 Abs. 1 S. 2 WaStrG sind neben Geräuschimmissionen auch sonstige Umwelteinwirkungen, die von dem Vorhaben verursacht werden, zu berücksichtigen. Das gilt etwa für Erschütterungen, die infolge von Rammarbeiten zu Schäden an Gebäuden führen können.[308] Wichtige Hinweise liefert in diesem Zusammenhang die (nicht verbindliche) Erschütterungs-Richtlinie des LAI[309].[310]

Lichteinwirkungen infolge des Terminalbetriebes können sich ebenfalls als nach § 22 BImSchG zu behandelnde Immissionen darstellen (vgl. § 3 Abs. 2 BImSchG); für ihre Beurteilung finden sich Anhaltspunkte in der (ebenfalls nicht verbindlichen) Licht-Richtlinie des LAI[311].[312]

d) *Trennungsgrundsatz des § 50 S. 1 BImSchG*

Nach § 50 S. 1 BImSchG[313] sind bei raumbedeutsamen Planungen und Maßnahmen die für eine bestimmte Nutzung vorgesehenen Flächen einander so zuzuordnen, dass schädliche Umwelteinwirkungen auf die ausschließlich oder überwiegend dem Wohnen dienenden Gebiete, sowie auf sonstige schutzbedürftige Gebiete soweit wie möglich vermieden werden. Die Bestimmung steht selbständig neben denen des anlagenbezogenen Immissionsschutzes.[314]

---

306 *BVerwG,* Urt. v. 16.03.2006, Az. 4 A 1075.04 (Flughafen Berlin-Schönefeld), BVerwGE 125, 116 (271 f. Rn. 426).

307 *BVerwG,* wie vor.

308 Dazu *OVG Bremen,* Urt. v. 13.01.2005, Az. 1 D 224/04 (CT Bremerhaven IV), juris, Rn. 181 ff.

309 „Hinweise zur Messung, Beurteilung und Verminderung von Erschütterungsimmissionen“ v. 10.–12.05.2000, abgedr. FE C 4.6/LAI.

310 *BVerwG,* Urt. v. 15.03.2000, Az. 11 A 46/97, NVwZ 2001, 81; *VGH Mannheim,* Urt. v. 19.12.1997, Az. 5 S 3404/95, NVwZ 1998, 1086.

311 „Hinweise zur Messung und Beurteilung von Lichtimmissionen“ v. 10.–12.05.2000, abgedr. FE C 4.5/LAI.

312 Die Zumutbarkeit von Lichtimmissionen hängt nicht nur von der Lichtstärke, sondern auch – und entscheidend – von der Blendwirkung ab, *Jarass,* BImSchG, § 22 Rn. 48 unter Verweis auf *OVG Lüneburg,* Urt. v. 13.09.1993, Az. 12 L 68/90, NVwZ 1994, 714; vgl. ferner *OVG Bremen,* Urt. v. 13.01.2005, Az. 1 D 224/04 (CT Bremerhaven IV), juris, Rn. 162 ff.

313 Zur Geltung gegenüber der kommunalen Bauleitplanung an und in Häfen s. Teil 2 unter B.II.1.

314 *Hansmann,* BImSchG, in: Landmann/Rohmer, Umweltrecht, Band I, § 50 Rn. 15.

Bei der Errichtung bzw. Erweiterung eines (Binnen-)Hafens handelt es sich um eine raumbedeutsame Maßnahme i.S. der Vorschrift.[315] Zu beachten ist indes, dass die Vorschrift nicht verlangt, schädliche Umwelteinwirkungen auf jeden Fall zu vermeiden; sie enthält nach der Rechtsprechung des *BVerwG* vielmehr eine „Abwägungsdirektive" (nach früherer Auffassung: „Optimierungsgebot")[316], welche verlangt, die immissionsschutzrechtlichen Gesichtspunkte mit dem ihnen zukommenden (besonderen) Gewicht in der planerischen Abwägung zu berücksichtigen. § 50 S. 1 BImSchG verleiht damit dem Immissionsschutz im Rahmen der Entscheidung über das Vorhaben keinen generellen Vorrang.[317] Ein Zurückstellen jener Belange ist dann rechtlich nicht zu beanstanden, wenn die Planung durch entgegenstehende Belange mit hohem Gewicht geboten ist.[318] Der Planfeststellungsbeschluss darf sich also davon leiten lassen, dass der Trennungsgrundsatz des § 50 S. 1 BImSchG überwunden werden kann, wenn einerseits ein hohes öffentliches Interesse an der Realisierung des Vorhabens besteht und andererseits keine Standortalternativen zur Verfügung stehen oder denkbare Alternativen mit unvertretbaren Nachteilen behaftet sind.[319]

5. *Insbesondere: Materielle Anforderungen des Naturschutzrechts*

Neben materiellen Anforderungen des Immissionsschutzrechts sind es solche des Naturschutzrechts, die häufig im Zentrum rechtlicher Beanstandung von Planfeststellungsbeschlüssen stehen und denen deshalb besondere Aufmerksamkeit zu schenken ist. Zunächst sind auch die Belange des Naturschutzes und der Landschaftspflege im Rahmen der Abwägung nach § 14 Abs. 1 S. 2 WaStrG zu berücksichtigen; § 12 Abs. 7 S. 2 des Gesetzes bringt dies klarstellend zum Ausdruck, ohne dass damit eine vom Einzelfall losgelöste Aufwertung jener Belange, etwa i.S. eines Optimierungsgebots, einhergeht.[320]

Über die bloße Abwägungsbeachtlichkeit von Naturschutzbelangen hinaus drängen besondere Instrumente des Naturschutzrechts auf ihre Verwirklichung, die spezifische materielle Erfordernisse an die Planfeststellung herantragen. Das gilt für die naturschutzrechtliche Eingriffsregelung sowie den auf europarechtliche Vorgaben zurückgehenden Habitat- und Artenschutz. Jene Instrumente sollen im Folgenden in ihren wesentlichen rechtlichen Anforderungen dargestellt werden. Dabei ist das kürzlich novel-

---

315 Vgl. *OVG Bremen,* Urt. v. 13.01.2005, Az. 1 D 224/04 (CT Bremerhaven IV), juris, Rn. 146; *Hansmann*, BImSchG, in: Landmann/ Rohmer, Umweltrecht, Band I, § 50 Rn. 18, 25, 27; dazu näher unter D.II.

316 *BVerwG,* Urt. v. 22.03.1985, Az. 4 C 73/82, BVerwGE 71, 163 (165 f.); am Nutzen jener Kategorie bestehen allerdings Zweifel, vgl. *Erbguth*, Öffentliches Baurecht, § 5 Rn. 118; in jüngerer Zeit ist daher nur mehr von Abwägungsdirektiven die Rede, vgl. *BVerwG,* Urt. v. 28.01.1999, Az. 4 CN 5/98, BVerwGE 108, 248 (253); *dass.,* Urt. v. 16.03.2006, Az. 4 A 1075.04 (Flughafen Berlin-Schönefeld), BVerwGE 125, 116 (172 Rn. 164).

317 *BVerwG,* Urt. v. 22.03.1985, Az. 4 C 73/82, BVerwGE 71, 163 (165).

318 „Zwingende" Gegenbelange sind hingegen nicht erforderlich, *BVerwG,* Urt. v. 16.03.2006, Az. 4 A 1075.04 (Flughafen Berlin-Schönefeld), BVerwGE 125, 116 (172 Rn. 164).

319 *OVG Bremen,* Urt. v. 13.01.2005, Az. 1 D 224/04 (CT Bremerhaven IV), juris, Rn. 147.

320 Dazu schon oben C.II.3.

lierte Bundesnaturschutzgesetz[321] zu Grunde zu legen, welches seit seinem Inkrafttreten am 1. März 2010 bundesweit unmittelbare Geltung beansprucht.

Der nordrhein-westfälische Landesgesetzgeber kann diesbezüglich von seiner Abweichungsbefugnis nach Art. 72 Abs. 3 S. 1 Nr. 2 GG Gebrauch machen; das gilt jedoch nicht mit Blick auf die sog. abweichungsfesten Kerne, unter die neben den allgemeinen Grundsätzen des Naturschutzes und dem Recht des Meeresnaturschutzes das für die vorliegende Untersuchung bedeutsame Artenschutzrecht[322] fällt. Zu den allgemeinen Grundsätzen des Naturschutzes wird in der Literatur die Eingriffsregelung gezählt[323], welche im vorliegenden Kontext Geltung beansprucht.[324] Im Übrigen ist die Abweichungskompetenz insoweit Beschränkungen unterworfen, als die fraglichen Materien Vorgaben des europäischen Rechts unterliegen; das gilt im Hinblick auf besagtes Artenschutz- sowie auf das Habitatschutzrecht, dem im Rahmen der Planfeststellung ebenfalls hohe Relevanz eignet.[325] Angesichts dessen zeigt sich, dass die hier anzuwendenden Bestimmungen des BNatSchG – jedenfalls dem Grundsätzlichen nach – künftig durch abweichende Normen landesrechtlicher Provenienz in ihrer Geltungskraft nicht beeinträchtigt werden können.[326]

Inzwischen ist das nordrhein-westfälische Landschaftsgesetz[327] ebenfalls novelliert und an das neue BNatSchG angepasst worden. Soweit es die hier darzustellenden rechtlichen Grundlagen des BNatSchG berührt, wird in den Fußnoten darauf hingewiesen.

a) Die naturschutzrechtliche Eingriffsregelung

Aus Sicht des allgemeinen Schutzes von Natur und Landschaft ist im Rahmen des Planfeststellungsverfahrens (vgl. § 17 Abs. 1 BNatSchG) die naturschutzrechtliche Eingriffsregelung zu bewältigen. Mit der Errichtung bzw. Erweiterung eines Hafens geht regelmäßig eine Veränderung der Gestalt oder Nutzung von Grundflächen und/oder des mit der belebten Bodenschicht in Verbindung stehenden Grundwasserspiegels einher, die die Leistungs- und Funktionsfähigkeit des Naturhaushalts und/oder das Landschaftsbild

321 Gesetz über Naturschutz und Landschaftspflege (Bundesnaturschutzgesetz – BNatSchG) i.d.F. des Gesetzes zur Neuregelung des Rechts des Naturschutzes und der Landschaftspflege v. 29.07.2009, BGBl. I S. 2542.

322 Dazu unten C.II.5.c).

323 Das schließt allerdings nur die Geltung der Eingriffsregelung in ihren wesentlichen Konturen, nicht aber deren Konkretisierung (etwa im Hinblick auf Einzelheiten bei der Eingriffsfolgenbewältigung) ein, vgl. dazu *Schulze-Fielitz*, NVwZ 2007, 249 (257); *Fischer-Hüftle*, NuR 2007, 78 (82 f.); *Köck/Wolf*, NVwZ 2008, 353 (359). Diesem Verständnis ist der Gesetzgeber mit der Normierung des allgemeinen Grundsatzes in § 13 BNatSchG gefolgt.

324 Dazu nachfolgend unter C.II.5.a).

325 Zum Habitatschutzrecht näher unter B.IV.5.b).

326 Hinzu kommt, dass die Länder frühzeitig in die Entwicklung des BNatSchG einbezogen worden sind.

327 Gesetz zur Sicherung des Naturhaushalts und zur Entwicklung der Landschaft (Landschaftsgesetz – LG) i.d.F. der Bekanntmachung v. 21.07.2000, GV. NRW. 2000, S. 568, zuletzt geändert durch Art. 1 des Gesetzes zur Änderung des Landschaftsgesetzes und des Landesforstgesetzes, des Landeswassergesetzes und des Gesetzes über die Umweltverträglichkeitsprüfung in Nordrhein-Westfalen v. 16.03.2010, GV. NRW. 2010, S. 183.

erheblich beeinträchtigen können – und damit ein Eingriff i.S. des § 14 Abs. 1 BNatSchG.[328]

aa) Materiell-rechtliches Eingriffsfolgenregime

Die Verwirklichung des Eingriffstatbestandes aktiviert das Folgenbewältigungsprogramm des § 15 BNatSchG[329]: Nach Abs. 1 S. 1 der Vorschrift ist der Verursacher des Eingriffs zunächst verpflichtet, vermeidbare Beeinträchtigungen von Natur und Landschaft zu unterlassen. Das Vermeidungsgebot verlangt – auch im Rahmen der Planfeststellung – strikte Beachtung, es ist folglich nicht der Abwägung nach § 14 Abs. 1 S. 2 WaStrG zugänglich („Planungsleitsatz").[330]

§ 15 Abs. 1 S. 2 BNatSchG will die Vermeidbarkeit dergestalt verstanden wissen, dass zumutbare Alternativen, den mit dem Eingriff verfolgten Zweck am gleichen Ort ohne oder mit geringeren Beeinträchtigungen von Natur und Landschaft zu erreichen, gegeben sind. Die Formulierung „am gleichen Ort" bringt, dem Willen des Gesetzgebers entsprechend, zum Ausdruck, dass das Vermeidungsgebot auf die Möglichkeit von Ausführungsvarianten an dem geplanten Standort des Vorhabens zielt[331], der folglich als solcher von der Eingriffsregelung nicht zur Disposition gestellt wird. Ob das Hafenbau- bzw. -erweiterungsvorhaben an dem in Aussicht genommenen Standort zulässig ist, entscheidet sich allein nach den Vorgaben des einschlägigen Fachrechts, hier also des Wasserwegerechts; die Eingriffsregelung hat diese Vorentscheidung als gegeben hinzunehmen.[332] Soweit Beeinträchtigungen nicht vermieden werden können, ist dies nach § 15 Abs. 1 S. 3 BNatSchG zu begründen.

Unvermeidbare Beeinträchtigungen sind nach § 15 Abs. 2 S. 1 BNatSchG durch Maßnahmen des Naturschutzes und der Landschaftspflege auszugleichen oder zu ersetzen. Beide Formen der sog. Realkompensation stehen nach dem neuen Recht gleichberechtigt nebeneinander; das nach dem BNatSchG a.F. vorgesehene Stufenverhältnis ist aufgegeben worden.

Der Ausgleich erfordert, die beeinträchtigten Funktionen des Naturhaushalts in gleichartiger Weise wiederherzustellen und das Landschaftsbild landschaftsgerecht wiederherzustellen oder neu zu gestalten (§ 15 Abs. 2 S. 2 BNatSchG). Eine Ersatzmaßnahme liegt demgegenüber vor, wenn und sobald die beeinträchtigten Funktionen des Naturhaushalts in dem betroffenen Naturraum in gleichwertiger Weise hergestellt sind und das Landschaftsbild landschaftsgerecht neu gestaltet ist (§ 15 Abs. 2 S. 3 BNatSchG). Der neu eingeführte Begriff des „betroffenen Naturraums" soll sich ausweislich der Begründung des Gesetzentwurfs an der Gliederung des Gebiets der Bundesrepublik Deutschland in 69 naturräumliche Haupteinheiten nach *Ssymank*[333] orientieren.[334]

---

328 Nach der Positivliste in § 4 Abs. 1 Nr. 6 LG gilt der Ausbau eines Gewässers als Eingriff.

329 S. auch die Detailregelungen zu Kompensationsmaßnahmen in § 4a LG.

330 Vgl. nur *Gellermann*, BNatSchG, in: Landmann/ Rohmer, Umweltrecht, Band IV, § 19 Rn. 4.

331 BT-Drs. 16/12274, S. 98.

332 Vgl. nur *BVerwG*, Beschl. v. 17.02.1997, Az. 4 VR 17/96, 4 A 41/96, NuR 1998, 305 (310); *OVG Lüneburg*, Beschl. v. 05.03.2008, Az. 7 MS 114/07 (Jade-Weser-Port), NuR 2008, 265 (269); *Gellermann*, BNatSchG, in: Landmann/ Rohmer, Umweltrecht, Band IV, § 19 Rn. 5.

333 *Ssymank*, Neue Anforderungen im europäischen Naturschutz. Das Schutzgebietssystem Natura 2000 und die FFH-Richtlinie der EU, Natur und Landschaft 69(9), 395.

Bundesgesetzlich geregelt findet sich in § 15 Abs. 2 S. 4 BNatSchG nunmehr ferner, dass Festlegungen von Entwicklungs- und Wiederherstellungsmaßnahmen für Gebiete i.S. des § 20 Abs. 2 Nr. 1-4 BNatSchG[335] und in Bewirtschaftungsplänen für Natura 2000-Gebiete nach § 32 Abs. 5 BNatSchG, von Maßnahmen nach § 34 Abs. 5 BNatSchG[336] und § 44 Abs. 5 S. 3 BNatSchG[337] sowie von Maßnahmen in Maßnahmenprogrammen i.S. des § 82 WHG der Anerkennung solcher Maßnahmen als Ausgleichs- und Ersatzmaßnahmen nicht entgegenstehen. Schließlich sind nach § 15 Abs. 2 S. 5 BNatSchG bei der Festsetzung von Art und Umfang der Ausgleichs- und Ersatzmaßnahmen Landschaftsprogramme und Landschaftsrahmenpläne (§ 10 BNatSchG) sowie Landschaftspläne und Grünordnungspläne (§ 11 BNatSchG) zu berücksichtigen. Weitere Anforderungen hinsichtlich der Ausgleichs- und Ersatzmaßnahmen folgen aus § 15 Abs. 3 und 4 BNatSchG.

Erweist sich, dass die eingriffsbedingten Beeinträchtigungen von Natur und Landschaft weder vermeidbar noch in angemessener Frist auszugleichen oder zu ersetzen sind, untersagt § 15 Abs. 5 BNatSchG die Zulassung bzw. Durchführung des Eingriffs für den Fall, dass die Belange des Naturschutzes und der Landschaftspflege bei der Abwägung aller Anforderungen an Natur und Landschaft anderen Belangen im Range vorgehen. „Andere Belange" sind vorliegend die zugunsten der Hafenerrichtung bzw. -erweiterung streitenden Interessen der Allgemeinheit bzw. des Gemeinwohls, etwa die Entwicklung der Hafenwirtschaft.[338]

Setzen sich im Rahmen der Abwägung die für das Vorhaben sprechenden Belange gegenüber den Interessen des Naturschutzes und der Landschaftspflege durch, so hat der Verursacher des danach zulässigen Eingriffs Ersatz in Geld zu leisten (§ 15 Abs. 6 S. 1 BNatSchG).[339] Die Zahlung ist gem. Abs. 6 S. 4 der Vorschrift von der Planfeststellungsbehörde im Planfeststellungsbeschluss festzusetzen und vor der Durchführung des Eingriffs, d.h. vor Beginn der beeinträchtigenden Baumaßnahmen, zu leisten (S. 5).

bb) Verfahrensanforderungen, landschaftspflegerischer Begleitplan

Wie eingangs bedeutet, findet für das hier interessierende Hafeneinrichtungs- bzw. -erweiterungsvorhaben kein separates Verfahren zur Durchsetzung der Eingriffsfolgenregelung statt; vielmehr wird Letztere im Planfeststellungsverfahren abgearbeitet („Huckepackverfahren"), wie § 17 Abs. 1 S. 1 BNatSchG zu entnehmen ist.

Die Vorschrift ordnet ferner das Benehmen mit der für Naturschutz und Landschaftspflege zuständigen (Landes-)Behörde an; eine weiter gehende Form der Beteiligung i.S. der Norm ist anderweitig nicht vorgesehen, sie ergibt sich auch nicht aus § 14 Abs. 3 S. 1 WaStrG, der ein Einvernehmen nur mit der für die Belange der Landeskultur und

334 BT-Drs. 16/12274, S. 98.

335 Es handelt sich um Naturschutzgebiete, Nationalparks, Biospährenreservate und Landschaftsschutzgebiete.

336 Maßnahmen zur Sicherung des Zusammenhangs des Netzes „Natura 2000" (sog. Kohärenzsicherungsmaßnahmen), dazu unter C.II.5.b)cc).

337 Vorgezogene Ausgleichsmaßnahmen zur Vermeidung von Verstößen gegen Zugriffsverbote im Zusammenhang mit dem besonderen Artenschutz.

338 *Gellermann*, BNatSchG, in: Landmann/Rohmer, Umweltrecht, Band IV, § 19 Rn. 26.

339 S. dazu auch § 5 LG.

Wasserwirtschaft zuständigen Landesbehörde vorsieht, nicht aber eine Abhängigkeit von naturschutzrechtlichen Vorgaben der Länder begründet.[340]

Zu beachten ist ferner § 17 Abs. 2 BNatSchG, wonach für den Fall, dass bei Eingriffen, die – wie im vorliegenden Fall – von einer Behörde des Bundes zugelassen werden, von der Stellungnahme der Naturschutzbehörde abgewichen werden soll, die fachlich zuständige Behörde des Bundes im Benehmen mit der obersten Landesbehörde für Naturschutz und Landschaftspflege zu entscheiden hat, soweit nicht eine weiter gehende Beteiligungsform vorgesehen ist. Des Weiteren ist hinsichtlich der Eingriffsbewältigung vom Bund anerkannten Naturschutzvereinigungen Gelegenheit zur Stellungnahme und zur Einsicht in die einschlägigen Sachverständigengutachten zu geben (§ 63 Abs. 1 Nr. 3 BNatSchG).

§ 17 Abs. 4 BNatSchG sieht umfassende Darlegungserfordernisse vor, die dem Eingriffsverursacher – vorliegend dem Vorhabenträger – adressiert sind. Dieser hat zur Vorbereitung der Entscheidungen und Maßnahmen hinsichtlich der Eingriffsbewältigung in einem nach Art und Umfang des Eingriffs angemessenen Umfang die für die Beurteilung des Eingriffs erforderlichen Angaben zu machen, deren Inhalt in Nr. 1 und 2 der Vorschrift im Näheren ausgeführt sind. Jene Angaben sind im Gefolge des § 17 Abs. 4 S. 3 BNatSchG entweder im Fachplan selbst oder in einem landschaftspflegerischen Begleitplan in Text und Karte darzustellen. Der Begleitplan ist Bestandteil des Fachplans (S. 5 der Vorschrift). Überdies kann die Planfeststellungsbehörde vom Verursacher des Eingriffs die Vorlage von Gutachten verlangen, soweit dies zur Beurteilung der Auswirkungen des Eingriffs und der Ausgleichs- und Ersatzmaßnahmen erforderlich ist.

b) Europäisches Habitatschutzrecht

Eine bedeutende Rolle bei der Entscheidung über die Zulässigkeit von größeren Infrastrukturvorhaben kommt des Weiteren dem Habitatschutzrecht zu, welches auf Vorgaben des europäischen Naturschutzrechts, namentlich der Fauna-Flora-Habitat-Richtlinie (FFH-RL)[341] und der Vogelschutz-Richtlinie (VRL)[342], beruht. Die einschlägigen Anforderungen sind zuvörderst den zur Umsetzung des Gemeinschaftsrechts bestimmten nationalen Normen zu entnehmen. Nur insoweit Letztere sich als nicht europarechtskonform erweisen, muss die Planfeststellungsbehörde im Wege der unmittelbaren Anwendung des Gemeinschaftsrechts auf die entsprechenden Richtlinienbestimmungen zurückgreifen, sofern diese hinreichend bestimmt und unbedingt formuliert sind. In Bezug auf die habitatschutzrechtlichen Regelungen hat die Novellierung des BNatSchG im Jahr 2009 keine wesentlichen materiellen Änderungen gegenüber der vorherigen Rechtslage mit sich gebracht. Es gelten demnach folgende Anforderungen:

---

340 Dazu bereits unter C.I.3.

341 Richtlinie 92/43/EWG des Rates v. 21.05.1992 zur Erhaltung der natürlichen Lebensräume sowie der wildlebenden Tiere und Pflanzen, ABl.EG Nr. L 206/7 v. 22.07.92.

342 Richtlinie 79/409/EWG des Rates v. 02.04.1979 über die Erhaltung der wildlebenden Vogelarten, ABl.EG Nr. L 103/1 v. 25.04.1979.

aa) Voraussetzungen der FFH-Verträglichkeitsprüfung

Der Ausgangspunkt für die Beurteilung, ob die Errichtung bzw. Erweiterung eines Binnenhafens mit dem Habitatschutz in Einklang steht, ist § 34 Abs. 1 S. 1 BNatSchG zu entnehmen. Danach sind Projekte vor ihrer Zulassung oder Durchführung auf ihre Verträglichkeit mit den Erhaltungszielen eines Natura 2000-Gebiets zu überprüfen (sog. FFH-Verträglichkeitsprüfung, FFH-VP), wenn sie einzeln oder im Zusammenwirken mit anderen Projekten oder Plänen geeignet sind, das Gebiet erheblich zu beeinträchtigen. Der Begriff des Projekts findet sich nicht (mehr) gesetzlich definiert, und auch das Gemeinschaftsrecht enthält sich einer Begriffsbestimmung. Anhaltspunkte ergeben sich aus der Rechtsprechung des EuGH, welcher auf die Definition des § 1 Abs. 2 UVP-RL abhebt.[343] Demnach sind die Errichtung oder Änderung baulicher oder sonstiger Anlagen sowie sonstige Eingriffe in Natur und Landschaft als Projekte i.S. des § 34 Abs. 1 S. 1 BNatSchG zu qualifizieren, was im hier interessierenden Kontext zur Folge hat, dass die Errichtung wie die Erweiterung eines Binnenhafens diesem Begriff ohne weiteres zu subsumieren sind.

Die Anwendbarkeit des habitatschutzrechtlichen Regimes hängt im Weiteren von der Antwort auf die Frage ab, ob das Projekt geeignet ist, ein Natura 2000-Gebiet zu beeinträchtigen. Das setzt nicht notwendig voraus, dass das Hafenbauvorhaben innerhalb eines solchen Gebiets vorgesehen ist.[344] So können etwa verkehrs- oder betriebsbedingte Immissionen, welche das Vorhaben voraussichtlich verursachen wird, die Pflicht zur Durchführung einer FFH-VP auslösen, auch wenn das Schutzgebiet in einiger Entfernung vom anvisierten Hafenstandort belegen ist.

Natura 2000-Gebiete sind nach der Legaldefinition in § 7 Abs. 1 Nr. 8 BNatSchG Gebiete von gemeinschaftlicher Bedeutung und Europäische Vogelschutzgebiete. Erstere finden sich ebenfalls gesetzlich definiert, und zwar als in die Liste nach Art. 4 Abs. 2 UAbs. 3 FFH-RL aufgenommene Gebiete, ungeachtet ihrer nationalen Unterschutzstellung (§ 7 Abs. 1 Nr. 6 BNatSchG). Europäische Vogelschutzgebiete sind solche i.S. des Art. 4 Abs. 1 und 2 VRL, wenn ein Schutz nach § 32 Abs. 2 bis 4 BNatSchG bereits gewährleistet ist (§ 7 Abs. 1 Nr. 7 BNatSchG).

Die Eignung zur erheblichen Gebietsbeeinträchtigung ist schon dann anzunehmen, wenn derartige Beeinträchtigungen nicht von vornherein offensichtlich ausgeschlossen sind.[345] Die Erheblichkeit bemisst sich anhand der Erhaltungsziele bzw. Schutzzwecke, die mit der Einrichtung des betroffenen Schutzgebietes verfolgt werden.[346] Ist demzufolge eine Beeinträchtigung der im Gebiet vorkommenden Lebensraumtypen des Anhangs I der FFH-RL oder Habitate der Arten des Anhangs II der FFH-RL bzw. der europäischen Vogelarten ernsthaft zu besorgen, so ist in jedem Fall vor Erlass des Planfeststellungsbeschlusses eine FFH-VP vorzunehmen.[347]

---

343 *EuGH,* Urt. v. 07.09.2004, Rs. C-127/02, Slg. 2004, I-7405 Rn. 24 ff.; auf diese Entscheidung nimmt auch die Gesetzesbegründung Bezug, s. BT-Drs. 16/12274, S. 110.

344 *Möckel,* ZUR 2008, 57 (58).

345 *BVerwG,* Beschl. v. 26.11.2007, Az. 4 BN 46/07, NuR 2008, 115 (116).

346 *EuGH,* Urt. v. 07.09.2004, Rs. C-127/02, Slg. 2004, I-7405 Rn. 47 f.

347 *BVerwG,* Beschl. v. 26.11.2007, Az. 4 BN 46/07, NuR 2008, 115 (116); *Gellermann,* BNatSchG, in: Landmann/ Rohmer, Umweltrecht, Band IV, § 34 Rn. 9.

bb) Maßstab, Durchführung und Ergebnis der FFH-Verträglichkeitsprüfung

Zum Maßstab jener Prüfung bestimmt § 34 Abs. 1 S. 1 BNatSchG die für ein betroffenes Gebiet maßgeblichen Erhaltungsziele i.S. von § 7 Abs. 1 Nr. 9 BNatSchG. Soweit ein Natura 2000-Gebiet bereits nach nationalem Recht unter Schutz gestellt ist, bilden hingegen nach § 34 Abs. 1 S. 2 BNatSchG der Schutzzweck und die dazu erlassenen Vorschriften den Prüfungsmaßstab, wenn hierbei die jeweiligen Erhaltungsziele bereits berücksichtigt wurden. Ist Letzteres nicht der Fall bzw. steht die Unterschutzstellung noch aus, so ist zur Bestimmung der Erhaltungsziele auf die Meldeunterlagen (sog. Standard-Datenbogen) zurückzugreifen.[348] Den Projektträger trifft nach S. 3 der Vorschrift die Pflicht, die zur Prüfung der Verträglichkeit sowie der Voraussetzungen nach § 34 Abs. 3–5 BNatSchG erforderlichen Unterlagen vorzulegen.

Die eigentliche Durchführung der FFH-VP verlangt die Ermittlung aller gebietsrelevanten Wirkfaktoren des Projekts nach Art und Umfang und ihre Bewertung unter Ausschöpfung der besten verfügbaren wissenschaftlichen Mittel dahingehend, ob sie Konflikte mit den Erhaltungszielen hervorrufen oder mit ihnen vereinbar sind. Die dergestalt gewonnenen Erkenntnisse bedürfen der Dokumentation, um belegen zu können, dass die erreichbaren wissenschaftlichen Erkenntnisquellen vollen Umfangs ausgeschöpft wurden und die Bewertungen den besten wissenschaftlichen Standard erreicht haben.[349]

Führt die Prüfung zu dem Ergebnis, dass das Projekt zu erheblichen Beeinträchtigungen des Gebiets in seinen für die Erhaltungsziele oder den Schutzzweck maßgeblichen Bestandteilen führen kann, ist es unzulässig (§ 34 Abs. 2 BNatSchG). Die Bestimmung begründet damit ein Verbot, das selbst im fachplanerischen Zulassungsverfahren keiner Überwindung im Rahmen der Abwägung zugänglich, sondern – vorbehaltlich einer ausnahmsweisen Zulässigkeit auf der Grundlage des § 34 Abs. 3–5 BNatSchG – strikt beachtlich ist.[350]

Als für die Erhaltungsziele bzw. den Schutzzweck maßgeblich sind zunächst die Lebensraumtypen des Anhangs I der FFH-RL einschließlich der für sie charakteristischen Arten zu betrachten; hierzu gehören nach Auffassung des 9. Senats des *BVerwG* auch in dem Gebiet vorkommende Vogelarten[351]. Ferner werden als maßgebliche Gebietsbestandteile auch sonstige Teile des Gebiets umfasst, deren es zur Verwirklichung der Erhaltungsziele bedarf, etwa Tier- und Pflanzenarten, die eine unentbehrliche Nahrungsgrundlage für die eigentlichen Zielarten sind, oder Rand- und Pufferzonen, die zur Abschirmung der Lebensraumtypen oder Habitate der Arten vor äußeren Einflüssen (z.B. Immissionen) in das Gebiet einbezogen wurden.[352]

Die Rechtsfolge der Unzulässigkeit trifft das Projekt, wenn die bloße Möglichkeit einer erheblichen Gebietsbeeinträchtigung besteht. Das ist schon dann der Fall, wenn es der

---

348 So BT-Drs. 16/12274, S. 110 im Gefolge der Rspr. des *BVerwG* (*BVerwG*, Urt. v. 17.01.2007, Az. 9 A 20/05, NuR 2007, 336 (345 Rn. 75)).

349 *BVerwG*, Urt. v. 17.01.2007, Az. 9 A 20/05, NuR 2007, 336 (345 Rn. 70).

350 *Gellermann*, BNatSchG, in: Landmann/ Rohmer, Umweltrecht, Band IV, § 34 Rn. 16.

351 *BVerwG*, Urt. v. 17.01.2007, Az. 9 A 20/05, NuR 2007, 336 (345 Rn. 83).

352 *BVerwG*, Urt. v. 17.01.2007, Az. 9 A 20/05, NuR 2007, 336 (345 Rn. 77); *Gellermann*, BNatSchG, in: Landmann/ Rohmer, Umweltrecht, Band IV, § 34 Rn. 19.

Behörde nicht gelingt, das Ausbleiben derartiger Beeinträchtigungen positiv festzustellen.[353] Bewertungsunsicherheiten gehen daher zu Lasten des zu beurteilenden Projekts.[354]

Zur Beantwortung der (schwierigen) Frage, unter welchen Bedingungen eine Beeinträchtigung als erheblich zu bewerten ist, lässt sich mit dem *BVerwG* der Grundsatz aufstellen, dass jede Beeinträchtigung gebietsbezogener Erhaltungsziele dem Verdikt unterfällt und nur solche Einwirkungen unerheblich sind, die kein Erhaltungsziel nachteilig berühren.[355] Sofern erhebliche Beeinträchtigungen zu gewärtigen sind, vermag nach Ansicht des *BVerwG* ein projektbegleitendes Schutzkonzept, dessen Wirksamkeit außer Frage steht, die Zulässigkeit des Projekts ohne Ausnahmeprüfung herbeizuführen[356]; wissenschaftlichen Unsicherheiten hinsichtlich der Wirksamkeit von Schutz- und Vermeidungsmaßnahmen ist mit einem geeigneten Risikomanagement (Monitoring, ggf. Korrektur- und Vorsorgemaßnahmen) zu begegnen, welches bereits im Planeststellungsbeschluss vorzusehen ist.[357] I.d.S. erklärt § 48d Abs. 1 LG ein Projekt für zulässig, wenn im Zusammenhang mit seiner Durchführung Maßnahmen des Naturschutzes und der Landschaftspflege vorgesehen sind, die gewährleisten, dass die in § 34 Abs. 1 S. 1 BNatSchG bezeichneten erheblichen Auswirkungen auf ein Natura 2000-Gebiet ausbleiben.

Das *BVerwG* attestiert sogar Ausgleichsmaßnahmen die Befähigung, erhebliche Beeinträchtigungen zu verhindern, wenn sie Gewähr dafür bieten, dass ein günstiger Erhaltungszustand der geschützten Lebensraumtypen und Arten stabil bleibt.[358] Diese Rechtsprechung läuft allerdings Gefahr, sich gemeinschaftsrechtlicher Beanstandung auszusetzen, weil Ausgleichsmaßnahmen – anders als solche schadensvermeidender bzw. -vermindernder Art – nur als Voraussetzung einer Zulassung trotz erheblicher Beeinträchtigung im Wege der Ausnahmeprüfung nach § 34 Abs. 3–5 BNatSchG zum Tragen kommen können. Anderenfalls würde Letztere unzulässigerweise umgangen.[359] Aus diesem Grund sollte auch § 48d Abs. 1 LG entsprechend restriktiv – und damit europarechtskonform – ausgelegt werden.

cc) Zulässigkeit nach Maßgabe einer Sonderprüfung (§ 34 Abs. 3–5 BNatSchG)

Steht die Unzulässigkeit nach § 34 Abs. 2 BNatSchG fest, kann das Projekt dennoch zugelassen werden, wenn es sich den Ausnahmebestimmungen des § 34 Abs. 3-5 BNatSchG fügt. In die darin angelegte Sonderprüfung darf allerdings nur eingetreten werden, wenn zuvor eine den Anforderungen des § 34 Abs. 1 BNatSchG vollumfänglich genügende FFH-VP durchgeführt wurde; denn nur dann stehen der Behörde die Informationen zur Verfügung, derer es bedarf, um das Vorliegen der Ausnahmevoraussetzungen feststellen zu können. Mängel der FFH-VP schlagen nach Ansicht des *BVerwG*

---

353 *BVerwG*, Urt. v. 17.01.2007, Az. 9 A 20/05, NuR 2007, 336 (345 Rn. 54).

354 *Gellermann*, BNatSchG, in: Landmann/ Rohmer, Umweltrecht, Band IV, § 34 Rn. 19.

355 *BVerwG*, Urt. v. 17.01.2007, Az. 9 A 20/05, NuR 2007, 336 (345 Rn. 41), weitere Einzelheiten bei *Gellermann*, BNatSchG, in: Landmann/ Rohmer, Umweltrecht, Band IV, § 34 Rn. 21 ff.

356 *BVerwG*, Urt. v. 27.02.2003, Az. 4 A 59/01, ZUR 2003, 416 (419).

357 *BVerwG*, Urt. v. 17.01.2007, Az. 9 A 20/05, NuR 2007, 336 (345 Rn. 54 f.); *Gellermann*, BNatSchG, in: Landmann/ Rohmer, Umweltrecht, Band IV, § 34 Rn. 26.

358 *BVerwG*, Urt. v. 17.01.2007, Az. 9 A 20/05, NuR 2007, 336 (345 Rn. 54 f.); *OVG Koblenz*, Urt. v. 08.11.2007, Az. 8 C 11523/06, NuR 2008, 181 (185).

359 *Gellermann*, BNatSchG, in: Landmann/ Rohmer, Umweltrecht, Band IV, § 34 Rn. 27.

notwendig auf die Abweichungsentscheidung durch,[360] es sei denn, im Wege der Wahrunterstellung werden der Abwägung hilfsweise die tatsächlich anstehenden Beeinträchtigungen qualitativ und quantitativ zutreffend zugrunde gelegt.[361]

Die Zulassung setzt zunächst voraus, dass das Projekt aus zwingenden Gründen des überwiegenden öffentlichen Interesses, einschließlich solcher sozialer oder wirtschaftlicher Art, notwendig ist (§ 34 Abs. 3 Nr. 1 BNatSchG). Dem *BVerwG* zufolge liegen berücksichtigungsfähige Abweichungsgründe vor, wenn das Vorhaben den Vorgaben der fachplanerischen Planrechtfertigung[362] entspricht.[363] Insoweit kommt vorliegend etwa das Bedürfnis in Frage, dem Anwachsen des Containerschiffsverkehrs durch Schaffung weiterer Umschlagskapazitäten Rechnung zu tragen.

Im Auslegungsleitfaden der EU-Kommission zu Art. 6 Abs. 4 FFH-RL findet sich der Ausbau eines Hafens ausdrücklich als Beispiel für zwingende Gründe des überwiegenden öffentlichen Interesses. Die Kommission hat dazu in ihrer Stellungnahme wie folgt ausgeführt:[364]

„Projekt Hafenausbauplan Mainport Rotterdam (Niederlande)

Die Hafen- und Industrietätigkeit im Raum Rotterdam ist einer der Hauptpfeiler der niederländischen Wirtschaft. Der Hafen Rotterdam ist ein wichtiger multimodaler Verkehrsknoten im transeuropäischen Verkehrsnetz (TEN-T) und somit von gemeinschaftlicher Bedeutung. Die erwartete Zunahme im weltweiten Containerumschlag sowie in der Chemieindustrie wird zu einem erhöhten Raumbedarf führen, den es zu erfüllen gilt, wenn der Hafen Rotterdam seine Wettbewerbsposition im Raum Hamburg – Le Havre behaupten will. Der Ausbau des Hafens Rotterdam rückt auch die Frage der Förderung einer Verlagerung des Verkehrsaufkommens, insbesondere im Bereich Güterverkehr, in den Mittelpunkt. Es liegt auf der Hand, dass die Verlagerung des Güterverkehrs von der Straße auf das Wasser erhebliche Vorteile bringen wird: verringerte Treibhausgasemissionen, geringere Luftverschmutzung und weniger Verkehrsstaus. Diese Vorteile müssen bei der Prüfung der Frage des öffentlichen Interesses berücksichtigt werden."

Gleichwohl muss die Gewichtung des öffentlichen Interesses den Ausnahmecharakter einer Abweichungsentscheidung berücksichtigen, so dass nicht jedem Vorhaben, welches das Erfordernis der Planrechtfertigung erfüllt, ein besonderes Gewicht zukommt.[365] Die Gründe für die Abweichung müssen nach Ansicht der Rechtsprechung zumindest geeignet sein, das strenge Gemeinwohlerfordernis des Art. 14 Abs. 3 S. 1 GG zu erfüllen.[366]

Das *BVerwG* hat in seiner Entscheidung zum Ausbau des Verkehrsflughafens Münster/Osnabrück hinsichtlich der Bestimmung des Gewichts, welches dem öffentlichen Interesse an einem Infrastrukturvorhaben beizumessen ist, wichtige Aussagen getroffen,

---

360 *BVerwG*, Urt. v. 17.01.2007, Az. 9 A 20/05, NuR 2007, 336 (345 Rn. 114); *EuGH*, Urt. v. 20.09.2007, Rs. C-304/05, Slg. 2007, I-0000 Rn. 83.

361 *BVerwG*, Urt. v. 17.01.2007, Az. 9 A 20/05, NuR 2007, 336 (345 Rn. 64).

362 Dazu bereits unter C.II.1.

363 *BVerwG*, Urt. v. 09.07.2009, Az. 4 C 12/07, NuR 2009, 789 (791).

364 *Kommission*, Leitfaden Art. 6 Abs. 4 FFH-RL, S. 9.

365 *BVerwG*, Urt. v. 09.07.2009, Az. 4 C 12/07, NuR 2009, 789 (792).

366 *BVerwG*, Urt. v. 17.01.2007, Az. 9 A 20/05, NuR 2007, 336 (345 Rn. 129).

die sich für die Errichtung wie den Ausbau eines Binnenhafens fruchtbar machen lassen. Danach sei in jedem Fall der im Planfeststellungsverfahren prognostizierte Verkehrsbedarf zu berücksichtigen. Maßgebend sei aber auch, ob die mit dem Vorhaben verfolgten Ziele normativ oder politisch vorgegeben und wie konkret die jeweiligen Zielvorgaben seien. Dabei entfalteten gesetzliche Vorgaben – wie etwa im Fall der gesetzlichen Bedarfsfeststellung – ein höheres Gewicht als politisch wirkende Planungsdirektiven, die in der Regel von eher allgemein gehaltenen Bedarfsvorstellungen geleitet seien. Die Dringlichkeit eines Infrastrukturprojekts bemesse sich in erster Linie nach der verkehrlichen Bedeutung des Vorhabens. Dazu gehöre im Falle eines Ausbauvorhabens der tatsächlich zu erwartende Bedarf, wie er sich auf der Grundlage der Gutachten zum prognostizierten Verkehrsbedarf darstelle. Die Planung eines Vorhabens, das eine noch nicht vorhandene Nachfrage erst "stimulieren" soll, könne fachplanerisch zulässig sein. Der Bedarf könne sich nicht nur aus einer tatsächlichen, aktuell feststellbaren Nachfrage ergeben, sondern auch aus der Vorausschau künftiger Entwicklungen. Ein Vorhabenträger sei nicht darauf beschränkt, nur den absolut sicher zu erwartenden Bedarf abzudecken. Bei der Gewichtung der Abweichungsgründe seien ferner die mit der Planung verbundenen Prognoseunsicherheiten zu bewerten. Reichten Letztere weiter als in anderen Fällen, bedürfe es der Darlegung, warum dem Vorhaben gleichwohl ein besonderer Stellenwert zukomme. Das könne etwa der Fall sein, wenn mit normativer Verbindlichkeit die besondere Dringlichkeit des Vorhabens angeordnet sei. Mit welchem Gewicht Prognoseunsicherheiten zu Buche schlügen, beurteile sich nach den Gegebenheiten des Einzelfalls. Als Faustregel lasse sich lediglich festhalten: Je weiter die Unsicherheiten reichten, desto geringer wiege das öffentliche Interesse an dem Vorhaben und desto konkreter und verbindlicher müssten die das Vorhaben stützenden Zielvorgaben sein, wenn ihm trotz des unsicheren Bedarfs ein hohes Gewicht beigemessen werden solle.[367]

Ferner müssen die so verstandenen zwingenden Gründe des überwiegenden öffentlichen Interesses die gegenläufigen Naturschutzbelange überwiegen, was das Erfordernis einer (bipolaren) Abwägung begründet.[368]

Schließlich dürfen nach § 34 Abs. 3 Nr. 2 BNatSchG zumutbare Alternativen, den mit dem Projekt verfolgten Zweck an anderer Stelle ohne oder mit geringeren Beeinträchtigungen zu erreichen, nicht gegeben sein. Allerdings beschränkt der Grundsatz der Verhältnismäßigkeit die danach vorzunehmende Alternativenprüfung dergestalt, dass die gebotenen Vermeidungsanstrengungen nicht außerhalb jedes vernünftigen Verhältnisses zu dem damit erzielbaren Gewinn für Natur und Landschaft stehen dürfen.[369] Auch bei einem standortgebundenen Vorhaben, wie dem Ausbau eines Binnenhafens, ist zu prüfen, ob sich an anderer Stelle eine Alternativlösung anbietet oder gar aufdrängt. Als Alternative sind, ebenso wie bei der allgemeinen Alternativenprüfung, die das planerische Abwägungsgebot verlangt[370], allerdings nur solche Änderungen anzusehen, die nicht die Identität des Vorhabens berühren. Von einer Alternative kann dann nicht mehr die Rede sein, wenn sie auf ein anderes Projekt hinausläuft, weil die vom Vorhabenträger in zulässiger Weise verfolgten Ziele nicht mehr verwirklicht werden könnten. Zumutbar ist

367 *BVerwG*, Urt. v. 09.07.2009, Az. 4 C 12/07, NuR 2009, 789 (792).

368 *BVerwG*, Urt. v. 09.07.2009, Az. 4 C 12/07, NuR 2009, 789 (791).

369 *BVerwG*, Urt. v. 27.01.2000, Az. 4 C 2/99, ZUR 2000, 331 (332).

370 Dazu schon unter C.II.3.

es nur, Abstriche vom Zielerfüllungsgrad in Kauf zu nehmen. Eine planerische Variante, die nicht verwirklicht werden kann, ohne dass selbständige Teilziele, die mit dem Vorhaben verfolgt werden, aufgegeben werden müssen, braucht dagegen nicht berücksichtigt zu werden.[371]

§ 34 Abs. 4 S. 1 BNatSchG bestimmt für den Fall, dass von dem Projekt im Gebiet vorkommende prioritäre natürliche Lebensraumtypen oder prioritäre Arten betroffen werden, als zwingende Gründe des überwiegenden öffentlichen Interesses nur solche im Zusammenhang mit der Gesundheit des Menschen, der öffentlichen Sicherheit einschließlich der Verteidigung und des Schutzes der Zivilbevölkerung, oder den maßgeblichen günstigen Auswirkungen des Projekts auf die Umwelt geltend gemacht werden können. Die Neufassung jener Vorschrift stellt entgegen der Vorgängernorm (§ 34 Abs. 4 S. 1 BNatSchG a.F.) nicht mehr auf das bloße Vorkommen prioritärer Gebietsbestandteile ab, sondern verlangt deren tatsächliche Betroffenheit.[372] Diese „Klarstellung" steht zwar in Einklang mit der aktuellen Rechtsprechung des *BVerwG*[373] und der Auffassung der Kommission; sie widerspricht indes dem Wortlaut des Art. 6 Abs. 4 UAbs. 2 FFH-RL, der darauf abstellt, dass das Gebiet prioritäre Bestandteile „einschließt" und damit gerade keine Betroffenheit fordert[374]. Die Umsetzungsvorschrift begegnet daher erheblichen Bedenken im Hinblick auf ihre Gemeinschaftsrechtskonformität. Entsprechend sollte ggf. Art. 6 Abs. 4 UAbs. 2 FFH-RL aus Gründen der Rechtssicherheit unmittelbar angewendet werden.

Die vorstehend benannten Ausnahmegründe werden im Fall der Hafenerrichtung bzw. -erweiterung kein Einsatzfeld finden, so dass es auf § 34 Abs. 4 S. 2 BNatSchG ankommt. Danach können sonstige Gründe i.S. des Abs. 3 Nr. 1, folglich auch solche wirtschaftlicher Art, berücksichtigt werden, vorausgesetzt, die Planfeststellungsbehörde holt zuvor über das BMU eine Stellungnahme der Kommission ein. Gegen die Übereinstimmung jener Regelung mit den Vorgaben des Art. 6 Abs. 4 UAbs. 2 FFH-RL werden gewichtige Bedenken erhoben[375]; das *BVerwG* ist diesen indes nicht gefolgt[376], während der *EuGH* sich dazu bislang nicht eindeutig verhalten, sondern lediglich geäußert hat, es sei nur „eine begrenzte Zahl solcher zwingenden Gründe" anzuerkennen[377].

Wird das Projekt unter Rückgriff auf die Ausnahmetatbestände zugelassen, so sind nach § 34 Abs. 5 S. 1 BNatSchG die zur Sicherung des Zusammenhangs des Netzes „Natura 2000" notwendigen Maßnahmen vorzusehen (sog. Kohärenzsicherungsmaßnahmen).

---

371 *BVerwG*, Urt. v. 09.07.2009, Az. 4 C 12/07, NuR 2009, 789 (795); *dass.*, Urt. v. 13.12.2007, Az. 4 C 9.06, BVerwGE 130, 83 Rn. 67; *dass.*, Urt. v. 17.01.2007, Az. 9 A 20.05, BVerwGE 128, 1 Rn. 143.

372 Die Begründung zum Gesetzentwurf beruft sich insoweit auf die Rechtsauffassung der Europäischen Kommission, vgl. BT-Drs. 16/12274, S. 110.

373 *BVerwG*, Urt. v. 09.07.2009, Az. 4 C 12/07, NuR 2009, 789 (790).

374 I.d.S. auch *Gellermann*, BNatSchG, in: Landmann/ Rohmer, Umweltrecht, Band IV, § 34 Rn. 38.

375 *Gellermann*, BNatSchG, in: Landmann/ Rohmer, Umweltrecht, Band IV, § 34 Rn. 40.

376 *BVerwG*, Urt. v. 17.01.2007, Az. 9 A 20/05, NuR 2007, 336 (345 Rn. 128).

377 *EuGH*, Urt. v. 14.04.2005, Rs. C-441/03, Slg. 2005, I-3043 Rn. 27.

Gelingt die danach erforderliche Vollkompensation[378] nicht (vollständig), so wirkt sich dies als unüberwindbares Zulassungshindernis aus.[379]

Der bereits erwähnte Auslegungsleitfaden der EU-Kommission enthält auch für das Erfordernis von Ausgleichsmaßnahmen ein hafenbezogenes Beispiel, namentlich eine Hafenerweiterung, welche die Zerstörung eines Vogelrastplatzes und die Verkleinerung der in dem betroffenen Gebiet befindlichen Lebensräume Schilf und Watt zur Folge hat. Insofern heißt es:

„Die Neuanlage eines Hochwasserrastplatzes sowie von seichten, in Wattgebiet übergehenden Stränden, die Wiederherstellung der Lebensräume Schilf und Feuchtwiesen durch wasserbauliche Maßnahmen, Umweltmaßnahmen zur Förderung der landwirtschaftlichen Nutzung von Schilfflächen und Feuchtwiesen sowie eine Bewirtschaftung durch Jagddruck werden die durch das Projekt verursachten negativen Auswirkungen ausgleichen“.[380]

dd) Anforderungen im Fall potenzieller bzw. faktischer Schutzgebiete

Selbst wenn das Hafenbau- bzw. -erweiterungsvorhaben von vornherein nicht in Konflikt mit einem Natura 2000-Gebiet geraten kann, weil es weder innerhalb noch in der Nähe eines derartiges Gebietes i.S. von § 34 Abs. 1 S. 1 i.V.m. § 7 Abs. 1 Nr. 8 BNatSchG verwirklicht werden soll, darf das Habitatschutzrecht nicht ohne weiteres außer Acht gelassen werden. Vielmehr ist im Rahmen des Planfeststellungsverfahrens der Frage nachzugehen, ob und ggf. inwieweit ein sog. potenzielles FFH-Gebiet und/oder ein faktisches Vogelschutzgebiet infolge der Zulassung des Vorhabens beeinträchtigt zu werden drohen bzw. droht. In derartigen Fällen kann zwar nicht § 34 BNatSchG, wohl aber das europäische Gemeinschaftsrecht in Gestalt der FFH-RL bzw. der VRL dem Vorhaben Hindernisse bereiten. Auch wenn nach Auffassung des *BVerwG* die Relevanz potenzieller resp. faktischer Schutzgebiete mit zunehmendem Fortschreiten der Einrichtung des Schutzgebietsnetzes Natura 2000 rückläufig ist, bedeutet dies nicht, dass es solche Gebiete nicht mehr geben kann.[381]

Als faktische Vogelschutzgebiete sind solche ornithologisch besonders wertvollen Lebensräume bedrohter Vogelarten anzusehen, die ein Mitgliedstaat entgegen seiner aus Art. 4 Abs. 1, 2 VRL folgenden Pflicht nicht zum besonderen Vogelschutzgebiet erklärt hat.[382] Derartige Gebiete werden von § 7 Abs. 1 Nr. 7 BNatSchG nicht als Europäische Vogelschutzgebiete verstanden und unterfallen demnach nicht dem Habitatschutzregime nach § 34 BNatSchG. Das führt indes nicht zur Schutzlosigkeit jener Areale; sie sind vielmehr durch Art. 4 Abs. 4 S. 1 VRL (vorläufig) gesichert.[383] Aus jener Bestimmung

---

378 Zu diesem Erfordernis *Gellermann*, BNatSchG, in: Landmann/ Rohmer, Umweltrecht, Band IV, § 34 Rn. 41.

379 *BVerwG*, Urt. v. 17.01.2007, Az. 9 A 20/05, NuR 2007, 336 (345 Rn. 148); *Gellermann*, BNatSchG, in: Landmann/ Rohmer, Umweltrecht, Band IV, § 34 Rn. 42.

380 *Kommission*, Leitfaden Art. 6 Abs. 4 FFH-RL, S. 12.

381 S. *BVerwG*, Beschl. v. 13.03.2008, Az. 9 VR 10/07, NuR 2008, 495 (496 Rn. 18, 497 Rn. 24); aus raumordnerischer Sicht zu jenen und weiteren Fragen bereits *Erbguth*, NuR 2000, 130 (135 ff.).

382 *EuGH*, Urt. v. 02.08.1993, Rs. C-355/90, Slg. 1993, I-4221, Rn. 22.

383 *EuGH*, wie vor; *ders.*, Urt. v. 13.12.2007, Rs. C-418/04, NuR 2008, 101 (Rn. 84); *BVerwG*, Urt. v. 14.11.2002, Az. 4 A 15/02, NuR 2003, 360 (361 f.); *dass.*, Urt. v. 01.04.2004, Az. 4 C 2/03, NuR 2004, 524 (527).

folgt grundsätzlich die Unzulässigkeit von Projekten, welche eine Beeinträchtigung faktischer Vogelschutzgebiete mit sich bringen.[384] Das Spektrum der Gründe, die eine Einschränkung des Vogelschutzes zugunsten eines Infrastrukturvorhabens rechtfertigen können, erweist sich als äußert klein.[385]

Angesichts dieses überaus strengen Schutzes faktischer Vogelschutzgebiete kommt deren Identifizierung entscheidende Bedeutung für die Zulassungsfähigkeit eines Vorhabens zu. Indizielle Wirkung wird der Aufnahme eines Gebietes in den sog. IBA-Katalog[386] beigemessen; diesem eignet indes kein Rechtsnormcharakter. Nach einer Entscheidung des *BVerwG* sind jedenfalls all jene Landschaftsräume als faktische Vogelschutzgebiete zu begreifen, die sich in offiziellen Vorschlagslisten der zur Gebietsauswahl berufenen staatlichen Stellen finden.[387] Im Übrigen muss im Einzelfall die Wertigkeit eines Gebiets anhand der darin vorkommenden Vogelarten, der Größe ihrer Populationen etc. beurteilt werden.[388]

Anders gestaltet sich die Rechtslage im Fall sog. potenzieller FFH-Gebiete. Dabei handelt es sich zunächst um Gebiete, die von den Mitgliedstaaten in Phase 1 des durch Art. 4 FFH-RL ausgestalteten Auswahlverfahrens der EU-Kommission gemeldet wurden.[389] Nicht gemeldete Gebiete fallen darunter, wenn die in ihnen vorkommenden Lebensraumtypen des Anhangs I FFH-RL oder Arten des Anhangs II FFH-RL aus fachwissenschaftlicher Sicht eindeutig die Merkmale des Anhangs III (Phase 1) FFH-RL erfüllen.[390] Unterdessen hat das *BVerwG* angesichts der weitgehend abgeschlossenen Phase 2 der Einrichtung von Natura 2000 mit der Aktualisierung der Gebietsliste für die kontinentale biogeographische Region[391] Zweifel geäußert, ob überhaupt noch Raum für die Annahme potenzieller FFH-Gebiete bestehen könnte.[392]

Nach der Rechtsprechung des *EuGH* unterfallen potenzielle FFH-Gebiete nicht unmittelbar dem Erfordernis einer FFH-Verträglichkeitsprüfung nach Art. 6 Abs. 3, 4 FFH-RL.[393] Stattdessen haben die Mitgliedstaaten diesen Gebieten einen „angemessenen Schutz" zu gewähren.[394] Aus Sicht des *BVerwG* vermag der Schutzstandard des Art. 6 Abs. 3 FFH-RL einen dergestalt angemessenen Schutz zu bewirken; das Gericht gestat-

384 *Gellermann*, BNatSchG, in: Landmann/ Rohmer, Umweltrecht, Band IV, Vor § 32 Rn. 8.

385 *BVerwG*, Urt. v. 17.01.2007, Az. 9 A 20/05, BVerwGE 128, 1 (59); *dass.*, Urt. v. 01.04.2004, Az. 4 C 2/03, BVerwGE 120, 276 (287); *BVerwG*, Beschl. v. 13.03.2008, Az. 9 VR 10/07, NuR 2008, 495 (496 Rn. 14).

386 *EuGH*, Urt. v. 19.05.1998, Rs. C-3/96, Slg. 1998, I-3031, Rn. 68 ff.

387 *BVerwG*, Urt. v. 01.04.2004, Az. 4 C 2/03, NuR 2004, 524 (525).

388 *Gellermann*, BNatSchG, in: Landmann/ Rohmer, Umweltrecht, Band IV, Vor § 32 Rn. 9.

389 *EuGH*, Urt. v. 13.01.2005, Rs. C-117/03, NuR 2005, 242 Rn. 26 ff.

390 *BVerwG*, Urt. v. 31. 1.2002, Az. 4 A 15/01, NVwZ 2002, 1103 (1106).

391 Entscheidung der Kommission v. 13.11.2007 gemäß der Richtlinie 92/43/EWG des Rates zur Verabschiedung einer ersten aktualisierten Liste von Gebieten von gemeinschaftlicher Bedeutung in der kontinentalen biogeographischen Region, ABl.EU L 12 S. 383 v. 15.01.2008.

392 *BVerwG*, Beschl. v. 13.03.2008, Az. 9 VR 10/07, NuR 2008, 495 (497 Rn. 24); krit. *Gellermann*, NuR 2009, 8 (9).

393 *EuGH*, Urt. v. 13.01.2005, Rs. C-117/03, NuR 2005, 242 Rn. 23 ff.

394 *EuGH*, wie vor.

tet indes auch Ausnahmen vom Gebietsschutz unter den Voraussetzungen des Art. 6 Abs. 4 FFH-RL, sofern es sich um gemeldete Gebiete handelt.[395]

Hinsichtlich nicht gemeldeter potenzieller FFH-Gebiete bestimmt sich der Schutz nach Art. 4 Abs. 3 UAbs. 3 EUV (Art. 10 Abs. 2 EG a.F.); diese Gebiete dürfen nicht so nachhaltig beeinträchtigt werden, dass sie für eine Meldung oder Aufnahme in die Gemeinschaftsliste nicht mehr in Betracht kommen.[396] Das *BVerwG* sieht auch hinsichtlich dieser Areale den erforderlichen Schutz gewahrt, wenn den Anforderungen des Art. 6 Abs. 3, 4 FFH-RL entsprochen ist.[397]

c) *Europäisches Artenschutzrecht*

Neben dem Habitatschutzrecht beansprucht das Artenschutzrecht strikte Geltung im Rahmen staatlicher Planungs- und Zulassungsentscheidungen und damit auch bei der Entscheidung über die Errichtung bzw. Erweiterung eines Binnenhafens. Das Artenschutzrecht zielt darauf ab, wild lebenden Tieren und Pflanzen sowie ihren Lebensstätten eine schutzgebietsunabhängige Sicherung zu verschaffen.[398] Schwierigkeiten bei der Bewältigung einschlägiger Anforderungen resultieren zum einen aus der nicht immer klaren Rechtslage, die sich ihrerseits wiederum aus Unsicherheiten im Gefolge der Umsetzung europarechtlicher Vorgaben speist, und zum anderen daraus, dass die zur Rechtsanwendung erforderlichen naturschutzfachlichen Grundlagen in mancher Hinsicht noch unvollständig und lückenhaft sind.[399]

Die artenschutzrechtlichen Anforderungen ergeben sich nach der BNatSchG-Novelle 2009 vorrangig aus §§ 37 ff. BNatSchG, wobei dem in §§ 44 ff. des Gesetzes geregelten besonderen Artenschutz herausgehobene Bedeutung zukommt. Letztere Bestimmungen dienen der Umsetzung artenschutzrechtlicher Vorgaben der FFH-RL und der VRL, welche den Mitgliedstaaten über die Einrichtung und den Schutz des Netzes „Natura 2000“ hinaus aufgeben, ein wirksames Artenschutzsystem zu etablieren.

Dem allgemeinen Artenschutzrecht, welches sämtlichen wild lebenden Tieren und Pflanzen zugute kommen soll, eignet im Rahmen der Fachplanung kaum Relevanz. Die in § 39 Abs. 1 Nr. 1–3 BNatSchG geregelten Verbotstatbestände sind im Fall der Hafenerrichtung bzw. -erweiterung nicht einschlägig, weil sie lediglich „mutwillige“ bzw. „ohne vernünftigen Grund“ erfolgende Beeinträchtigungen erfassen. Die weitergehenden Verbote nach § 39 Abs. 5 S. 1 BNatSchG gelten ausweislich des S. 2 Nr. 1 und 2 nicht für behördlich angeordnete Maßnahmen bzw. für solche, die im öffentlichen Interesse nicht auf andere Weise oder zu anderer Zeit durchgeführt werden können, sofern sie behördlich durchgeführt werden oder behördlich zugelassen sind. Daraus folgt, dass das allgemeine Artenschutzrecht den hier interessierenden Vorhaben keine wesentlichen Hindernisse in den Weg stellt.[400] Die nachfolgenden Ausführungen richten sich dement-

---

395 *BVerwG*, Beschl. v. 07.09.2005, Az. 4 B 49/05, NuR 2006, 38 (39 f.).

396 *BVerwG*, Urt. v. 17.05.2002, Az. 4 A 28/01, NuR 2002, 739; *dass.*, Beschl. v. 05.03.2003, Az. 4 B 70/02, NuR 2004, 520.

397 *BVerwG*, Urt. v. 27.01.2000, Az. 4 C 2/99, BVerwGE 110, 302 (308); *dass.*, Urt. v. 27.10.2000, Az. 4 A 18/99, BVerwGE 112, 140.

398 *Gellermann/ Schreiber*, Schutz wildlebender Tiere und Pflanzen, S. 2.

399 *Gellermann/ Schreiber*, Schutz wildlebender Tiere und Pflanzen, S. 4.

400 Ebenso *Gellermann/ Schreiber*, Schutz wildlebender Tiere und Pflanzen, S. 25 f.

sprechend allein auf das besondere Artenschutzrecht. Seine materiell-rechtlichen Regelungen sind für die Planfeststellungsbehörde strikt beachtlich und bilden somit rechtliche Grenzen des planerischen Gestaltungsspielraums, die einer Überwindung in der Abwägung (§ 14 Abs. 1 S. 2 WaStrG) nicht zugänglich sind.

aa) Schutzgegenstände

Die vorliegend relevanten Verbotstatbestände des § 44 Abs. 1 BNatSchG dienen, soweit es Nr. 1, 3 und 4 anbelangt, dem Schutz der besonders geschützten Arten. Als solche will das Gesetz ausweislich der Legaldefinition in § 7 Abs. 2 Nr. 13 BNatSchG jene Tier- und Pflanzenarten verstanden wissen, die in den Anhängen A und B der Verordnung (EG) 338/97, in Anhang IV der FFH-RL oder in der Bundesartenschutzverordnung aufgeführt sind, sowie die europäischen Vogelarten. Als Letztere gelten sämtliche in Europa natürlich vorkommende Vogelarten i.S. des Art. 1 VRL (§ 7 Abs. 2 Nr. 12 BNatSchG).

§ 44 Abs. 1 Nr. 2 BNatSchG richtet sich neben dem Schutz der europäischen Vogelarten auf denjenigen der streng geschützten Arten, die eine Teilmenge der besonders geschützten Arten bilden. Hierzu zählt § 7 Abs. 2 Nr. 14 BNatSchG die in Anhang A der VO (EG) 338/97, in Anhang IV der FFH-RL und die in der Rechtsverordnung nach § 54 Abs. 2 BNatSchG (s. Anlage 1 Spalte 3 zu § 1 Bundesartenschutz-VO) aufgeführten Arten.

bb) Fachplanungsrelevante Zugriffsverbote

Aus Sicht der Fachplanung sind allein die in § 44 Abs. 1 Nr. 1–4 BNatSchG aufgeführten Zugriffsverbote von Bedeutung, die etwa 2600 Tier- und Pflanzenarten zu schützen bestimmt sind[401].

§ 44 Abs. 1 Nr. 1 BNatSchG untersagt neben anderem, wild lebende Tiere der besonders geschützten Arten zu verletzen, zu töten oder ihre Entwicklungsformen aus der Natur zu entnehmen, zu beschädigen oder zu zerstören. Art und Weise der solcherart umschriebenen Zugriffshandlungen sowie die Willensrichtung des Handelnden sind ohne Belang, entscheidend ist allein der Eintritt des Erfolges. Der Tatbestand ist bereits dann verwirklicht, wenn ein einziges Exemplar einer geschützten Tierart betroffen ist, denn die Verbote des besonderen Artenschutzrechts sind nicht etwa populations- sondern individuenbezogen.[402]

Die Relevanz des § 44 Abs. 1 Nr. 1 BNatSchG für die Zulassung eines Hafenbau- bzw. -erweiterungsvorhabens erwächst aus dem Umstand, dass im Zuge der zur Vorhabenverwirklichung notwendigen Baumaßnahmen mit einiger Wahrscheinlichkeit zumindest einzelne Exemplare besonders geschützter Arten verletzt oder getötet werden. Nicht auszuschließen ist ferner, dass Letzteres beim Betrieb des Hafens geschieht.

Des Weiteren schützt § 44 Abs. 1 Nr. 2 Hs. 1 BNatSchG wild lebende Tiere der streng geschützten Arten und der europäischen Vogelarten vor erheblichen Störungen, aller-

---

401 *Gellermann*, BNatSchG, in: Landmann/ Rohmer, Umweltrecht, Band IV, § 42 Rn. 4.

402 So ausdrücklich *BVerwG*, Urt. v. 09.07.2008, Az. 9 A 14/07, NuR 2009, 112 (119 Rn. 91); *dass.*, Urt. v. 21.06.2006, Az. 9 A 28/05, NuR 2006, 779 (782 Rn. 36); *Gellermann/ Schreiber*, Schutz wildlebender Tiere und Pflanzen, S. 37 f.

dings zeitlich begrenzt auf ihre Fortpflanzungs-, Aufzucht-, Mauser-, Überwinterungs- und Wanderungszeiten. Keine Rolle spielt wiederum, auf welche Weise die Störung bewirkt wird; allerdings ist der Verbotstatbestand dergestalt beschränkt, dass nicht jede, sondern nur erhebliche Störungen untersagt sind. Die Erheblichkeitsschwelle wird nach § 44 Abs. 1 Nr. 2 Hs. 2 BNatSchG erst überschritten, wenn sich durch die Störung der Erhaltungszustand der lokalen Population einer Art verschlechtert. Als lokale Population ist die Gesamtheit der Individuen einer Art zu verstehen, die während einer bestimmten Phase des jährlichen Zyklus in einem anhand ihrer Habitatansprüche abgrenzbaren Raum vorkommen.[403] Gegenüber dem populationsbezogenen Ansatz, den der Gesetzgeber zur Bestimmung des Erheblichkeitskriteriums gewählt hat, werden im Schrifttum gewichtige Zweifel hinsichtlich seiner Vereinbarkeit mit dem EG-Recht, genauer: mit Art. 12 Abs. 1 lit. b FFH-RL, geäußert[404]; das *BVerwG* teilt diese Bedenken nicht[405]. Ohne vorliegend die rechtlichen Hintergründe der gemeinschaftsrechtlichen Norm im Einzelnen darlegen zu können, sprechen entgegen dem *BVerwG* die besseren Gründe für eine Unvereinbarkeit des § 44 Abs. 1 Nr. 2 Hs. 2 BNatSchG mit Art. 12 Abs. 1 lit. b FFH-RL[406] – so dass sich aus Gründen der Rechtssicherheit empfiehlt, das einschränkende Kriterium der populationsbezogenen Erheblichkeit unangewendet zu lassen.[407] Daraus folgt freilich nicht, dass Art. 12 Abs. 1 lit. b FFH-RL jede noch so geringfügige Belästigung unterbunden wissen will; vielmehr richtet sich das Verbot oberhalb einer Relevanzschwelle nur auf solche Störungen, die negative Rückwirkungen auf den Verlauf des Brutgeschehens, die Rast oder Überwinterung und damit auf den Reproduktionserfolg oder die für das Überleben entscheidende Gesundheit haben können.[408] Solche Beeinträchtigungen sind etwa in Gestalt von Lärmimmissionen denkbar, die durch Baumaßnahmen und/oder den Hafenbetrieb verursacht werden.[409]

Weitere Zugriffsverbote sind in § 44 Abs. 1 Nr. 3 und 4 BNatSchG geregelt. Nr. 3 untersagt die Entnahme aus der Natur, Beschädigung sowie die Zerstörung der Fortpflanzungs- und Ruhestätten wild lebender Tiere der besonders geschützten Arten. Ausreichend für die Verwirklichung des Tatbestandes ist es, wenn sich die ökologische Qualität der geschützten Stätten infolge menschlicher Einwirkungen verschlechtert.[410] Nach Nr. 4 ist es schließlich verboten, wild lebende Pflanzen der besonders geschützten Arten oder ihre Entwicklungsformen aus der Natur zu entnehmen, zu beschädigen oder zu zerstören. Sofern beide Verbotstatbestände auf die „Natur" abstellen, ist damit nicht nur die „freie Natur" gemeint, sondern werden auch Örtlichkeiten in besiedelten bzw. sonst bebauten Bereichen erfasst.[411]

---

403 *Gellermann*, BNatSchG, in: Landmann/ Rohmer, Umweltrecht, Band IV, § 42 Rn. 8.

404 *Gellermann*, BNatSchG, in: Landmann/ Rohmer, Umweltrecht, Band IV, § 42 Rn. 9.

405 *BVerwG*, Urt. v. 09.07.2008, Az. 9 A 14/07, NuR 2009, 112 (121 Rn. 104); dem folgend *VGH Kassel*, Urt. v. 22.04.2010, Az. 4 C 306/09.N (Hafen Offenbach), juris, Rn. 63.

406 Dazu im Einzelnen *Gellermann*, NuR 2007, 783 (785); *ders.*, NuR 2009, 85 (87 f.); *Fehrensen*, NuR 2009, 13 (14).

407 Ebenso *Gellermann*, BNatSchG, in: Landmann/ Rohmer, Umweltrecht, Band IV, § 42 Rn. 9.

408 *Gellermann/ Schreiber*, Schutz wildlebender Tiere und Pflanzen, S. 62; *Fehrensen*, NuR 2009, 13 (14).

409 Allgemein *Louis*, NuR 2009, 91 (95).

410 *Gellermann*, BNatSchG, in: Landmann/ Rohmer, Umweltrecht, Band IV, § 42 Rn. 16.

411 *A. Schmidt-Räntsch*, in: Gassner/ Bendomir-Kahlo/ Schmidt-Räntsch, BNatSchG, § 42 Rn. 6.

cc) Ausnahmen und Befreiungen

Die vorstehend dargestellten Zugriffsverbote wirken nicht absolut; das Gesetz sieht vielmehr Ausnahmen vor, mit deren Hilfe wichtigen Infrastrukturvorhaben aus überwiegenden Gemeinwohlinteressen zur Zulässigkeit verholfen werden kann.

(1) Legalausnahmen für nach § 15 BNatSchG zulässige Eingriffe

Eine wesentliche Einschränkung ihrer Geltungsbereiche erfahren die Zugriffsverbote im vorliegenden Zusammenhang durch die Legalausnahme in § 44 Abs. 5 BNatSchG. Nach dessen Satz 1 gelten die Zugriffsverbote für nach § 15 zulässige Eingriffe in Natur und Landschaft[412] nur nach Maßgabe von § 44 Abs. 5 S. 2–5 BNatSchG. Das damit in Bezug genommene äußerst komplexe Regelungsgefüge befreit zunächst das Eingriffsvorhaben von der Geltung des Zugriffsverbotes nach § 44 Abs. 1 Nr. 3 (Schädigungen der Fortpflanzungs- und Ruhestätten), wenn Tierarten nach Anhang IV lit. a FFH-RL, europäische Vogelarten oder Arten, die in einer Rechtsverordnung nach § 54 Abs. 1 Nr. 1 BNatSchG aufgefügt sind, betroffen sind, soweit die ökologische Funktion der von dem Eingriff betroffenen Fortpflanzungs- oder Ruhestätten im räumlichen Zusammenhang weiterhin erfüllt ist. Unter den genannten Voraussetzungen entfällt für den Eingriff ferner das Zugriffsverbot nach § 44 Abs. 1 Nr. 1 BNatSchG (u.a. das Tötungsverbot), sofern es sich um unvermeidbare Beeinträchtigungen wild lebender Tiere handelt. Die ökologische Funktion der eingriffsbetroffenen Stätten wird im räumlichen Zusammenhang dann weiterhin erfüllt, wenn im Umfeld des Eingriffs Strukturen vorhanden sind, die als Fortpflanzungs- oder Ruhestätte fungieren können. Wird beispielsweise im Rahmen der Hafenerweiterung ein Amphibienlaichgewässer beseitigt, kann dessen ökologische Funktion weiterhin sichergestellt sein, wenn sich im räumlichen Umfeld andere zur Reproduktion geeignete Laichgewässer befinden.[413] § 44 Abs. 5 S. 3 BNatSchG gestattet überdies die Festsetzung vorgezogener Ausgleichsmaßnahmen zur Wahrung der ökologischen Funktion, etwa die Neuanlegung eines Laichgewässers, sofern ein solches nicht verfügbar ist. § 44 Abs. 5 S. 4 BNatSchG ordnet außerdem die entsprechende Geltung besagter Ausnahmen für Standorte wild lebender Pflanzen der in Anhang IV lit. b FFH-RL genannten Arten an. Schließlich entbindet S. 5 der Vorschrift eingriffsbedingte Handlungen gänzlich von den Zugriffsverboten nach § 44 Abs. 1 BNatSchG, wenn andere besonders geschützte Arten betroffen sind. Das führt im Ergebnis dazu, dass den Belangen des Artenschutzes im Anwendungsbereich der Legalausnahme allein im Wege der Eingriffsregelung Rechnung zu tragen ist.[414] Die Anwendung der Ausnahmebestimmungen nach § 44 Abs. 5 S. 2–4 BNatSchG ist allerdings mit europarechtlichen Risiken behaftet, wird doch im Schrifttum deren Vereinbarkeit mit Art. 12, 16 FFH-RL angezweifelt.[415]

Eine weitere, indes gemeinschaftsrechtlich unbedenkliche Ausnahme sieht § 44 Abs. 6 S. 1 BNatSchG vor: Danach gelten die Zugriffsverbote nicht für Handlungen zur Vorbereitung gesetzlich vorgeschriebener Prüfungen, die von fachkundigen Personen unter

---

412 Dazu oben C.II.5.a).

413 Bsp. nach *Gellermann*, BNatSchG, in: Landmann/ Rohmer, Umweltrecht, Band IV, § 42 Rn. 31.

414 *Dolde*, NVwZ 2008, 121 (124); zur Eingriffsregelung bereits unter C.II.5.a).

415 *Gellermann*, BNatSchG, in: Landmann/ Rohmer, Umweltrecht, Band IV, § 42 Rn. 33 m.w.N.; *Möckel*, ZUR 2008, 57 (62 f.); *Lau/ Steeck*, NuR 2008, 386 (394); *Fehrensen*, NuR 2009, 13 (15 f.).

größtmöglicher Schonung der untersuchten Exemplare und der übrigen Tier- und Pflanzenwelt im notwendigen Umfang vorgenommen werden. Davon werden insbesondere Handlungen im Rahmen der UVP, der FFH-VP sowie der Bewältigung der Eingriffsregelung erfasst.

(2) Behördliche Ausnahmen nach § 45 Abs. 7 BNatSchG

§ 45 Abs. 7 BNatSchG gestattet u.a. den Landesnaturschutzbehörden, von den Zugriffsverboten des § 44 Abs. 1 BNatSchG einzelfallbezogene Ausnahmen zuzulassen. Die Vorschrift konstituiert in Satz 1 fünf (alternative) Ausnahmegründe und in Satz 2 weitere Begrenzungen. Insbesondere für Hafenerweiterungsvorhaben kann als Ausnahmegrund zunächst die Abwendung erheblicher wirtschaftlicher Schäden in Betracht zu ziehen sein; hierfür dürfte es genügen, wenn es zu einer Beeinträchtigung oder Verschlechterung der wirtschaftlichen Grundlage eines einzelnen Hafens kommt und die Erweiterung Abhilfe verspricht.

Ansonsten gestattet § 45 Abs. 7 Nr. 5 BNatSchG Ausnahmen von den Zugriffsverboten aus zwingenden Gründen des überwiegenden öffentlichen Interesses einschließlich solcher sozialer oder wirtschaftlicher Art. Die Merkmale stimmen inhaltlich mit den Voraussetzungen überein, die nach § 34 Abs. 3 BNatSchG zur Erteilung einer habitatschutzrechtlichen Ausnahme vorliegen müssen.[416] Eine solche artenschutzrechtlicher Provenienz darf nach § 45 Abs. 7 S. 2 BNatSchG nur zugelassen werden, wenn ferner zumutbare Alternativen nicht gegeben sind und sich der Erhaltungszustand der Population einer Art nicht verschlechtert, soweit nicht Art. 16 Abs. 1 FFH-RL weiter gehende Anforderungen enthält. Der Rechtsprechung des *EuGH* zufolge gestattet besagte Vorschrift ein Abgehen von den Verboten des Art. 12 Abs. 1 FFH-RL nur, wenn sich die Populationen der hiervon betroffenen Art des Anhangs IV FFH-RL in einem als günstig zu bewertenden Erhaltungszustand befinden. Es reicht also im Anwendungsbereich des § 45 Abs. 7 S. 2 BNatSchG nicht aus, wenn ein ungünstiger Erhaltungszustand vorhanden ist, der sich nicht weiter zu verschlechtern droht.[417] Eine Ausnahme bei Vorliegen eines ungünstigen Erhaltungszustandes lässt der EuGH nur bei außergewöhnlichen Umständen zu.[418]

Schließlich sind bei Abweichungen von den Zugriffsverboten die behördlichen Dokumentationspflichten nach Art. 16 Abs. 3 FFH-RL und Art. 9 Abs. 2 VRL zu erfüllen (§ 45 Abs. 7 S. 3 BNatSchG).

(3) Möglichkeit der Befreiung nach § 67 Abs. 2 S. 1 BNatSchG

Ein Abgehen von den Zugriffsverboten nach § 44 Abs. 1 BNatSchG ermöglicht schließlich § 67 Abs. 2 S. 1 BNatSchG im Wege der Befreiung. Nach Stimmen im Schrifttum soll deren Erteilung allerdings ausgeschlossen sein, wenn Arten des Anhangs IV der FFH-RL oder europäische Vogelarten betroffen sind und § 45 Abs. 7 BNatSchG keine Gelegenheit bietet, den individuellen Interessen des Verbotsadressaten Rechnung zu

---

416 S. oben C.IV.5.b)cc).

417 *EuGH*, Urt. v. 10.05.2007, Rs. C-508/04, Slg. 2007, I-0000 Rn. 115; *ders.*, Urt. v. 14.06.2007, Rs. C-342, Slg. 2007, I-4713 Rn. 28.

418 *EuGH*, Urt. v.14.06.2007, Rs. C-342, Slg. 2007, I-4713 Rn. 29; dazu *BVerwG*, Beschl. v. 01.04.2009, Az. 4 B 61/08, NVwZ 2009, 910 (916).

tragen. Die Einschränkung wird überzeugend damit begründet, dass die EG-rechtlich zulässigen Abweichungsmöglichkeiten vollumfänglich in § 45 Abs. 7 BNatSchG übernommen worden sind; eine darüber hinaus ermöglichte Befreiung liefe auf eine Verletzung gemeinschaftsrechtlicher Pflichten hinaus.[419]

Eine Befreiung ist somit nur hinsichtlich der allein nach nationalem Recht besonders oder streng geschützten Arten eröffnet. Voraussetzung für ihre Erteilung ist, dass die Durchführung der Vorschriften im Einzelfall zu einer unzumutbaren Belastung führen würde. Eine solche liegt vor, wenn der Eintritt der Verbotsfolge in Ansehung der Gegebenheiten des Einzelfalls und der ihn prägenden besonderen Umstände als nicht gerechtfertigt bzw. unangemessen erscheint.[420]

Die Befreiung setzt einen entsprechenden Antrag voraus; ihre Erteilung steht im Ermessen der Behörde. Die Befreiung kann mit Nebenbestimmungen versehen werden, wie § 67 Abs. 3 S. 1 BNatSchG zu entnehmen ist.

6. *Insbesondere: Materielle Anforderungen des Wasserhaushaltsrechts*

Auch mit Belangen des Gewässerschutzes wird ein Hafenbau- bzw. -erweiterungsvorhaben naturgemäß in Konflikt geraten; dies hat den Gesetzgeber des WaStrG veranlasst, Bestimmungen vorzuhalten, welche eine angemessene Verwirklichung jener Belange im Rahmen der wasserwegerechtlichen Planfeststellung sicherstellen sollen.

§ 12 Abs. 6 WaStrG ist zunächst zu entnehmen, dass Maßnahmen, die dem Ausbau einer Bundeswasserstraße dienen, keiner wasserrechtlichen Erlaubnis, Bewilligung oder Genehmigung bedürfen.[421] Die Norm stellt klar, was bereits infolge der Konzentrationswirkung des Planfeststellungsbeschlusses nach § 75 Abs. 1 S. 1 Hs. 2 VwVfG gilt,[422] befreit ebenso wie diese aber nicht von den materiell-rechtlichen Bestimmungen des Wasserhaushaltsrechts. Ausgenommen von deren Geltungsanspruch sind freilich die Vorschriften über den Ausbau von Gewässern (§§ 67–71 WHG), weil §§ 12 ff. WaStrG als speziellere Bestimmungen insoweit Vorrang genießen.[423]

Somit sind die wasserwirtschaftlichen Belange im Planfeststellungsverfahren (im Einvernehmen mit den Ländern, Art. 89 Abs. 3 GG, § 4 WaStrG) zu wahren.[424] Ausdrückliche Erwähnung haben im Gesetz die Erhaltung und Verbesserung des Selbstreinigungsvermögens des Gewässers gefunden, die nach § 12 Abs. 7 S. 1 WaStrG beim Ausbau der Bundeswasserstraße zu beachten sind. Näherer Betrachtung bedürfen im Folgenden die gebotene Berücksichtigung der Bewirtschaftungsziele nach §§ 27–31 WHG (dazu unter a)) sowie Anforderungen des Hochwasserschutzes (dazu unter b)).

---

419 *Gellermann*, BNatSchG, in: Landmann/ Rohmer, Umweltrecht, Band IV, § 62 Rn. 3; *Möckel*, ZUR 2008, 57 (63 f.).

420 *OVG Münster*, Urt. v. 02.05.1988, Az. 10 A 1109/84, NuR 1989, 230 (231).

421 Angesichts jener Norm gilt § 19 Abs. 1 WHG (§ 14 Abs. 1 WHG a.F.), wonach für planfeststellungsbedürftige Vorhaben, mit denen die Benutzung eines Gewässers verbunden ist, die Planfeststellungsbehörde über die Erteilung der wasserrechtlichen Erlaubnis oder Bewilligung entscheidet, im Rahmen der wasserwegerechtlichen Planfeststellung nicht, so auch *Friesecke*, BWaStrG, § 12 Rn. 25.

422 *Friesecke*, BWaStrG, § 12 Rn. 25.

423 Dazu bereits unter B.I.

424 Vgl. *Ginzky*, NuR 2005, 691; *Heinz/ Esser*, ZUR 2009, 254.

a) Berücksichtigung der Bewirtschaftungsziele nach §§ 27–31 WHG

Die Errichtung bzw. Erweiterung eines Binnenhafens wird regelmäßig zu Veränderungen der Hydromorphologie der betroffenen Wasserstraße führen und damit in Konflikt mit den auf Verbesserung ihrer Struktur und Güte gerichteten wasserwirtschaftlichen Zielsetzungen geraten.[425] Vor diesem Hintergrund bestimmt § 12 Abs. 7 S. 3 WaStrG, dass die Ausbaumaßnahmen i.S. von § 12 Abs. 2 WaStrG die nach §§ 27 bis 31 WHG maßgebenden Bewirtschaftungsziele zu berücksichtigen haben.

aa) Bindungswirkung der Bewirtschaftungsziele im Rahmen der fachplanerischen Entscheidung nach § 14 Abs. 1 S. 2 WaStrG

Im juristischen Schrifttum umstritten ist bereits die grundsätzliche Frage nach der Bindungskraft, die § 12 Abs. 7 S. 3 WaStrG den Bewirtschaftungszielen im Rahmen der fachplanerischen Entscheidung über den Ausbau von Bundeswasserstraßen verleiht. Dem Normwortlaut („berücksichtigen") lässt sich unschwer eine abgeschwächte Bindungswirkung dergestalt entnehmen, dass die wasserwirtschaftlichen Ziele lediglich als Abwägungsposten in die Entscheidung nach § 14 Abs. 1 S. 2 WaStrG einzugehen haben und dort aus hinreichend gewichtigen Gründen auch überwunden werden können.[426] Es findet sich allerdings auch die Auffassung, wonach die Zulassung eines Ausbauvorhabens einer strikten Bindung an die Bewirtschaftungsziele unterliegt, von der im Rahmen fachplanerischer Entscheidung nur abgewichen werden dürfe, wenn die Voraussetzungen der Ausnahmebestimmungen in § 31 WHG erfüllt seien.[427] Für letzteres Verständnis wird überzeugend darauf abgestellt, dass § 12 Abs. 7 S. 3 WHG der Umsetzung der Wasserrahmenrichtlinie (WRRL)[428] in das deutsche Recht dient[429]. Die in §§ 27 ff. WHG übernommenen Ziele des Art. 4 WRRL beanspruchten zwar keine absolute Geltung, seien einer Relativierung aber nur unter strikter Wahrung der in Art. 4 Abs. 4–7 WRRL bezeichneten Bedingungen zugänglich.[430] Letztere finden sich nunmehr in § 31 WHG implementiert; jenseits dessen eröffnet das EG-Recht keine Abweichung von den ansonsten bindenden Bewirtschaftungszielen.[431]

Was den Normwortlaut des § 12 Abs. 7 S. 3 WaStrG angeht, darf nicht außer Acht gelassen werden, dass dieser eine im Gesetzgebungsverfahren zustande gekommene Kompromisslösung darstellt: Der ursprüngliche Gesetzentwurf sah keinerlei Bezugnahme auf die wasserwirtschaftlichen Ziele vor; der Bundesrat empfahl daraufhin eine an § 31 Abs. 1 S. 3 WHG a.F. angelehnte (strikte) Regelung, der zufolge Ausbaumaßnahmen sich an den Bewirtschaftungszielen ausrichten mussten und die Erreichung dieser Ziele nicht gefährden durften.[432] In ihrer Gegenäußerung lehnte die Bundesregierung diesen Vorschlag gänzlich ab.[433] Schließlich wurde im Rahmen der Ausschussberatungen die nun-

---

425 *Gellermann,* DVBl. 2007, 1517.

426 So *Friesecke,* BWaStrG, § 12 Rn. 31; *Seidel/ Rechenberg,* ZUR 2004, 213 (214).

427 *Ginzky,* NuR 2005, 691 (695); *Gellermann,* DVBl. 2007, 1517 (1518).

428 Richtlinie 2000/60/EG v. 23. Oktober 2000 zur Schaffung eines Ordnungsrahmens für Maßnahmen der Gemeinschaft im Bereich der Wasserpolitik, ABl.EG L 327 v. 22.12.2000, S. 1.

429 S. BT-Drs. 14/8668, S. 18.

430 *Ginzky,* wie vor; *Gellermann,* wie vor.

431 So zutreffend *Gellermann,* DVBl. 2007, 1517 (1518).

432 BT-Drs. 14/7755, S. 29.

433 BT-Drs. 14/7755, S. 31.

mehr geltende Bestimmung gefunden und zu deren Begründung angeführt, der Ausbau von Bundeswasserstraßen nach § 12 WaStrG müsse „die *bindend* [Hervorhebung durch Verf.] vorzugebenden Bewirtschaftungsziele berücksichtigen".[434]

Aus Vorstehendem folgt, dass § 12 Abs. 7 S. 3 WHG nur im Wege der richtlinienkonformen Auslegung dem Verdikt der Gemeinschaftsrechtswidrigkeit zu entgehen vermag.[435] Die Norm ist daher – nicht zuletzt aus Gründen der Planungssicherheit – so zu interpretieren, dass das Hafenbau- bzw. -erweiterungsvorhaben den zwingenden Vorgaben der §§ 27–31 WHG vollumfänglich zu entsprechen hat. Damit sind indes angesichts der Ausnahmebestimmungen in § 31 WHG dem Hafen(aus)bau keine unüberwindlichen Hürden gesetzt.[436]

bb) Bewirtschaftungsziele nach § 27 WHG

Die Bewirtschaftungsziele, denen sich das Ausbauvorhaben zu fügen hat, sind in Abhängigkeit von der Art des betroffenen Gewässers unterschiedlich ausgestaltet. Das Gesetz differenziert insoweit zwischen einerseits natürlichen sowie andererseits künstlichen oder erheblich veränderten oberirdischen Gewässern. Natürliche Oberflächengewässer sind so zu bewirtschaften, dass eine Verschlechterung ihres ökologischen und ihres chemischen Zustandes vermieden wird und ein guter ökologischer und ein guter chemischer Zustand erhalten oder erreicht werden (§ 27 Abs. 1 Nr. 1 und 2 WHG).

Nach § 28 WHG können oberirdische Gewässer unter den dort niedergelegten Voraussetzungen als künstliche oder erheblich veränderte Gewässer i.S. des § 3 Nr. 4 und 5 WHG eingestuft werden. Eine derartige Einstufung ist etwa möglich, wenn u.a. die Änderungen der hydromorphologischen Merkmale, die für einen guten ökologischen Gewässerzustand erforderlich wären, signifikante nachteilige Auswirkungen auf die Schifffahrt, einschließlich Hafenanlagen hätten (§ 28 Nr. 1 lit. b WHG). Daraus resultiert, dass die meisten natürlichen Bundeswasserstraßen – so auch ganz überwiegend der Rhein – von den zuständigen Behörden (vorläufig) als erheblich verändert ausgewiesen worden sind.[437] Da folglich der Neubau oder die Erweiterung eines Hafens in NRW mit großer Wahrscheinlichkeit in bzw. an einem erheblich veränderten oder einem künstlichen Gewässer[438] stattfinden wird, sollen im Folgenden nur die hierfür einschlägigen Bewirtschaftungsziele dargestellt werden.

Ausweislich § 27 Abs. 2 WHG sind derartige Gewässer so zu bewirtschaften, dass eine Verschlechterung ihres ökologischen Potenzials und ihres chemischen Zustands vermieden wird (Nr. 1: Verschlechterungsverbot) und ein gutes ökologisches Potenzial und ein guter chemischer Zustand erhalten oder erreicht werden (Nr. 2: Erhaltungs- und Verbesserungsgebot).

Klärungsbedürftig ist zunächst der Begriff des ökologischen Potenzials, der sich im Katalog der Begriffsbestimmungen (s. § 3 Nr. 8 WHG) zwar erwähnt, nicht aber definiert

---

434 BT-Drs. 14/8668, S. 18.

435 *Gellermann*, DVBl. 2007, 1517 (1518).

436 Dazu nachfolgend unter cc).

437 Dazu *Heinz/ Esser*, ZUR 2009, 254 (255); *Möckel*, DVBl. 2010, 618 (620).

438 S. hierzu die Definition in § 3 Nr. 4 WHG: von Menschen geschaffene oberirdische Gewässer oder Küstengewässer.

findet. Der Begründung zum Gesetzentwurf kann immerhin entnommen werden, dass der Terminus i.S. der Wasserrahmenrichtlinie zu verstehen sein soll und damit sowohl das gegenwärtig bestehende als auch das künftig zu erreichende ökologische Potenzial eines als künstlich oder erheblich verändert eingestuften Gewässers umfasst.[439] Die WRRL enthält zwar keine Definition des Begriffs „ökologisches Potenzial", wohl aber eine solche des „guten ökologischen Potenzials", das sie ausweislich Art. 2 Nr. 23 WRRL als den Zustand eines erheblich veränderten oder künstlichen Wasserkörpers verstanden wissen will, der nach den einschlägigen Bestimmungen des Anhangs V entsprechend eingestuft wurde. Daraus ergibt sich, dass das Potenzial im hiesigen Kontext als ein ökologischer Zustand verstanden werden muss, der nicht als i.S. des Art. 2 Nr. 22 WRRL „gut" anzusehen ist.[440] Auch im Anwendungsbereich des § 27 Abs. 2 Nr. 1 WHG geht es mithin darum, den aktuellen Gewässerzustand hinsichtlich der für seine Beurteilung maßgeblichen ökologischen Parameter vor Verschlechterungen[441] zu bewahren.[442] Gleiches gilt für den in jener Vorschrift genannten chemischen Zustand.[443]

Umstritten ist, unter welchen Bedingungen von einer „Verschlechterung" auszugehen ist. Das Meinungsspektrum reicht von jeder negativen Abweichung gegenüber dem Ist-Zustand bis zu einer Veränderung der Zustandsklasse, in die das Gewässer nach Anhang V der WRRL einzustufen ist.[444] Nach der strengsten Lesart wäre die Planfeststellung grundsätzlich unzulässig, wenn durch die beabsichtigten Ausbaumaßnahmen der vorfindliche Gewässerzustand in ökologischer oder chemischer Hinsicht nachteilig verändert wird.[445]

Des Weiteren verlangt § 27 Abs. 2 Nr. 2 WHG die Erhaltung oder Erreichung eines guten ökologischen Potenzials und eines guten chemischen Zustandes. Weil bereits aus dem Verschlechterungsverbot nach Nr. 1 die Pflicht folgt, eine einmal erreichte Gewässerqualität zu erhalten, erlangt Nr. 2 nur als Verbesserungsgebot rechtliche Relevanz.[446] Mit diesem gerät das Ausbauvorhaben in Konflikt, wenn es die Erreichung eines guten ökologischen Potenzials oder eines guten chemischen Zustands gefährdet.[447] Nicht gefordert ist hingegen, dass das Ausbauvorhaben zur Verwirklichung des Verbesserungsgebots aktiv beitragen muss; dem stünde bereits aus verfassungsrechtlicher Sicht entgegen, dass der Bund im Rahmen seiner nur die Verkehrsfunktionen der Bundeswasserstraße betreffenden Verwaltungsaufgaben nicht zur Verwirklichung anderer, hier wasserwirtschaftlicher Ziele in die Pflicht genommen werden kann.[448]

---

439 BT-Drs. 16/12275, S. 53.

440 Die WRRL gebraucht hier also den Begriff des guten ökologischen Potentials als euphemistische Umschreibung eines minderen ökologischen Zustandes, s. *Czychowski/ Reinhardt,* WHG, § 27 Rn. 18; *Gellermann,* DVBl. 2007, 1517 (1524 f.); *Ginzky,* ZUR 2005, 515 (516).

441 Der Begriff „Verschlechterungen" ersetzt den in §§ 25a ff. WHG a.F. gebrauchten Terminus „nachteilige Veränderungen" ohne inhaltliche Modifizierung, vgl. BT-Drs. 16/12275, S. 59.

442 *Söhnlein,* NVwZ 2006, 1139 (1140).

443 Ebenso *Gellermann,* DVBl. 2007, 1517 (1525).

444 Zum Meinungsstand s. *Gellermann,* DVBl. 2007, 1517 (1519) m.w.N.

445 I.d.S. *Czychowski/ Reinhardt,* WHG, § 27 Rn. 14.

446 *Czychowski/ Reinhardt,* WHG, § 27 Rn. 15.

447 *Gellermann,* DVBl. 2007, 1517 (1525).

448 *Friesecke,* BWaStrG, § 12 Rn. 31; *Gellermann,* DVBl. 2007, 1517 (1522).

Festzuhalten ist nach alledem, dass das Hafenbau- bzw. -erweiterungsvorhaben wegen Verstoßes gegen § 12 Abs. 7 S. 3 WaStrG i.V.m. § 27 Abs. 2 WHG (zunächst) unzulässig ist, wenn seine Realisierung zu einer Verschlechterung des aktuellen ökologischen Potenzials resp. chemischen Zustands des betroffenen Gewässers führt oder die Erreichung eines guten ökologischen Potenzials bzw. eines guten chemischen Zustands hindert oder zumindest erschwert.

Abweichend von den Bewirtschaftungszielen des § 27 Abs. 2 WHG können die zuständigen Behörden nach § 30 WHG für bestimmte oberirdische Gewässer weniger strenge Ziele festlegen, wenn die Voraussetzungen des § 30 Nr. 1–4 WHG vorliegen, auf die an dieser Stelle nicht näher eingegangen werden soll.

cc) Ausnahmen von der Bindung nach § 31 Abs. 2 WHG

Gerät das Ausbauvorhaben mit den Bewirtschaftungszielen nach § 27 bzw. § 30 WHG in Widerstreit mit der Folge seiner Unzulässigkeit, kann es dennoch zugelassen werden, wenn es den einschlägigen Anforderungen des § 31 Abs. 2 S. 1 WHG Rechnung trägt. Danach liegt, obwohl der gute ökologische Zustand nicht erreicht wird oder sich der aktuelle (ökologische oder chemische) Zustand verschlechtert, ein Verstoß gegen die Bewirtschaftungsziele nicht vor, wenn die in Nr. 1-4 der Vorschrift aufgeführten Voraussetzungen erfüllt sind.

Nach Nr. 1 muss die Nichterreichung bzw. Verschlechterung des jeweiligen Gewässerzustands auf einer neuen Veränderung der physischen Gewässereigenschaften oder des Grundwasserstands beruhen; eine solche wird mit den hier interessierenden Ausbaumaßnahmen regelmäßig einhergehen.

Weiterhin müssen die Gründe für die Veränderung von übergeordnetem öffentlichen Interesse sein (Nr. 2). Als derartiger Gemeinwohlbelang lässt sich die Förderung der regionalen Wirtschaftsstruktur durch den Bau und Betrieb eines Binnenhafens (bzw. durch dessen Erweiterung) verstehen.[449] Dieser muss sich als „übergeordnet" erweisen, d.h. ihm muss in Relation zu den im Einzelfall betroffenen wasserwirtschaftlichen Erhaltungs- bzw. Verbesserungsinteressen Vorrang zukommen. Das begründet einmal mehr das Erfordernis einer entsprechenden Abwägung besagter konfligierender Belange.[450]

§ 31 Abs. 2 S. 1 Nr. 3 WHG verlangt im Weiteren, dass die Ziele, die mit der Veränderung des Gewässers verfolgt werden, nicht mit anderen Maßnahmen erreicht werden können, die wesentlich geringere nachteilige Auswirkungen auf die Umwelt haben. Jene Maßnahmen stellt das Gesetz indes unter den Vorbehalt der technischen Durchführbarkeit; überdies dürfen sie nicht mit einem unverhältnismäßig hohen Aufwand verbunden sein. Unter welchen Bedingungen eine „andere Maßnahme" in die solcherart vorgeschriebene Alternativenprüfung einzubeziehen ist, ist bislang noch ungeklärt. In der Literatur wurde in diesem Zusammenhang am Beispiel der Elbvertiefung in Hamburg sogar eine Pflicht angenommen, den Ausbau von Häfen in anderen Bundesländern (Cuxhaven oder Wilhelmshaven) oder anderer Wasserstraßen (Weser) als mögliche Al-

---

449 So ausdrücklich *Kotulla,* WHG 2003, § 25d Rn. 25; dem folgend *Gellermann,* DVBl. 2007, 1517 (1523).

450 *Söhnlein,* NvwZ 2006, 1139 (1140).

ternativen zu untersuchen.[451] Ist danach der Kreis der in Frage kommenden Optionen zunächst weit zu ziehen, erfährt er eine entscheidende Beschränkung dadurch, dass Alternativen, die keine wesentlich geringeren Umweltauswirkungen zeitigen, aus der Betrachtung ausgeschieden werden können. Weil es hier nicht nur um den Gewässerschutz, sondern ganz i.S. des Integrationsprinzips um den Schutz der Umwelt insgesamt geht, genügt es nicht, dass die Alternative zwar das Gewässer schont, aber im Gegenzug andere Umweltmedien stärker beeinträchtigt (Verbot von Belastungsverlagerungen).[452] Ferner trägt das Wesentlichkeitskriterium dafür Sorge, dass allenfalls marginal umweltfreundlicheren Maßnahmen nicht der Vorzug gegeben werden muss.

Schließlich sind nach Nr. 4 des § 31 Abs. 2 S. 1 WHG alle praktisch geeigneten Maßnahmen zu ergreifen, um die nachteiligen Auswirkungen auf den Gewässerzustand zu verringern. Bei der so begründeten Minimierungspflicht handelt es sich nicht nur um eine der Zulassung nachgelagerte Kompensationspflicht, sondern um eine echte Zulassungsvoraussetzung.[453]

b) *Berücksichtigung der Belange des Hochwasserschutzes*

§ 12 Abs. 7 S. 4 WaStrG verlangt, Maßnahmen zum Ausbau einer Bundeswasserstraße so durchzuführen, dass mehr als nur geringfügige Auswirkungen auf den Hochwasserschutz vermieden werden. Als geringfügig haben Auswirkungen zu gelten, die im Rahmen einer Gesamtbetrachtung als Folge der Ausbaumaßnahmen hinnehmbar sind.[454] Wann Letzteres der Fall ist, kann nicht allgemeingültig bestimmt werden, sondern muss sich im Einzelfall in der Abwägung nach § 14 Abs. 1 S. 2 WaStrG erweisen. Wie die Entstehungsgeschichte der Vorschrift[455] zeigt, wollte der Gesetzgeber nicht sämtliche negativen Auswirkungen auf den Hochwasserschutz unterbunden wissen, sondern deutlich machen, dass im Falle konfligierender Interessen eine wertende Entscheidung geboten ist, die in vertretbarem Umfang einen Vorrang der Ausbaubelange begründen kann.[456]

III. Weitere inhaltliche Anforderungen an den Planfeststellungsbeschluss

Im Übrigen ergeben sich Anforderungen fachplanungsrechtlicher Art an die Errichtung bzw. Erweiterung eines Binnenhafens aus § 74 VwVfG i.V.m. § 14b WaStrG. Die Bestimmungen betreffen das Zustandekommen und den Inhalt des Planfeststellungsbeschlusses.

Das Planfeststellungsverfahren wird, sofern in dessen Verlauf das materiell-rechtliche Prüfprogramm mit positivem Ergebnis durchlaufen worden ist, mit dem Erlass des Plan-

---

451 *Ginzky,* NuR 2005, 691 (694).

452 *Gellermann,* DVBl. 2007, 1517 (1523).

453 *Gellermann,* DVBl. 2007, 1517 (1524); a.A. *Czychowski/ Reinhardt,* WHG, § 31 Rn. 17, die aber in dem EG-rechtlichen Vorbild der Norm (Art. 4 Abs. 7 lit. a WRRL) eine Zulässigkeitsvoraussetzung erkennen – dann aber muss § 31 Abs. 2 Nr. 4 WHG freilich entsprechend gemeinschaftsrechtskonform interpretiert werden.

454 *Friesecke,* BWaStrG, § 12 Rn. 32.

455 Dazu *Friesecke,* BWaStrG, § 8 Rn. 14.

456 Vgl. BT-Drs. 15/5121, S. 3; zur Abwägungsrelevanz des Hochwasserschutzes im Rahmen der Fachplanung auch *Stüer,* NuR 2004, 415 (419).

feststellungsbeschlusses abgeschlossen (§ 74 Abs. 1 S. 1 VwVfG). Darin entscheidet die Planfeststellungsbehörde über die Einwendungen, hinsichtlich derer bei der Erörterung keine Einigung erzielt worden ist (§ 74 Abs. 2 S. 1 VwVfG). Besondere Relevanz eignet § 74 Abs. 2 S. 2 VwVfG; danach hat die Behörde dem Vorhabenträger Vorkehrungen oder die Errichtung und Unterhaltung von Anlagen aufzuerlegen, die zum Wohl der Allgemeinheit oder zur Vermeidung nachteiliger Wirkungen auf Rechte anderer erforderlich sind (Schutzmaßnahmen)[457]. Diese Pflicht wird ergänzt durch § 14b Nr. 6 WaStrG, wonach dem Vorhabenträger derartige Schutzmaßnahmen auch dann auferlegt werden können, wenn erhebliche Nachteile dadurch zu erwarten sind, dass der Wasserstand verändert wird oder eine Gewässerbenutzung, die auf einer Erlaubnis oder anderen Befugnis beruht, beeinträchtigt wird. § 74 Abs. 2 S. 3 VwVfG regelt die Entschädigungspflicht im den Fällen, in denen besagte Schutzmaßnahmen untunlich oder mit dem Vorhaben unvereinbar sind. Eine entsprechende Regelung ist indes nicht Teil des Planfeststellungsbeschlusses, sondern bleibt nach § 14b Nr. 7 WaStrG dem nachfolgenden Entschädigungsverfahren vorbehalten.

§ 14b Nr. 11 WaStrG sind schließlich (weitere) materielle Versagungsgründe zu entnehmen, die der Planfeststellung zwingend entgegenstehen. So ist der auf die Hafenerrichtung bzw. -erweiterung gerichtete Ausbau einer Bundeswasserstraße unzulässig, wenn eine Beeinträchtigung des Wohls der Allgemeinheit zu erwarten ist, die nicht durch Auflagen verhütet oder ausgeglichen werden kann. Gleiches gilt, wenn nachteilige Wirkungen auf das Recht eines anderen oder der in Nr. 6 bezeichneten Art (Wasserstandsveränderungen, Beeinträchtigungen von befugnisgestützten Gewässerbenutzungen) zu erwarten sind, die nicht durch Auflagen verhütet oder ausgeglichen werden können, der Berechtigte fristgemäß Einwendungen erhoben hat und der Ausbau nicht dem Wohl der Allgemeinheit dient.

D. Raumordnerische Steuerung des Hafen(aus)baus

Der auf der Ebene der Vorhabenzulassung angesiedelten Planfeststellung hier interessierender Hafen(aus)bauvorhaben können Entscheidungen gesamtplanerischer Art, namentlich solche der Raumordnung und Landesplanung, vorausgehen. Ihnen kommt insoweit Bedeutung zu, als sie Festlegungen zum Standort des Vorhabens mit Bindungswirkung für die nachfolgende Planfeststellung treffen können.[458] Der Ausfall vorgelagerter fachplanerischer Steuerungsinstrumente für die Entwicklung des Binnenhafennetzes zieht den zunehmenden Einsatz der räumlichen Gesamtplanung und hier insbesondere der Raumordnungsplanung nach sich.[459] Das *BVerwG* hat sich in seiner wegweisenden Entscheidung zum Ausbau des Flughafens Berlin-Schönefeld[460] zu der als Leitsatz formulierten Aussage verstanden, die Wahl des Standorts für einen internationalen Ver-

457 Zu solchen immissionsschutzrechtlicher Art s. bereits C.II..4.a)aa)(3) sowie bb)(2), (3).

458 Freilich gilt umgekehrt, dass die Planfeststellung an fehlender Zielkonformität scheitern muss, wenn Raumordnungsziele andersartige Ausweisungen für den fraglichen Bereich treffen, die mit der Anlage oder Erweiterung eines Hafens unverträglich sind, etwa betreffend den Freiraumschutz oder Siedlungsentwicklungen, vgl. *Erbguth*, NVwZ 2003, 144 (147 f.).

459 Zur vergleichbaren Situation der Flughafennetz- und -bedarfsplanung *Kupfer/ Wurster,* DV 2007, 239 (244).

460 *BVerwG,* Urt. v. 16.03.2006, Az. 4 A 1075.04 (Flughafen Berlin-Schönefeld), BVerwGE 125, 116.

kehrsflughafen sei vorrangig eine raumordnerische Entscheidung. Angesichts der vielfältigen räumlichen Auswirkungen und Konflikte, die im Gefolge der Errichtung oder Erweiterung eines Binnenhafens bestimmter Größenordnung eintreten können, lässt sich das auf den hier interessierenden Kontext durchaus übertragen – und lassen sich deshalb wichtige Aussagen des *BVerwG* zu landesplanerischen Standortvorgaben und deren Bindungswirkung für die Planfeststellung von hafenbezogenen Ausbauvorhaben fruchtbar machen.

Im Näheren geht es um die Frage, inwieweit die Raumordnung standortbezogene Ausweisungen für die Errichtung bzw. Erweiterung von Binnenhäfen treffen und damit die Planfeststellungsbehörde binden kann. Bei der Bestimmung des Verhältnisses von Raumordnung und Fachplanung kommt es entscheidend auf die Abgrenzung ihrer jeweiligen Kompetenzen an.[461]

I. Standortvorgaben als Ziele der Raumordnung

Der Raumordnung kommt die Aufgabe der überfachlichen und überörtlichen, zusammenfassenden Gesamtplanung, und damit der gesetzliche Auftrag der Entwicklung, Ordnung und Sicherung des Raumes zu (§ 1 Abs. 1 S. 1 ROG[462])[463]. Dieser Auftrag zielt auf den Ausgleich konkurrierender Ansprüche an die Raumnutzung.[464] Hierbei kann vornehmlich die Landesplanung im Rahmen der ihr eigenen Kompetenz Ziele und Grundsätze der Raumordnung aufstellen. Dieser Kompetenz unterfallen, wie § 8 Abs. 5 Nr. 3 ROG zu entnehmen ist, neben anderem Festlegungen zu den zu sichernden Standorten (und Trassen) für Infrastruktur; hierunter fasst das Gesetz ausdrücklich die Verkehrsinfrastruktur und „Umschlaganlagen von Gütern" (lit. a).

Das *BVerwG* weist indes zu Recht darauf hin, dass auch zielförmige Standortausweisungen der Landesentwicklungs- oder Regionalplanung hinsichtlich des Umfangs ihrer rechtlichen Bindungskraft und ihrer Detailschärfe den Aufgaben und Leitvorstellungen einer nachhaltigen Raumentwicklung verpflichtet bleiben.[465] Sie enthielten für sich betrachtet und ohne die Anordnung weitergehender Wirkungen in fachgesetzlichen Raumordnungsklauseln keine den Inhalt und die Schranken des Eigentums unmittelbar bestimmenden Regelungen der Bodennutzung.[466] Damit hätten sich Standortfestlegungen landesentwicklungs- oder regionalplanerischer Art auf die Aussage zu beschränken, dass der ausgewählte Standort aus raumordnerischer Sicht geeignet und – nach einem raumordnerischen Alternativenvergleich – vorzugswürdig ist, um konkurrierende Raumnut-

---

461 Zum Nachfolgenden s. auch *Steinberg,* DVBl. 2010, 137; *Kment,* NuR 2010, 392.

462 Raumordnungsgesetz i.d.F. des Gesetzes zur Neufassung des Raumordnungsgesetzes und zur Änderung anderer Vorschriften (GeROG) v. 22.12.2008, BGBl. I S. 2986.

463 Das Landesplanungsgesetz NRW (LPlG) ist kürzlich novelliert und an das neugefasste ROG angepasst worden, vgl. Gesetz zur Änderung des Landesplanungsgesetzes NRW (LPIG) und weiterer Vorschriften v. 16.03.2010, GV.NRW. 2010, S. 211.

464 *BVerwG,* Urt. v. 16.03.2006, Az. 4 A 1075.04 (Flughafen Berlin-Schönefeld), BVerwGE 125, 116 (134 Rn. 64).

465 *BVerwG,* Urt. v. 16.03.2006, Az. 4 A 1075.04 (Flughafen Berlin-Schönefeld), BVerwGE 125, 116 (135 Rn. 65); dazu bereits *Erbguth,* NVwZ 2003, 144, 147.

466 *BVerwG,* Urt. v. 16.03.2006, Az. 4 A 1075.04 (Flughafen Berlin-Schönefeld), BVerwGE 125, 116 (135 Rn. 65).

zungen in einen dauerhaften, großräumig ausgewogenen Ausgleich zu bringen.[467] Private Belange seien, soweit sie auf dieser Planungsebene erkennbar und von Bedeutung sind, in der Abwägung zu berücksichtigen (§ 7 Abs. 2 S. 1 ROG).[468]

II. Bindungswirkung zielförmiger Standortvorgaben für die Fachplanung

Die Bindungswirkung zielförmiger Standortvorgaben in Raumordnungsplänen ergibt sich für die hier interessierende Planfeststellung nach § 14 WaStrG[469] aus §§ 4, 5 ROG. Nach § 4 Abs. 1 S. 1 Nr. 2 ROG sind Ziele der Raumordnung bei Entscheidungen öffentlicher Stellen über die Zulässigkeit raumbedeutsamer Planungen und Maßnahmen anderer öffentlicher Stellen zu beachten; nach Nr. 3 der Vorschrift gilt das Gleiche bei Entscheidungen öffentlicher Stellen über die Zulässigkeit raumbedeutsamer Planungen und Maßnahmen von Personen des Privatrechts, die der Planfeststellung oder der Genehmigung mit der Rechtswirkung der Planfeststellung bedürfen.

Bei dem Ausbau einer Bundeswasserstraße zu Zwecken der Hafenerrichtung bzw. -erweiterung handelt es sich um eine raumbedeutsame Maßnahme i.S. der Vorschrift, verstanden als eine solche, durch die Raum in Anspruch genommen und die räumliche Entwicklung und Funktion eines Gebietes beeinflusst wird, einschließlich des Einsatzes der hierfür vorgesehenen öffentlichen Finanzmittel (§ 3 Abs. 1 Nr. 6 ROG). Die Raumbeeinflussung resultiert aus den von Binnenhäfen ausgehenden Einkommens- und Arbeitsmarkteffekten, den Verkehrs-, Versorgungs-, Umweltauswirkungen sowie siedlungsstrukturellen Konsequenzen. Daneben dürfte es regelmäßig zu einer Wirkung auf die Raumfunktionen, etwa mit Blick auf die Umweltsituation kommen.[470]

Bei der Planfeststellung nach § 14 WaStrG ist im (gesetzlichen) Regelfall der Bund, vertreten durch das Wasser- und Schifffahrtsamt, Träger des Ausbauvorhabens, über das die Wasser- und Schifffahrtsdirektion als Planfeststellungsbehörde nach § 14 Abs. 1 S. 3 WaStrG zu entscheiden hat.[471] Die Zielbindung ergibt sich in diesem Fall aus § 4 Abs. 1 S. 1 Nr. 2 ROG.

§ 12 Abs. 5 WaStrG gestattet indes, den Ausbau der Wasserstraße im Einzelfall Dritten zur Ausführung zu übertragen und stellt zugleich klar, dass dabei hoheitliche Befugnisse des Bundes nicht übergehen. In diesen Fällen ist der Dritte Träger des Vorhabens. Als solcher kommt entweder eine juristische Person des öffentlichen Rechts, etwa das Land, in Betracht[472]; dann richtet sich die Bindungswirkung der zielförmigen landesplanerischen Aussagen ebenfalls nach § 4 Abs. 1 S. 1 Nr. 2 ROG. Zulässig ist auch die Übertragung der Ausbaumaßnahme auf eine Person des Privatrechts. Regelmäßig wird es sich im hier interessierenden Kontext um einen Fall der formalen Privatisierung, d.h. um

---

467 *BVerwG,* Urt. v. 16.03.2006, Az. 4 A 1075.04 (Flughafen Berlin-Schönefeld), BVerwGE 125, 116 (135 Rn. 65); bereits *Erbguth,* NVwZ 1992, 209 (217 f.).

468 *BVerwG,* Urt. v. 16.03.2006, Az. 4 A 1075.04 (Flughafen Berlin-Schönefeld), BVerwGE 125, 116 (135 Rn. 65).

469 Für Planfeststellungen auf der Grundlage des § 68 Abs. 1 WHG gilt nichts anderes.

470 So bereits – am Bsp. der Flughafenplanung – *Erbguth,* NVwZ 2003, 144 (145).

471 *Friesecke,* BWaStrG, § 14a Rn. 10.

472 So ist z.B. die Ausbaumaßnahme zur Errichtung des Jade-Weser-Port gem. § 12 Abs. 5 WaStrG auf das Land Niedersachsen übertragen worden, s. *OVG Lüneburg,* Beschl. v. 05.03.2008, Az. 7 MS 114/07 (Jade-Weser-Port), NuR 2008, 265 (268).

eine Übertragung auf eine privatrechtliche Gesellschaft unter Mehrheitsbeteiligung der öffentlichen Hand handeln.[473] Für raumbedeutsame Maßnahmen, die Personen des Privatrechts, an denen öffentliche Stellen mehrheitlich beteiligt sind, in Wahrnehmung öffentlicher Interessen durchführen, verweist § 4 Abs. 1 S. 2 ROG auf die Beachtenspflichten nach § 4 Abs. 1 S. 1 Nr. 1 u. 2 ROG; Letztere greifen auch dann, wenn die Maßnahme überwiegend mit öffentlichen Mitteln finanziert wird.[474]

Zu beachten sind ferner die Einschränkungen hinsichtlich der Bindungswirkung von Raumordnungszielen bei raumbedeutsamen Planungen und Maßnahmen von öffentlichen Stellen des Bundes, von anderen öffentlichen Stellen, die im Auftrag des Bundes tätig sind sowie von Personen des Privatrechts nach § 4 Abs. 1 S. 2 ROG, die für den Bund öffentliche Aufgaben durchführen. Nach § 5 Abs. 1 ROG gilt in diesen Konstellationen die Bindungswirkung nur, wenn die zuständige Stelle oder Person bei der Aufstellung des Raumordnungsplans nach § 10 ROG beteiligt worden ist und sie innerhalb einer Frist von zwei Monaten nach Mitteilung des rechtsverbindlichen Ziels der Raumordnung nicht widersprochen hat. Im Falle eines Widerspruchs kommt es zu keiner Zielbindung gegenüber der widersprechenden Stelle oder Person, wenn das ihre Belange berührende Ziel Ergebnis einer fehlerhaften Abwägung ist oder sie ihre raumbedeutsame Maßnahme nicht auf anderen geeigneten Flächen durchführen kann als auf denen, für die ein entgegenstehendes Ziel im Raumordnungsplan festgelegt wurde (§ 5 Abs. 2 ROG). Überdies sieht § 5 Abs. 3 ROG für den Fall einer erforderlichen Zielabweichung infolge veränderter Sachlage ein nachträgliches Widerspruchsrecht vor.

Vorausgesetzt, es finden sich (künftig) in Raumordnungsplänen zielförmige Vorgaben hinsichtlich des Standortes eines neu zu errichtenden bzw. in Bezug auf die Erweiterung eines bereits bestehenden Binnenhafens, so hat sich die Planfeststellungsbehörde der Reichweite der Bindungswirkung derartiger Aussagen zu vergewissern, wie sie das *BVerwG* vor dem Hintergrund der vorstehenden Normen umrissen hat. Das Gericht will das Verhältnis von Raumordnung und Fachplanung deutlich von der gesetzlichen Konzeption eines vertikalen Über- und Unterordnungsverhältnisses, welche den funktionalen Zusammenhang von Raumordnung und kommunaler Bauleitplanung kennzeichnet, unterschieden wissen. Ebenso wenig wie das Luftverkehrsrecht, auf das sich die Aussagen des *BVerwG* beziehen, kennt das Wasserverkehrsrecht eine dem § 1 Abs. 4 BauGB vergleichbare Unterordnung der Fachplanung unter raumordnungsrechtliche Zielvorgaben i.S. einer vertikalen Planungshierarchie. Das Gericht spricht stattdessen von einer arbeitsteiligen Aufgabenstruktur mehrerer Planungsträger, deren aufgabenspezifische Kompetenzen und Gestaltungsspielräume durch rechtliche Bindungen, Abstimmungsgebote und Beteiligungsverfahren miteinander verschränkt sind.[475]

Als normativen Dreh- und Angelpunkt für die Rechtswirkungen zielförmiger Standortausweisungen der Landesplanung gegenüber der Planfeststellung benennt das *BVerwG* die Entscheidung des Bundesgesetzgebers, nur solchen raumordnerischen Planaussagen

473 S. *Runkel*, ROG, § 4 Rn. 204.

474 Keine Anwendung findet indes im vorliegenden Zusammenhang die Zielbindung nach § 4 Abs. 1 S. 1 Nr. 3 ROG, die auf privatnützige Planfeststellungen zugeschnitten ist, vgl. *Runkel*, ROG, § 4 Rn. 149; *Goppel*, in: Spannowsky/ Runkel/ Goppel, ROG, § 4 Rn. 49.

475 *BVerwG*, Urt. v. 16.3.2006, Az. 4 A 1075.04 (Flughafen Berlin-Schönefeld), BVerwGE 125, 116 (136 Rn. 69).

„verbindliche" Kraft beizulegen, welche „abschließend abgewogene" Festlegungen zur Entwicklung, Ordnung und Sicherung des Raums enthalten (§ 3 Abs. 1 Nr. 2 ROG). Aus dem Regelungsgefüge raumordnungsrechtlich angeordneter Bindungswirkungen und dem fachplanungsrechtlichen Abwägungsgebot leitet das Gericht wichtige Erkenntnisse ab, die sich, übertragen auf die hier zur Betrachtung anstehende(n) Konstellation(en), wie folgt zusammenfassen lassen:

Hat die Landesplanung im Rahmen ihrer Kompetenzen und unter Wahrung der sonstigen formell- und materiell-rechtlichen Vorgaben eine zielförmige Aussage zum Standort eines neuen bzw. zur Erweiterung eines bestehenden Binnenhafens getroffen und beantragt der Vorhabenträger die Zulassung, so ist es weder Aufgabe der Planfeststellungsbehörde noch ist sie dazu befugt, die vorangegangene raumordnerische Abwägung durch eine eigene ergebnisoffene Abwägung der nach ihrer Auffassung maßgeblichen Standortanforderungen zu ersetzen, zu bestätigen oder zu korrigieren. Die Planfeststellungsbehörde hat das Ergebnis des landesplanerischen Standortvergleichs als solches hinzunehmen. Dies folgt nach Auffassung des *BVerwG* aus der Kompetenzabgrenzung beider Planungsformen; die Standortwahl habe weiträumige Auswirkungen auf die Siedlungs- und Freiraumstruktur des Planungsraums und schaffe Nutzungskonflikte, die in der Regel bereits auf der übergeordneten Ebene der Landesplanung ein öffentliches Planungsbedürfnis auslösten. Habe ein Träger der Landesplanung seine Planungsbefugnisse i.d.S. wahrgenommen, wäre eine erneute ergebnisoffene Standortalternativenprüfung des Fachplanungsträgers mit dem gesamträumlichen Gestaltungsanspruch der Landesplanung nicht vereinbar.[476] Für eine fachplanerische Abwägung von Standortalternativen bleibt nach Ansicht des *BVerwG* nur Raum, wenn und soweit der Träger der Landesplanung Zurückhaltung übt, etwa unter Verzicht auf eine gebietsscharfe zielförmige Standortvorgabe einen Teilraum festlegt, in dessen Grenzen verschiedene Standorte für das Vorhaben in Betracht kommen.[477]

Von Bedeutung ist ferner, dass die Planfeststellungsbehörde keine positive Rechtspflicht trifft, das Vorhaben an dem von der Landesplanung zielförmig festgelegten Standort zuzulassen.[478] Eine entsprechende Realisierungspflicht ist gesetzlich nicht vorgesehen; darüber hinaus sind im Rahmen der wasserwegerechtlichen Abwägungsentscheidung nach § 14 Abs. 1 S. 2 WaStrG Belange zu berücksichtigen, die auf der Ebene der Landesplanung in dieser Ausprägung und Detailschärfe (noch) nicht erkennbar oder nicht von Bedeutung gewesen sind. Das trifft etwa für die schädlichen Immissionen des Vorhabens zu, die sich in der Regel erst abschließend ermitteln und bewerten lassen, wenn es im Planfeststellungsantrag des Vorhabenträgers konkretisiert worden ist.[479] Die Planfeststellungsbehörde kann im Rahmen ihrer Abwägung zu dem Schluss kommen, dass der Verwirklichung des Vorhabens am landesplanerisch ausgewiesenen Standort unüberwindbare Hindernisse oder überwiegende öffentliche und/oder private Interessen

---

476 *BVerwG,* Urt. v. 16.03.2006, Az. 4 A 1075.04 (Flughafen Berlin-Schönefeld), BVerwGE 125, 116 (137 Rn. 72).

477 *BVerwG,* Urt. v. 16.03.2006, Az. 4 A 1075.04 (Flughafen Berlin-Schönefeld), BVerwGE 125, 116 (138 Rn. 73).

478 *BVerwG,* Urt. v. 16.03.2006, Az. 4 A 1075.04 (Flughafen Berlin-Schönefeld), BVerwGE 125, 116 (139 Rn. 76); so bereits *Steinberg/ Steinwachs,* NVwZ 2004, 530 (535).

479 *BVerwG,* Urt. v. 16.03.2006, Az. 4 A 1075.04 (Flughafen Berlin-Schönefeld), BVerwGE 125, 116 (140 Rn. 77).

entgegenstehen – dann hat sie den Antrag abzulehnen, ohne damit in die raumordnerische Abwägung einzugreifen oder ihre Beachtenspflicht aus § 4 Abs. 1 ROG zu verletzen.[480]

III. Durchführung eines Raumordnungsverfahrens

Neben raumordnerischen Einwirkungen durch zielförmige Standortfestlegungen kommt dem Raumordnungsverfahren in der Praxis wesentliche Bedeutung bei der Infrastrukturplanung zu, und zwar regelmäßig im Vorfeld der Planfeststellung. Nach § 15 Abs. 1 S. 1 ROG prüft die für Raumordnung zuständige Landesbehörde in einem besonderen Verfahren die Raumverträglichkeit raumbedeutsamer Planungen und Maßnahmen i.S. von § 1 ROV. Hierbei sind die raumbedeutsamen Auswirkungen der Planung oder Maßnahme unter überörtlichen Gesichtspunkten zu untersuchen. Gegenstände des Verfahrens sind nach § 15 Abs. 1 S. 2 Hs. 2 ROG insbesondere die Übereinstimmung mit den Erfordernissen der Raumordnung und die Abstimmung mit anderen raumbedeutsamen Planungen und Maßnahmen. Dem Anwendungsbereich der ROV unterfallen nach deren § 1 Nr. 7 insbesondere die Herstellung und wesentliche Umgestaltung von Häfen ab einer Größe von 100 ha und nach Nr. 11 zudem der Ausbau einer Bundeswasserstraße, welcher einer Bestimmung der Planung und Linienführung nach § 13 WaStrG bedarf. Das Verfahrensergebnis stellt nach § 3 Abs. 1 Nr. 4 ROG ein sonstiges Erfordernis der Raumordnung dar, welches in der fachplanerischen Abwägung zu berücksichtigen ist (§ 4 Abs. 1 S. 1 ROG).

IV. Exkurs: Länderübergreifende Standortkonzepte für Häfen nach § 17 Abs. 2 ROG

Nach § 17 Abs. 2 S. 1 ROG kann das BMVBS Raumordnungspläne für das Bundesgebiet mit Festlegungen zu länderübergreifenden Standortkonzepten für See- und Binnenhäfen als Grundlage für ihre verkehrliche Anbindung im Rahmen der Bundesverkehrswegeplanung als Rechtsverordnung aufstellen, soweit dies für die räumliche Entwicklung und Ordnung des Bundesgebietes unter nationalen oder europäischen Gesichtspunkten erforderlich ist. Die Bedeutung derartiger Raumordnungspläne ist angesichts des Umstandes, dass ihr einziger Adressat die Bundesverkehrswegeplanung ist, gering.[481] Die Zuständigkeit der Länder für die Planung von Hafenstandorten wird durch sie nicht berührt.[482]

---

480 *BVerwG,* Urt. v. 16.03.2006, Az. 4 A 1075.04 (Flughafen Berlin-Schönefeld), BVerwGE 125, 116 (140 Rn. 78); zustimmend *Hendler,* LKRZ 2007, 1 (6).

481 Im Schrifttum wird gar die Existenzberechtigung der Vorschrift in Zweifel gezogen, s. *Durner,* NuR 2009, 373 (377); s. auch die deutlich krit. Stellungnahme des B-Rates im Gesetzgebungsverfahren, BT-Drs. 16/10292, S. 36.

482 So ausdrücklich die Begründung zum Gesetzentwurf, BT-Drs. 16/10292, S. 28; zur Bindungswirkung auch *Runkel,* in: Spannowsky/ Runkel/ Goppel, ROG, § 17 Rn. 33 f.

E. Beiträge der Bauleitplanung zur Errichtung bzw. Erweiterung eines Binnenhafens

Im Folgenden soll erörtert werden, inwieweit die kommunale Bauleitplanung Einfluss auf die Errichtung bzw. Erweiterung eines Binnenhafens nehmen kann. Es geht dabei an dieser Stelle nicht um städtebauliche Aktivitäten, die mit dem Hafenbau in Konflikt geraten können[483], sondern um solche begleitender bzw. flächensichernder Art, m.a.W. um Flächenausweisungen zugunsten des Hafen(aus)baus. Insoweit ist zunächst das Verhältnis von (wasserstraßenrechtlicher) Fachplanung und kommunaler Bauleitplanung zu skizzieren (dazu I.), um sodann Möglichkeiten bauleitplanerischer Ausweisungen für Hafenzwecke darzustellen (dazu II.).

I. Verhältnis bauleitplanerischer Ausweisungen zur Planfeststellung nach § 14 Abs. 1 WaStrG

Die Verwaltung der Bundeswasserstraßen als Verkehrswege, zu welcher der Ausbau i.S. von § 12 Abs. 1 WaStrG zählt, ist kraft Art. 89 Abs. 2 S. 1 GG dem Bund zugewiesen. Diese verfassungsrechtliche Kompetenzlage schließt es aus, die Zulässigkeit entsprechender Maßnahmen, die zur Errichtung bzw. Erweiterung eines Binnenhafens erforderlich sind, im Wege der kommunalen Bauleitplanung zu regeln.[484] Das Erfordernis der Planfeststellung entfällt folglich auch dann nicht, wenn die von dem Vorhaben beanspruchten Flächen in einem Bebauungsplan als Verkehrs- bzw. Wasserflächen (§ 9 Abs. 1 Nr. 11 und 16 BauGB) festgesetzt sind.[485] Überdies gibt es – anders als etwa im Fernstraßenrecht[486] – im WaStrG keine Bestimmung, kraft derer Bebauungspläne die Planfeststellung ersetzen können.

Des Weiteren gelten hinsichtlich des Ausbaus einer Bundeswasserstraße die Vorschriften der §§ 29 ff. BauGB über die bauplanungsrechtliche Zulässigkeit nicht. Das folgt aus § 38 S. 1 BauGB, wonach jene Bestimmungen auf Planfeststellungsverfahren für Vorhaben von überörtlicher Bedeutung[487] nicht anzuwenden sind, wenn die Gemeinde beteiligt wird[488]. Nach Satz 2 der Vorschrift sind indessen städtebauliche Belange im Rahmen der Planfeststellung zu berücksichtigen. Das führt zur Abwägungsrelevanz derartiger Belange; als solche sind neben §§ 30 ff. BauGB auch vorhandene Bauleitpläne sowie Planungsabsichten der betroffenen Gemeinde(n) anzusehen.[489]

Das Verhältnis der wasserwegerechtlichen Fachplanung zur Bauleitplanung wird schließlich durch § 7 BauGB wesentlich (mit)bestimmt. § 38 S. 2 BauGB stellt insoweit klar, dass § 38 S. 1 BauGB nur zur Anwendung gelangt, soweit der Fachplanungsträger

---

483 Dazu in Teil 2.

484 Vgl. *Durner*, Konflikte räumlicher Planungen, S. 233.

485 *Friesecke*, BWaStrG, § 14 Rn. 10.

486 S. § 17b Abs. 2 S. 1 FStrG.

487 Dazu bereits unter C.II.

488 Nach der Rspr. des *BVerwG* sind Gemeinden nicht im Rahmen der Behördenbeteiligung nach § 73 Abs. 2 VwVfG zu beteiligen, sondern müssen als in ihrer Planungshoheit Betroffene Einwendungen im Rahmen der Anhörung nach Art. 73 Abs. 4 VwVfG erheben, vgl. *BVerwG*, Urt. v. 17.03.2005, Az. 4 A 18/04, BVerwGE 123, 152 (154); a.A. *Friesecke*, BWaStrG, § 14 Rn. 10.

489 *Runkel*, in: Ernst/ Zinkahn/ Bielenberg/ Krautzberger, BauGB, § 38 Rn. 85 ff.; dazu auch *Erbguth*, Öffentliches Baurecht, § 3 Rn. 12; näher zum Ganzen Teil 2 A.I.2.

nicht Bindungen an den Flächennutzungsplan nach § 7 S. 1 BauGB unterliegt. Nach dieser Bestimmung haben öffentliche Planungsträger, die im Verfahren zur Aufstellung des Flächennutzungsplans (nach § 4 oder § 13 BauGB) beteiligt worden sind, ihre Planungen dem Flächennutzungsplan insoweit anzupassen, als sie diesem nicht widersprochen haben. Allerdings gestattet das Gesetz einen nachträglichen Widerspruch bei veränderter Sachlage (§ 7 S. 3–6 BauGB).[490]

II. Mögliche Ausweisungen in Bauleitplänen

1. Darstellungen im Flächennutzungsplan

Nach § 5 Abs. 2 Nr. 7 BauGB können im Flächennutzungsplan u.a. Wasserflächen und Häfen dargestellt werden. Unter erstere fallen auch die Verkehrsflächen zu Wasser, namentlich natürliche und künstliche Wasserstraßen, die damit nicht zu den Verkehrsflächen i.S. des § 5 Abs. 2 Nr. 3 BauGB zählen.[491] Auch wenn Hafenerrichtungs- bzw. -erweiterungsvorhaben nach dem Vorstehenden der gemeindlichen Bauleitplanung entzogen sind, hindert dies die Gemeinde nicht daran, entsprechende Ausweisungen als eigene Darstellungen in ihren Flächennutzungsplan aufzunehmen[492]; sie kommen zur Vorbereitung bzw. Sicherung der zu erwartenden Fachplanung und Abstimmung des Vorhabens mit sonstigen städtebaulichen Belangen in Betracht.[493] Freilich kann die Gemeinde entsprechende Fachplanungen auch lediglich nachrichtlich in den Flächennutzungsplan übernehmen (§ 5 Abs. 4 BauGB).

Des Weiteren eröffnet § 5 Abs. 2 Nr. 1 BauGB u.a. die Darstellung der für die Bebauung vorgesehenen Flächen nach der besonderen Art ihrer baulichen Nutzung (Baugebiete). Hieran anknüpfend sieht § 1 Abs. 2 Nr. 10 BauNVO die Darstellung von sonstigen Sondergebieten (SO) vor, die sich von den Baugebieten nach §§ 2 bis 10 BauNVO wesentlich unterscheiden (§ 11 Abs. 1 BauNVO). Als solche kommen nach § 11 Ab. 2 S. 2 BauNVO ausdrücklich Hafengebiete in Betracht. Für ein derartiges Gebiet hat die Gemeinde dessen Zweckbestimmung und die Art der Nutzung darzustellen (§ 11 Abs. 2 S. 1 BauNVO).

2. Festsetzungen in Bebauungsplänen

In Bebauungsplänen können nach § 9 Abs. 1 Nr. 16 BauGB Wasserflächen festgesetzt werden, ferner nach § 9 Abs. 1 Nr. 1 BauGB i.V.m. §§ 1 Abs. 2 Nr. 10, 11 Abs. 2 BauNVO Hafengebiete als Sondergebiete. Auch für die Ebene der Bebauungsplanung gilt, dass die Gemeinde fachplanungskonforme eigene Ausweisungen treffen darf, um die planbetroffenen Flächen durch Freihaltung von Bebauung zu sichern[494] und das planfeststellungsbedürftige bzw. bereits planfestgestellte Hafen(erweiterungs)vorhaben in die städtebauliche Entwicklung und Ordnung einzupassen bzw. „städtebaulich zu ergän-

490 Näher dazu in Teil 2 unter A.I.1.

491 *Söfker,* in: Ernst/ Zinkahn/ Bielenberg/ Krautzberger, BauGB, § 5 Rn. 48 ff.

492 *Reidt,* in: Gelzer/ Bracher/ Reidt, Bauplanungsrecht, Rn. 152; *Söfker,* wie vor, Rn. 30 für Verkehrsanlagen nach § 5 Abs. 2 Nr. 3 BauGB.

493 I.d.S. *Löhr,* in: Battis/ Krautzberger/ Löhr, BauGB, § 5 Rn. 27.

494 So für die bauleitplanerische Ausweisung von Schienenwegen nach § 9 Abs. 1 Nr. 11 BauGB *VGH Mannheim,* Urt. v. 15.12.2003, Az. 9 N 639/02, juris, Rn. 58 unter Verweis auf *Löhr,* in: Battis/ Krautzberger/ Löhr, BauGB, § 9 Rn. 44.

zen".[495] Besteht ein städtebauliches Erfordernis für die Aufstellung eines Bebauungsplans (§ 1 Abs. 3 S. 1 BauGB), ist die Gemeinde im Rahmen ihrer Aufgabenerfüllung nach § 1 BauGB insbesondere nicht gehindert, durch geeignete Festsetzungen einer künftigen Fachplanung Rechnung zu tragen.[496] Damit erfüllt die Gemeinde eigene Aufgaben, wenn ihre Planung auch mittelbar durch Sicherung der Flächen dem Fachplanungsträger zugute kommt. Eine Kompetenzüberschreitung ist darin nicht zu sehen.[497]

495 *Söfker,* in: Ernst/ Zinkahn/ Bielenberg/ Krautzberger, BauGB, § 9 Rn. 134 ff.

496 *VGH Mannheim,* Urt. v. 15.12.2003, Az. 9 N 639/02, juris, Rn. 58.

497 *Söfker,* in: Ernst/ Zinkahn/ Bielenberg/ Krautzberger, BauGB, § 9 Rn. 102; *Durner,* Konflikte räumlicher Planungen, S. 241; *Hofmeister,* Bauleitplanung auf Flächen für privilegierte Vorhaben der Fachplanung, S. 175.

Teil 2: Konflikte zwischen hafenwirtschaftlicher und städtebaulicher Nutzung

Die Planung und Zulassung „hafenfremder" baulicher Anlagen bzw. Nutzungen in und an Häfen, etwa zu Wohn-, Freizeit- oder (nicht hafenaffinen) Gewerbezwecken, unterliegt keineswegs geringfügigen rechtlichen Anforderungen. Das resultiert nicht zuletzt aus dem Umstand, dass infolge städtebaulicher Aktivitäten auf (ehemaligen) Hafenflächen – bzw. in unmittelbarer räumlicher Nähe derselben – zahlreiche, z.T. schwerwiegende Konflikte zwischen dem Interesse an der industriellen Hafennutzung einerseits und dem widerstreitenden Nutzungs- und Schutzinteressen andererseits hervorgerufen werden, zu deren Bewältigung es (auch) rechtlicher Instrumente bedarf. In diesem Teil der Untersuchung soll der öffentlich-rechtliche Rahmen dargestellt werden, innerhalb dessen sich die städtebauliche Umgestaltung resp. -nutzung von Flächen in und an nordrhein-westfälischen Binnenhäfen zu vollziehen hat. Zu betrachten sind dabei auch solche Flächen, die bislang weder hafenwirtschaftlich noch städtebaulich genutzt werden, jedoch als künftige Hafenerweiterungsflächen in Betracht kommen und daher von städtebaulicher Inanspruchnahme freigehalten werden sollen.

Die Darstellung nimmt sich zunächst der grundsätzlichen Frage an, welchen planungsrechtlichen Status Flächen in und an Binnenhäfen innehaben (unter A.). Dabei ist das Spannungsfeld aus kommunaler Bauleitplanung, hafenbezogener Fachplanung sowie übergeordneter und überfachlicher Raumordnung näherer Betrachtung zu unterziehen, um dergestalt die Reichweite (und damit Abgrenzung) der jeweiligen Planungskompetenzen bestimmen zu können. Im Anschluss wendet sich die Untersuchung den im Weiteren zu beachtenden rechtlichen Anforderungen an städtebauliche „hafenfremde" Nutzungen zu (unter B.).

A. Der planungsrechtliche Status von Flächen in und an Binnenhäfen

Dem Grundsätzlichen nach unterfallen Flächen in Binnenhäfen als Teile des jeweiligen Gemeindegebiets der kommunalen Planungshoheit und damit dem Regime des Baugesetzbuchs (BauGB). Einschränkungen der Befugnis, derartige, aber auch benachbarte Flächen städtebaulich zu überplanen, können sich allerdings aufgrund konkurrierender Planungskompetenzen staatlicher Stellen ergeben. Das gilt zum einen mit Blick auf die Fachplanung, zum anderen hinsichtlich der Raumordnung in Gestalt der Landes- und Regionalplanung. In beiderlei Hinsicht stellt die Beurteilung, ob und ggf. inwieweit eine bestimmte Fläche der kommunalen Bauleitplanung offen steht, eine erste und offenkundig entscheidende Hürde zur Umplanung resp. Umnutzung von Hafenarealen dar. Der planungsrechtlichen Status einer bestimmten Fläche bedarf daher sorgfältiger Prüfung, vermag doch eine diesbezügliche Fehleinschätzung der anschließenden Planung – unabhängig von ihrer näheren inhaltlichen Ausgestaltung und Qualität – den Boden zu entziehen.

I. Konflikte zwischen kommunaler Bauleitplanung und hafenbezogener Fachplanung

Nach gegenwärtiger Rechtslage erfordert die Erweiterung eines Hafens, mit der – wie wohl regelmäßig – der Ausbau einer Bundeswasserstraße einhergeht, eine wasserstraßenrechtliche Planfeststellung (§ 14 Abs. 1 S. 1 WaStrG).[498] In deren Rahmen wird über die Zulässigkeit des konkreten Hafenausbauvorhabens abschließend und umfassend unter Einbeziehung sämtlicher davon berührter öffentlicher und privater Belange entschieden (§ 14 Abs. 1 S. 2 WaStrG). Die Entscheidung ergeht in der Form des Planfeststellungsbeschlusses (§ 74 Abs. 1 S. 1 VwVfG), für dessen Erlass nach § 14 Abs. 1 S. 3 WaStrG die Wasserstraßen- und Schifffahrtsdirektion, eine Bundesbehörde, zuständig ist. Im Gegensatz zur vorhabenbezogenen Fachplanung ist die Bauleitplanung grundsätzlich überfachlich ausgerichtet; sie hat auf örtlicher, d.h. kommunaler Ebene alle konfligierenden Interessen, die mit der Nutzung eines bestimmten Raumes verbunden sind, zu einem gerechten Ausgleich zu bringen.

Zwischen der (wasserwegerechtlichen) Fachplanung und der kommunalen Bauleitplanung sind vor diesem Hintergrund Kompetenzkonflikte angelegt, insbesondere, wenn und soweit beide Planungsträger um bestimmte Flächen konkurrieren oder in unmittelbarer Nachbarschaft agieren (wollen). Drohen derartige Kollisionen, so ist auf der Grundlage der Rechtsordnung eine Bereinigung des Planungskonflikts herbeizuführen. Ein absoluter Vorrang der einen Planungsform vor der anderen ist rechtlich nicht vorgesehen; vielmehr sind die verschiedenen auftretenden Konstellationen einer differenzierten Betrachtung zu unterziehen.[499] Unterschieden werden muss zum einen danach, ob die Fachplanung mit der Flächennutzungs- oder (auch) mit der Bebauungsplanung in Widerstreit gerät. Zum anderen ist von Bedeutung, welche Planung den zeitlichen Vorlauf hat oder ob es sich um parallele Planungen handelt. Weiter stellen sich, sofern einmal ein grundsätzlicher Vorrang der einen vor der anderen Planungsform konstatiert ist, Fragen dahingehend, wie weit jenes „Privileg“ in räumlicher, sachlicher und zeitlicher Hinsicht reicht. All dem ist im Folgenden nachzugehen.

1. Kollision von Flächennutzungsplanung und Fachplanung

a) Bestehender Flächennutzungsplan und nachfolgende Fachplanung

Wird eine bestimmte Fläche von Geltungsbereich eines existierenden Flächennutzungsplans erfasst und soll diese Fläche nunmehr im Wege der Fachplanung für die Errichtung oder Erweiterung eines Binnenhafens in Anspruch genommen werden, hält das BauGB für den Konfliktfall in § 7 eine materielle Kollisionsregel bereit: Nach Satz 1 der Vorschrift haben öffentliche Planungsträger, die im Rahmen der Aufstellung des Flächennutzungsplans beteiligt worden sind, ihre Planungen dem Flächennutzungsplan insoweit anzupassen, als sie diesem Plan nicht widersprochen haben. Die Anpassungspflicht trifft im Falle der beabsichtigten wasserstraßenrechtlichen Fachplanung deren

---

498 Handelt es sich um ein Erweiterungsvorhaben, welches keine Bundeswasserstraße betrifft, so ist hingegen eine wasserhaushaltsrechtliche Planfeststellung nach § 68 Abs. 1 WHG erforderlich; auf das Verhältnis zur Bauleitplanung hat die Wahl der fachplanungsrechtlichen Ermächtigungsnorm indes keinen Einfluss; zu Letzterem s. Teil 1 B.I.

499 *Löhr*, in: Battis/ Krautzberger/ Löhr, BauGB, § 38 Rn. 1.

Träger nur, sofern er – wie im gesetzlichen Regelfall nach § 14 WaStrG der Bund[500] – als Träger öffentlicher Belange nach § 4 bzw. § 13 BauGB im Aufstellungsverfahren beteiligt worden ist. Es handelt sich dabei um den Träger des Fachvorhabens; allerdings soll in einem anhängigen Verfahren auch die Planfeststellungsbehörde Planungsträger sein[501]. Die im Fall des unterlassenen Widerspruchs bestehende Anpassungspflicht führt dazu, dass der Träger der Fachplanung den Flächennutzungsplan ebenso zu beachten hat wie die Gemeinde bei der Aufstellung des Bebauungsplans.[502] Vor allem darf sich der Fachplanungsträger nicht in Gegensatz zu Darstellungen des Flächennutzungsplans setzen. Wenn Letzterer für die betreffende(n) Fläche(n) etwa eine Wohnnutzung vorsieht, steht das einem Hafenausbau entgegen, so dass in dieser Konstellation die gemeindliche Flächennutzungsplanung Vorrang vor der hinzukommenden Fachplanung hat. Freilich gilt solches nur, wenn der Flächennutzungsplan wirksam, insbesondere abwägungsfehlerfrei, zustande gekommen ist.[503]

Hat indessen der Fachplanungsträger im bauplanungsrechtlichen Aufstellungsverfahren den Ausweisungen des Flächennutzungsplans widersprochen, entfällt die Anpassungspflicht. Daraus erwächst allerdings kein absoluter Vorrang der Fachplanung; vielmehr trifft deren Träger die Pflicht zur Berücksichtigung der planerischen Belange der Gemeinde in der Abwägung nach § 14 Abs. 1 S. 2 WaStrG. Ob die Fachplanung von den Darstellungen des Flächennutzungsplans abweichen darf, ist also vom Ergebnis der fachplanerischen Abwägung abhängig – und damit vom Gewicht der widerstreitenden Belange. Allerdings dürfte der Fachplanung die bessere Ausgangsposition zukommen, wenn und soweit wichtige überörtliche Gründe des Allgemeinwohls für die Errichtung bzw. Erweiterung eines Binnenhafens die städtebaulichen Belange überwiegen. Hinzu kommt, dass die Aufsichtsbehörde im Genehmigungsverfahren nach § 6 BauGB die sachgerechte Berücksichtigung des Widerspruchs im Rahmen der bauleitplanerischen Abwägung nach § 1 Abs. 7 BauGB bestätigen muss.[504]

Selbst wenn der Fachplanungsträger im Rahmen seiner Beteiligung nicht widersprochen hat, ist er nicht unumstößlich an die Darstellungen des Flächennutzungsplans gebunden. Bei einer Änderung der Sachlage nach dessen Bekanntmachung kann er sich von der Anpassungspflicht lösen, indem er sich mit der Gemeinde ins Benehmen setzt (§ 7 S. 3 BauGB). Ist ein Einvernehmen nicht erreichbar, gestattet § 7 S. 4 BauGB dem Fachplanungsträger, nachträglich dem Flächennutzungsplan zu widersprechen. Voraussetzung hierfür ist allerdings nach Satz 5 der Vorschrift, dass die für die abweichende Fachplanung geltend gemachten Belange die sich aus dem Flächennutzungsplan ergebenden städtebaulichen Belange nicht nur unwesentlich überwiegen.

---

500 *Friesecke,* BWaStrG, § 14a Rn. 10.

501 *Bielenberg/ Runkel,* in: Ernst/ Zinkahn/ Bielenberg/ Krautzberger, BauGB, § 7 Rn. 4; krit. *Hofmeister,* Bauleitplanung auf Flächen für privilegierte Vorhaben der Fachplanung, S. 107.

502 *Löhr,* in: Battis/ Krautzberger/ Löhr, BauGB, § 7 Rn. 3.

503 *Hofmeister,* Bauleitplanung auf Flächen für privilegierte Vorhaben der Fachplanung, S. 108.

504 Vgl. *Löhr,* in: Battis/ Krautzberger/ Löhr, BauGB, § 7 Rn. 13; *Hofmeister,* Bauleitplanung auf Flächen für privilegierte Vorhaben der Fachplanung, S. 109.

b) Parallele Flächennutzungsplanung und Fachplanung

Nicht gesetzlich geregelt ist der Fall einer zeitgleich stattfindenden Flächennutzungs- und Fachplanung. Ein solches Zusammentreffen impliziert das Gebot beiderseitiger Abwägung, wonach u.a. die Belange des jeweils anderen Planungsträgers im Rahmen der eigenen Abwägungsentscheidung zu berücksichtigen sind. Verfahrensrechtlich flankiert wird dieses Erfordernis durch wechselseitig bestehende Beteiligungspflichten.[505]

c) Bestehende Fachplanung und nachfolgende Flächennutzungsplanung

Rechtliche Unsicherheiten ergeben sich bei der Fallgruppe, in der eine Hafenfläche vom Geltungsbereich eines Planfeststellungsbeschlusses nach § 74 Abs. 1 VwVfG erfasst ist und die Gemeinde beabsichtigt, hiermit konfligierende Darstellungen in ihren Flächennutzungsplan aufzunehmen. Zwar sollen u.a. Planungen, die – wie hier – nach anderen gesetzlichen Vorschriften festgesetzt worden sind, nachrichtlich in den Flächennutzungsplan übernommen werden (§ 5 Abs. 4 S. 1 BauGB). Dabei handelt es sich indes um eine verfahrensrechtliche Vorgabe, nicht aber um eine materiell-rechtliche Kollisionsregel.[506]

Eine solche lässt sich indes aus § 38 BauGB herleiten. Zwar betrifft die Norm ihrem Wortlaut nach nur das Verhältnis privilegierter Fachplanung zur bereits vorhandenen Bebauungsplanung und bestimmt insoweit den Vorrang Ersterer. Der Norm ist jedoch nach allgemeiner Auffassung ebenfalls eine Bindung zeitlich nachfolgender Bebauungsplanung an einen bestehenden Planfeststellungsbeschluss zu entnehmen.[507] Dann aber muss erst recht die nachfolgende Flächennutzungsplanung, die nicht nach außen gerichtet und folglich insoweit gegenüber dem Bebauungsplan durchsetzungsschwächer ist, hinter einer vorhandenen Fachplanung zurücktreten.[508] Damit tritt kein Widerspruch zu § 7 BauGB ein, weil die Vorschrift auf abgeschlossene Planfeststellungen nicht anwendbar ist.[509]

2. Kollision von Bebauungsplanung und privilegierter Fachplanung

a) Bestehende Bebauungsplanung und nachfolgende Fachplanung

Die Fallgruppe, in welcher eine dem Geltungsbereich eines Bebauungsplans unterworfene Fläche durch ein Vorhaben der privilegierten Fachplanung in Anspruch genommen werden soll, ist in § 38 BauGB ausdrücklich geregelt. Danach finden §§ 29 ff. BauGB u.a. auf Planfeststellungsverfahren für Vorhaben von überörtlicher Bedeutung keine Anwendung, wenn die Gemeinde beteiligt wird; städtebauliche Belange sind (im Rahmen der Planfeststellung) zu berücksichtigen. Relevanz erlangt diese Vorschrift im hier interessierenden Zusammenhang, wenn eine bisher nicht für Hafenzwecke beanspruchte, indes von einem Bebauungsplan erfasste Fläche für die Errichtung bzw. Erweiterung

---

505 *Hofmeister,* Bauleitplanung auf Flächen für privilegierte Vorhaben der Fachplanung, S. 113.

506 *Hofmeister,* Bauleitplanung auf Flächen für privilegierte Vorhaben der Fachplanung, S. 114.

507 Dazu näher sogleich.

508 *Erbguth,* NVwZ 1989, 608 (610).

509 *Erbguth,* wie vor; dem folgend *Hofmeister,* Bauleitplanung auf Flächen für privilegierte Vorhaben der Fachplanung, S. 114.

eines Hafens herangezogen werden soll, sofern das Vorhaben – wie regelmäßig[510] – ein solches von überörtlicher Bedeutung darstellt. Im Anwendungsbereich des § 38 S. 1 BauGB ist das privilegierte Hafen(aus)bauvorhaben infolge der Freistellung von § 30 BauGB nicht an entgegenstehende Festsetzungen des Bebauungsplans gebunden; Letztere sind (lediglich) als öffentliche Belange des Städtebaus in die fachplanerische Abwägung einzubeziehen und entsprechend ihrem Gewicht zu berücksichtigen. Das *BVerwG* spricht insoweit von „fachplanerisch zu berücksichtigenden Orientierungshilfen"[511]. Die Festsetzungen des Bebauungsplans können, wie stets, nur überwunden werden, wenn die für das Hafen(erweiterungs)vorhaben ins Feld geführten überörtlichen Belange die dagegen sprechenden städtebaulichen Belange überwiegen. Die dergestalt vorgegebene Kollisionsregel des § 38 S. 1 BauGB findet ihre Rechtfertigung darin, dass die Planung der von ihr erfassten Vorhaben regelmäßig einen Koordinierungsbedarf hinsichtlich der Belange anderer Planungsträger mit überörtlichen Zielsetzungen auslöst und damit die planerische Kraft der einzelnen Gemeinde übersteigt.[512]

In Fällen zweistufiger Bauleitplanung ist allerdings infolge der dargelegten Bindung der Fachplanung an den Flächennutzungsplan (§ 7 BauGB)[513] ein Zurückstellen städtebaulicher Belange aufgrund § 38 BauGB ausgeschlossen.[514] Soweit nämlich die Bindungswirkung des Flächennutzungsplans reicht, kann auch ein aus diesem entwickelter Bebauungsplan (§ 8 Abs. 2 S. 1 BauGB) nicht durch die Fachplanung überwunden werden; das ergibt sich aus § 38 S. 2 BauGB.[515]

b) Parallele Bebauungsplanung und Fachplanung

Gesetzlich nicht ausdrücklich geregelt ist der Fall parallel laufender Bebauungs- und Fachplanung. Hier ist wiederum auf die beiderseitige Verpflichtung zu rekurrieren, die Planungsvorstellungen des jeweils anderen Planungsträgers in der Abwägung zu berücksichtigen.[516] Kann im Wege der wechselseitigen Beteilung eine Abstimmung der künftigen Entscheidungsinhalte nicht erreicht werden, ist die Planfeststellungsbehörde aufgrund § 38 BauGB zu einer abwägenden Berücksichtigung gemeindlicher Planungsvorstellungen verpflichtet.[517] Nach der Rechtsprechung des *BVerwG* dürfen entsprechende Absichten der Kommune nicht unnötigerweise verbaut werden, sobald sie hinreichend verfestigt sind.[518] Letzteres wird angenommen, wenn die Gemeinde auslegungsreife Bebauungsplanentwürfe vorlegen kann.[519]

---

510 So auch *Schefold/Specht,* Rechtsprobleme eines Landeshafengesetzes, S. 64 f.

511 *BVerwG,* Urt. v. 04.05.1988, Az. 4 C 22.87, BVerwGE 79, 318 (322).

512 *BVerwG,* Urt. v. 04.05.1988, Az. 4 C 22.87, BVerwGE 79, 318 (329); *Paetow,* UPR 1990, 321 (324).

513 S. oben A.I.1.a).

514 *Hofmeister,* Bauleitplanung auf Flächen für privilegierte Vorhaben der Fachplanung, S. 118.

515 *Battis,* in: Battis/ Krautzberger/ Löhr, BauGB, § 38 Rn. 32.

516 *Erbguth,* NVwZ 1989, 608 (615); *Hofmeister,* Bauleitplanung auf Flächen für privilegierte Vorhaben der Fachplanung, S. 122; anhand der Flächennutzungsplanung bereits vor Fn. 505.

517 So bereits *Erbguth,* NVwZ 1989, 608 (615).

518 *BVerwG,* Urt. v. 21.03.1996, Az. 4 C 26.94, BVerwGE 100, 388 (394).

519 *BVerwG,* wie vor.

c) Bestehende Fachplanung und nachfolgende Bebauungsplanung

Von wohl größter tatsächlicher Relevanz im hier interessierenden Zusammenhang dürfte die Konstellation sein, in der eine (beabsichtigte) Bebauungsplanung auf eine vorhandene privilegierte Fachplanung trifft. Es geht also nunmehr um diejenigen Konfliktfälle, in denen die Gemeinde Hafenflächen (oder unmittelbar an den Hafen angrenzende Gebiete) mittels der Bebauungsplanung z.B. einer künftigen Wohn- oder Freizeitnutzung zuzuführen beabsichtigt. Im Grundsatz besteht darüber Einigkeit, dass es den Gemeinden verwehrt ist, einen Bebauungsplan aufzustellen, dessen Festsetzungen in Widerspruch zur Zweckbestimmung eines privilegierten Vorhabens der Fachplanung i.S. von § 38 S. 1 BauGB stehen. Keine Einigkeit besteht freilich hinsichtlich der Begründung und (damit) der inhaltlichen, räumlichen und zeitlichen Reichweite des insoweit angenommenen Vorrangs der Fachplanung. Als nahezu ungeklärt muss im Übrigen die in der Praxis überaus bedeutsame Frage gelten, ob und ggf. inwieweit in oder an (älteren) Häfen, die nicht förmlich planfestgestellt worden sind, Beschränkungen für die Bebauungsplanung bestehen können, wie es jedenfalls die Rechtsprechung zu „Alt-Bahnanlagen" nahe legt. All dies ist einer näheren Betrachtung zu unterziehen.

aa) Grundsätzliche Geltung des Fachplanungsprivilegs

Der allgemein anerkannte, aus § 38 S. 1 BauGB abgeleitete Vorrang der Fachplanung gegenüber der zeitlich nachfolgenden Bebauungsplanung geht zurück auf eine grundlegende Entscheidung des Bundesverwaltungsgerichts aus dem Jahr 1988 zum Verhältnis von eisenbahnrechtlicher Fachplanung und Bebauungsplanung.[520] Darin führt das Gericht, das über die Zulässigkeit eines SB-Lebensmittelladens auf einem Bahnhof der Deutschen Bundesbahn zu befinden hatte, aus, dass § 38 S. 1 BauGB in seinem Wortlaut das Verhältnis des allgemeinen Bauplanungsrechts zu bestimmten Fachplanungen nur unvollkommen zum Ausdruck bringe. Der Vorbehalt zugunsten derartiger Fachplanungen beschränke vielmehr auch die Gemeinde im Gebrauch ihrer Planungshoheit in Bezug auf vorhandene Anlagen der Fachplanung. Zu Letzteren seien Grundflächen zu zählen, die zur Abwicklung des der Aufgabenstellung einer öffentlichen Eisenbahn entsprechenden Bahnbetriebs benötigt würden, etwa die dem Güterumschlag und Ladeverkehr dienenden Flächen von Bahnhöfen.[521] Zwar sei eine solche Fläche der prinzipiell das gesamte Gemeindegebiet umfassenden gemeindlichen Bauplanungshoheit nicht – nach Art eines exterritorialen Gebietes – völlig entzogen. Sie sei aber planerischen Aussagen der Gemeinde nur insoweit zugänglich, als diese der besonderen Zweckbestimmung der Anlage, dem Betrieb der Bahn zu dienen, nicht widersprechen.[522] Im Falle der inhaltlichen Unvereinbarkeit planerischer Aussagen (auch solcher in einem Flächennutzungsplan) mit der besonderen Zweckbestimmung einer bestehenden Bahnanlage trete die gemeindliche Bauleitplanung hinter die Fachplanung zurück.[523]

Die vorstehenden Ausführungen lassen sich – ebenso wie die nachfolgend darzustellenden Präzisierungen – nach allgemeiner Auffassung auf das Verhältnis der Bauleitpla-

---

520 *BVerwG*, Urt. v. 16.12.1988, Az. 4 C 48.86, BVerwGE 81, 111.

521 *BVerwG*, Urt. v. 16.12.1988, Az. 4 C 48.86, BVerwGE 81, 111 (113 f.).

522 *BVerwG*, Urt. v. 16.12.1988, Az. 4 C 48.86, BVerwGE 81, 111 (115).

523 *BVerwG*, Urt. v. 16.12.1988, Az. 4 C 48.86, BVerwGE 81, 111 (116).

nung zu anderen privilegierten Fachplanungen übertragen.[524] Damit ist zunächst grundsätzlich festzuhalten, dass Festsetzungen in Bebauungsplänen, die für förmlich planfestgestellte Hafenflächen getroffen werden, unzulässig sind, soweit sie sich in Widerspruch zu der fachplanerisch hafengerichteten Zweckbestimmung setzen. Letzteres gilt etwa für Ausweisungen, welche die Zulässigkeit von Wohn- und Freizeitnutzungen auf Flächen begründen, die vom Geltungsbereich des Planfeststellungsbeschlusses erfasst werden.

bb) Räumliche Reichweite des Fachplanungsprivilegs

Zunächst ist zu präzisieren, welche Flächen von der beschriebenen Sperrwirkung der Fachplanung erfasst werden. In erster Linie hängt dies davon ab, ob die betreffenden Grundstücke im räumlichen Geltungsbereich des Planfeststellungsbeschlusses gelegen und damit Gegenstand der fachplanerischen Zweckbestimmung sind.[525] Denn es obliegt dem Planfeststellungsbeschluss zu bestimmen (freilich in den Grenzen der gesetzlichen Vorgaben[526]), welcher räumliche Bereich zur Aufgabenerfüllung im konkreten Einzelfall benötigt wird. Die in Anspruch genommenen Flächen gehören dergestalt zum privilegierten Vorhaben i.S. des jeweiligen Fachplanungsgesetzes, hier also entweder des WaStrG oder des WHG. Liegt ein bestandskräftiger Planfeststellungsbeschluss vor, dem zweifelsfrei die Zugehörigkeit einer Grundfläche zu seinem räumlichen Geltungsbereich zu entnehmen ist, so unterfällt diese Fläche dem Fachplanungsprivileg und ist der kommunalen Bauleitplanung insoweit entzogen, als diese die Zulässigkeit „hafenfremder" baulicher Anlagen bzw. Nutzungen begründet.

Aus dem Planfeststellungsbeschluss kann sich allerdings auch ergeben, dass bestimmte Flächen nicht seiner spezifischen Zweckbestimmung unterworfen sein sollen. So hat das *BVerwG* ausgeführt, der Vorbehalt der Fachplanung nach § 38 BauGB zum Nachteil der gemeindlichen Planungshoheit verliere dann seinen tragfähigen materiellen Sinn, wenn feststehe, dass der sachliche Bereich der wasserrechtlichen Planfeststellung bereits durch ein Planfeststellungsverfahren konkret und abschließend bestimmt worden sei – und dass dabei eine bestimmte Fläche in das fachplanerisch festgestellte Vorhaben nach Abwägung der berührten öffentlichen und privaten Belange nicht einbezogen worden sei.[527]

Schließlich ist klarstellend darauf hinzuweisen, dass die kompetenzrechtliche Einschränkung der kommunalen Planungshoheit nicht nur für Grundflächen mit hafenspezifischer Nutzung, sondern auch für Flächen auf dem Hafengelände gilt, die keine vorhabenspezifische Funktions- bzw. Betriebsbezogenheit aufweisen. Solche Flächen können ebenfalls eine Kompetenzsperre für die Gemeinde, bezogen auf nicht mit dem Fachvorhaben zu vereinbarende Planungen, nach sich ziehen.[528] Es wird sogar vertreten, dass die Schutzwirkung räumlich über das Gebiet des Fachvorhabens hinaus reicht, so dass auch die nähere Umgebung außerhalb des räumlichen Geltungsbereichs im angrenzenden Gebiet eines Planfeststellungsbeschlusses von der Sperrwirkung betroffen sein könne. Sofern die Bauleitplanung in der Umgebung der überörtlichen Fachvorhabenplanung

524 *Runkel*, in: Ernst/ Zinkahn/ Bielenberg/ Krautzberger, BauGB, § 38 Rn. 93.

525 *Runkel*, in: Ernst/ Zinkahn/ Bielenberg/ Krautzberger, BauGB, § 38 Rn. 94.

526 Zu diesen bereits in Teil 1 B.II.

527 Vgl. *BVerwG*, Beschl. v. 10.05.1990, Az. 4 B 22.90, Buchholz 406.11 § 38 BauGB Nr. 8, S. 21, 23.

528 *Hofmeister*, Bauleitplanung auf Flächen für privilegierte Vorhaben der Fachplanung, S. 207 f.

das privilegierte Vorhaben störe, sei auch dieser Bereich von der Sperrwirkung erfasst.[529] Diese Auffassung begegnet allerdings Bedenken. Sie berücksichtigt nicht, dass dem Fachplanungsprivileg die gesetzliche Entscheidung eines Kompetenzkonflikts hinsichtlich bestimmter Flächen zugrunde liegt. Wenn eine Fläche nicht unmittelbar fachplanerisch beansprucht wird, bildet sie keinen Gegenstand solcherart konfligierender Planungskompetenzen; sie steht also dem Zugriff der Bauleitplanung offen. Ob die dann getroffenen Festsetzungen eines Bebauungsplans in konkreto das Fachvorhaben „stören“, ist eine Frage der rechtmäßigen Abwägung, in die insbesondere immissionsschutzrechtliche Belange einzufließen haben, nicht aber eine solche der Planungskompetenz. Es bleibt demnach bei der Maßgeblichkeit des Planfeststellungsbeschlusses und dessen räumlichen Geltungsbereiches.

Damit werden auch solche Flächen außerhalb des Geltungsbereichs der Planfeststellung nicht vom Fachplanungsprivileg erfasst, die für eine künftige Erweiterung des Hafens in Betracht kommen. Eine Flächensicherung gegenüber bauleitplanerischem Zugriff der Gemeinden ist daher nur im Wege und mit den Mitteln der Raumordnung möglich.[530]

cc) Inhaltliche Reichweite des Fachplanungsprivilegs

Der Präzisierung bedarf weiterhin die Reichweite des Fachplanungsvorrangs in sachlicher Hinsicht. Wie bedeutet, führt die kompetenzrechtliche Sperrwirkung auf der Grundlage des § 38 S. 1 BauGB nicht zu einem völligen Ausschluss des Bauplanungsrechts im „planfestgestellten Gebiet“. Die Gemeinde darf – unter Zugrundelegung der o.g. Leitentscheidung des *BVerwG*[531] – planend tätig werden, soweit entsprechende Festsetzungen der fachplanerischen Zweckbestimmung des Vorhabens, dem Betrieb des Hafens zu dienen, nicht widersprechen. Das wirft die Frage auf, *wann* eine Festsetzung jener Zweckbestimmung widerspricht. Selbstredend fällt eine nachrichtliche Übernahme der fachplanerischen Inhalte in den Bebauungsplan ebenso wenig darunter wie eine Festsetzung gleichen Inhalts (etwa: Sondergebiet Hafen) mit konstitutiver Wirkung. Um derartige Ausweisungen geht es freilich im vorliegenden Zusammenhang nicht. In Rede stehen vielmehr positive[532] Festsetzungen zugunsten „hafenfremder“ Nutzungen. Nimmt man das *BVerwG*, das „bahnfremden“ Zwecken dienenden Gebäuden die Zulassungsfähigkeit versagt hat[533], beim Wort, so führt das vorliegend zur generellen Unzulässigkeit der (bebauungs)planerischen Ausweisung von Anlagen und Nutzungen, die nicht dem Hafenbetrieb dienen.

Demgegenüber wird vertreten, eine gemeindliche Planung in Bezug auf bestehende Flächen der Bahn sei zulässig, soweit sie inhaltlich keinen Konflikt mit dem besonderen Charakter der Bahnanlagen auslöse, d.h. deren Zweckbestimmung, uneingeschränkt dem Bahnbetrieb zur Verfügung zu stehen, unangetastet lasse.[534] Diese Aussage lässt Raum für die Auffassung, unter den „bahnfremden“ Vorhaben gebe es solche, die als „bahn-

---

529 *Hofmeister,* Bauleitplanung auf Flächen für privilegierte Vorhaben der Fachplanung, S. 208.

530 Dazu unten A.II.

531 S. Fn. 520.

532 Vorliegend nicht relevant sind demgegenüber Negativausweisungen hinsichtlich der Unzulässigkeit bestimmter Nutzungen.

533 *BVerwG,* Urt. v. 16.12.1988, Az. 4 C 48.86, BVerwGE 81, 111 (119).

534 *Runkel,* in: Ernst/ Zinkahn/ Bielenberg/ Krautzberger, BauGB, § 38 Rn. 96.

verträgliche“ mit der Zweckbestimmung vereinbar und damit Gegenstand kommunaler Bauleitpläne sein können.[535] Entsprechend werden für die Beurteilung der „Bahnverträglichkeit“ verschiedene Abgrenzungskriterien angeboten.[536] Die Ableitbarkeit dieser Folgerungen aus der Judikatur des *BVerwG* erscheint zweifelhaft, zumal das Gericht einen Einzelhandelsbetrieb, der sich als den Bahnbetrieb nicht beeinträchtigend – mithin als „bahnverträglich“ – erweisen dürfte, als unzulässig angesehen hat.[537]

Gleichwohl dürfte sich – in Übereinstimmung mit der Literatur – angesichts von Sinn und Zweck des § 38 BauGB kein generelles Verdikt aus der Vorschrift ableiten lassen. Entscheidend für die Abgrenzung zulässiger von unzulässigen bauleitplanerischen Ausweisungen muss wiederum sein, dass die Kollision der Planungen eine Folge der konkurrierenden Kompetenzzuweisung der Bodennutzungsplanung an die Gemeinde und für privilegierte Fachvorhaben i.S. von § 38 BauGB an die Planfeststellungsbehörde ist.[538] Die Vereinbarkeit der konkurrierenden Bauleitplanung mit dem bestehenden Fachvorhaben ist am Maßstab der fachgesetzlichen Aufgabenzuweisung zu bestimmen: Der Schutz der Fachplanung reicht soweit, wie es die Gewährleistung der Funktionsfähigkeit des Fachvorhabens erfordert; es muss mithin auf die objektive Vereinbarkeit der kommunalen Planung mit der Zweckbestimmung des Vorhabens abgestellt werden. Letztere ist wiederum dem Planfeststellungsbeschluss zu entnehmen.[539] Auf einer Fläche, die – allgemein gesprochen – dem Betrieb des Hafens zu dienen bestimmt ist, sind somit Festsetzungen im Bebauungsplan unzulässig, welche die Funktionsfähigkeit des Hafens, also dessen betriebliche Abläufe, objektiv beeinträchtigen können. Das ist anhand einer fachplanerischen Vereinbarkeitsprüfung im konkreten Einzelfall zu bestimmen.[540] Hierbei hat die Gemeinde keinen Beurteilungsspielraum.[541]

dd) Zeitliche Reichweite des Fachplanungsprivilegs

Von praktischem Interesse ist des Weiteren die Frage, wie lange eine einmal dem Fachplanungsprivileg unterworfene Fläche der kommunalen Bauleitplanung im vorstehend dargelegten Umfang entzogen ist. Auch hierzu hat sich das *BVerwG* im Zusammenhang mit Bahnanlagen geäußert, dahingehend nämlich, dass es der Aufhebung der besonderen bahnrechtlichen Zweckbestimmung bedürfe, um einen Wechsel der Planungshoheit hin zur Gemeinde als Trägerin der Bauleitplanung herbeizuführen. Jener Wechsel müsse wegen der rechtsstaatlich gebotenen Eindeutigkeit öffentlich-sachenrechtlicher Rechtsverhältnisse durch einen hoheitlichen Akt erfolgen, der für jedermann klare Verhältnisse

---

535 So *Metzler*, Privatisierung von Personenbahnhöfen, S. 293 f. für „Altanlagen“; *von Heyl/ Steinfort*, DVBl. 1999, 1311 (1314 ff.); *Schmitz-Valckenberg*, Entwidmung und bahnfremde Nutzung von Bahnanlagen, S. 223, die indes von einem engeren Begriff der Bahnanlage ausgeht.

536 Vgl. die Übersicht bei *Schmitz-Valckenberg*, Entwidmung und bahnfremde Nutzung von Bahnanlagen, S. 210 ff.

537 *BVerwG*, Urt. v. 16.12.1988, Az. 4 C 48.86, BVerwGE 81, 111 (119); ebenso eine Tankstelle, *BVerwG*, Beschl. v. 27.04.1998, Az. 4 B 33/98, ZfBR 1998, 258.

538 *Hofmeister*, Bauleitplanung auf Flächen für privilegierte Vorhaben der Fachplanung, S. 211.

539 *Hofmeister*, wie vor.

540 Vgl. *Erbguth/ Schubert*, Rechtsfragen der Zulassung und planerischen Steuerung schwimmender Häuser, S. 73; *Hofmeister*, Bauleitplanung auf Flächen für privilegierte Vorhaben der Fachplanung, S. 211 ff.

541 *Von Heyl/ Steinfort*, DVBl. 1999, 1311; *Hofmeister*, Bauleitplanung auf Flächen für privilegierte Vorhaben der Fachplanung, S. 211.

darüber schaffe, ob und welche bisher als Bahnanlagen dienenden Flächen künftig wieder für andere Arten von Nutzungen offen stehen.[542]

Abgesehen von Fällen nicht rechtzeitiger Inanspruchnahme der Planfeststellung (§ 75 Abs. 4 VwVfG), der Funktionslosigkeit des Planfeststellungsbeschlusses oder des Verzichts des Vorhabenträgers bedarf es nach Vorstehendem der „Entprivilegierung" durch administratives Handeln, um eine Fläche aus dem Fachplanungsprivileg zu entlassen. Im Eisenbahnrecht gibt es inzwischen eine hierfür geschaffene Norm: § 23 Abs. 1 AEG sieht die Freistellung von den Bahnbetriebszwecken für Grundstücke vor, die Betriebsanlagen einer Eisenbahn sind oder auf denen sich derartige Anlagen befinden, wenn kein Verkehrsbedürfnis mehr besteht und langfristig eine Nutzung der Infrastruktur im Rahmen der Zweckbestimmung nicht mehr zu erwarten ist. An einer entsprechenden Vorschrift fehlt es indessen für die Freistellung von Hafenflächen, so dass auf allgemeine Rechtsgrundlagen zurückgegriffen werden muss. Insoweit kommen die (Teil-)Aufhebung des Planfeststellungsbeschlusses durch Widerruf nach § 49 VwVfG, durch Planfeststellungsbeschluss oder die „Entwidmung" in Betracht.[543] Gegenüber Letzterer ist allerdings einzuwenden, dass es sich bei Hafenflächen nicht um öffentliche Sachen handeln dürfte und selbst wenn dies der Fall wäre, es um eine Beendigung der Rechtswirkungen des § 38 BauGB und damit um eine Auflösung des Kompetenzkonflikts zwischen Fach- und Bauleitplanung geht, die eine Entwidmung als Institut des öffentlichen Sachenrechts nicht bewirken kann. Damit bleibt nur der Weg, die Rechtswirkungen des Planfeststellungsbeschlusses für eine bestimmte Fläche durch dessen Teilaufhebung zu beseitigen. Mittels einer einfachen Freigabeerklärung gegenüber der Gemeinde ist dies nicht zu erreichen.[544] Es spricht manches dafür, die Bestimmungen über den Widerruf nach § 49 VwVfG heranzuziehen.[545]

Von Interesse ist schließlich die Frage, ob eine Gemeinde die Entlassung einer Hafenfläche beanspruchen kann, sofern diese nicht mehr für Hafenzwecke genutzt wird. Mangels ausdrücklicher Regelung ist darauf abzustellen, dass vor dem Hintergrund der kommunalen Selbstverwaltungsgarantie (Art. 28 Abs. 2 S. 1 GG), deren Ausdruck die Planungshoheit ist[546], eine Ausnutzung des Fachplanungsprivilegs nur solange zulässig sein kann, wie die Fläche nach Maßgabe des jeweiligen Vorhabens zweckentsprechend genutzt wird oder in absehbarer Zukunft wieder genutzt werden soll.[547] Das *BVerwG* hat zumindest einen entsprechenden Auskunftsanspruch der Gemeinde gegenüber dem Fachplanungsträger anerkannt, sofern sie hierfür ein konkretes Bedürfnis geltend machen kann.[548]

542 *BVerwG,* Urt. v. 16.12.1988, Az. 4 C 48.86, BVerwGE 81, 111 (118).

543 Eingehend dazu *Hofmeister,* Bauleitplanung auf Flächen für privilegierte Vorhaben der Fachplanung, S. 238 ff.

544 *Runkel,* in: Ernst/ Zinkahn/ Bielenberg/ Krautzberger, BauGB, § 38 Rn. 98.

545 *Hofmeister,* Bauleitplanung auf Flächen für privilegierte Vorhaben der Fachplanung, S. 238 ff.

546 Dazu zuletzt *VerfGH NRW,* Urt. v. 26.08.2009, Az. 18/08, DVBl. 2009, 1305.

547 *Hofmeister,* Bauleitplanung auf Flächen für privilegierte Vorhaben der Fachplanung, S. 257.

548 *BVerwG,* Urt. v. 16.12.1988, Az. 4 C 48.86, BVerwGE 81, 111 (118).

ee) Zur Geltung des Fachplanungsprivilegs für nicht planfestgestellte Hafenflächen

Die vorstehenden Ausführungen zur Geltung und Reichweite des Fachplanungsprivilegs gelten – wie dargestellt – zunächst und unmittelbar nur für Flächen in Häfen, die Gegenstand eines förmlichen Planfeststellungsbeschlusses sind. Auf zahlreiche Binnenhäfen in Nordrhein-Westfalen trifft dies indes nicht zu, weil sie entweder vor Geltung des Wasser(straßen)rechts und der darin jeweils vorgesehenen Planfeststellungspflicht errichtet worden sind oder weil sich die vorhandenen Planfeststellungen lediglich auf den Ausbau des bzw. der Hafenbecken(s) und der Kaimauer(n) erstrecken und die sonstigen für den Hafenbetrieb notwendigen Flächen nicht erfassen.[549] Die Frage, ob derartige Flächen ebenfalls der Bauleitplanung auf der Grundlage des Fachplanungsprivilegs im vorstehend beschriebenen Umfang entzogen sind, müsste sich nach dem Vorstehenden von vorneherein verbieten, (eben) weil jene Flächen keiner Fachplanung unterworfen wurden, die in Konkurrenz zur kommunalen Bauleitplanung treten könnte. Die angesprochene eisenbahnrechtliche Rechtsprechung des *BVerwG* gibt gleichwohl Anlass, hierauf einzugehen. So führt das Gericht aus, der Fachplanungsvorbehalt gelte auch für alte Bahnanlagen, die nicht durch einen förmlichen Planfeststellungsbeschluss gewidmet worden seien. „Bestehende“ Anlagen i.S. von § 36 Abs. 1 BBahnG seien nämlich nicht nur solche, die schon nach den Vorschriften des Bundesbahngesetzes planfestgestellt sind, „sondern auch [...] diejenigen Anlagen, die als vorhandene – entweder planfestgestellte oder in anderer Weise dem Betrieb der Bahn gewidmete – Anlagen [...] auf das Sondervermögen ‚Deutsche Bundesbahn‘ (§ 1 BBahnG) übergegangen sind“.[550] Das *BVerwG* knüpft demnach die Wirkungen des Fachplanungsvorbehalts an die „Widmung“ von Bahnanlagen an und erklärt damit das Vorhandensein eines Planfeststellungsbeschlusses für entbehrlich.

Zu Recht wird gegen eine derartige Sichtweise eingewandt, dass darin eine unzulässige Vermengung der Institute der Widmung und Planfeststellung liege, die zur Bestimmung des Verhältnisses von Fachplanung und Bauleitplanung ungeeignet sei.[551] Der Widmung kommt als Institut des öffentlichen Sachenrechts ausschließlich die Funktion der Verleihung einer öffentlichen Zweckbestimmung zu, eine Gestaltungs- oder Genehmigungswirkung entfaltet sie nicht[552]. Es geht vorliegend allein um die Rechtswirkungen des § 38 BauGB, die ein Vorhaben unabhängig davon entfaltet, ob es eine öffentliche Sache darstellt.[553]

Dennoch wird dafür plädiert, („gewidmete“) Altanlagen den planfestgestellten Bahnanlagen gleich zu stellen, ohne dabei auf die Widmung als Grundlage zurückzugreifen. Es wird vielmehr eine analoge Anwendung des § 38 BauGB auf solche Anlagen befürwortet[554]; diese sei aus Gründen der Rechtssicherheit und Rechtsklarheit sowie aus dem Bedürfnis der einheitlichen Behandlung von Eisenbahnbetriebsanlagen gerechtfertigt.[555]

---

549 Dazu Teil 1 B.II.

550 *BVerwG,* Urt. v. 16.12.1988, Az. 4 C 48.86, BVerwGE 81, 111 (113).

551 *Hofmeister,* Bauleitplanung auf Flächen für privilegierte Vorhaben der Fachplanung, S. 133.

552 *Durner,* UPR 2000, 255 (260).

553 *Durner,* UPR 2000, 255 (258 ff.); *Hofmeister,* Bauleitplanung auf Flächen für privilegierte Vorhaben der Fachplanung, S. 125 ff.

554 *Durner,* UPR 2000, 255 (262).

555 *Hofmeister,* Bauleitplanung auf Flächen für privilegierte Vorhaben der Fachplanung, S. 137.

Ist schon zweifelhaft, ob eine solche analoge Anwendung des § 38 BauGB auf nicht planfestgestellte Bahnanlagen tragfähig ist, so gilt dies jedenfalls in Ansehung von nicht planfestgestellten Hafenflächen. Jene Auffassung führte nämlich dazu, dass sämtliche Flächen, die jemals für Hafenzwecke in Anspruch genommen worden sind, der anderweitigen Nutzung und damit entsprechender Bebauungsplanung solange entzogen wären, bis sie durch einen förmlichen administrativen Akt aus dem Fachplanungsprivileg entlassen würden, ohne dass es eines entsprechenden Aktes zur Begründung dieses Status bedürfte. Von Rechtssicherheit und Rechtsklarheit kann angesichts dieses Widerspruchs keine Rede sein; im Gegenteil: Beides ist gerade dann – und nur dann – sichergestellt, wenn man nicht auf die tatsächlichen Verhältnisse abstellt, sondern einen förmlichen Planfeststellungsbeschluss zur Begründung des Fachplanungsprivilegs für erforderlich hält. Im Übrigen erscheint es kaum mit der Garantie kommunaler Selbstverwaltung (Art. 28 Abs. 2 S. 1 GG) vereinbar, Flächen der Bauleitplanung ohne ausdrückliche gesetzliche Grundlage zu entziehen.

Gegenüber dem denkbaren Vorbehalt, auf diese Weise würden für Hafenzwecke benötigte und genutzte Flächen ungeschützt dem Zugriff der Kommunen preisgegeben, bleibt beachtlich, dass es sich bei dem damit angesprochenen Konflikt um einen solchen unterschiedlicher Nutzungsinteresse handelt, nicht aber um einen Kompetenzkonflikt unterschiedlicher Planungen. Der Bauleitplanung sind wirksame materiell-rechtliche Hürden gesetzt, um derartige Nutzungskonflikte zu bewältigen bzw. gar nicht erst entstehen zu lassen. So ist die Aufstellung eines Bauleitplans nur zulässig, sobald und soweit es für die städtebauliche Entwicklung und Ordnung erforderlich ist (§ 1 Abs. 3 S. 1 BauGB). Ferner trägt das Abwägungsgebot nach § 1 Abs. 7 BauGB für eine angemessene Bewältigung besagter Konflikte Sorge. Schließlich können derartige Flächen jederzeit – wenn die rechtlichen Voraussetzungen dafür vorliegen – einer Fachplanung unterworfen werden, welche dann, wie dargelegt, gem. § 38 BauGB von (strikten) Bindungen entgegenstehender Festsetzungen in Bebauungsplänen bzw. entsprechenden Planungsabsichten freigestellt wäre.

Im Ergebnis stehen damit sämtliche Hafenflächen, die nicht vom Geltungsbereich eines förmlichen Planfeststellungsbeschlusses erfasst werden, grundsätzlich dem Zugriff der kommunalen Bauleitplanung offen.

II. Einschränkungen der kommunalen Planungshoheit durch die Raumordnungsplanung

Wie sich aus vorstehenden Ausführungen ergibt, vermag allein das Fachplanungsprivileg nach § 38 BauGB die (Fort-)Entwicklung der nordrhein-westfälischen Binnenhäfen nicht wirksam zu sichern. So richten sich möglicherweise Planungsabsichten der Gemeinden auf nicht von der Sperrwirkung eines bestehenden Planfeststellungsbeschlusses erfasste (ehemalige) Hafenflächen mit dem Ziel, diese einer „hafenfremden" städtebaulichen Nutzung zuzuführen. Gleiches gilt für aktuell nicht genutzte Areale in unmittelbarer Nachbarschaft der Häfen, die für die Gemeinden im vorstehenden Sinne von Interesse sind, andererseits aber zugleich als Hafenerweiterungsflächen in Betracht kommen. Augenfällig wird angesichts der so skizzierten Flächenkonkurrenz das Bedürfnis nach einer vorausschauenden und sämtliche Interessen koordinierenden Konfliktbewältigung. Diese Aufgabe fällt der Raumordnung zu, die als überörtliche und überfachliche

Form der Gesamtplanung Bindungswirkungen gegenüber der Fach- wie der Bauleitplanung zu entfalten geeignet und bestimmt ist.

Vor diesem Hintergrund geht es um die Frage, wie mittels raumordnerischer Festlegungen potenzielle Hafenerweiterungsflächen und temporär nicht genutzte Hafenflächen wirksam vor dem Zugriff konkurrierender städtebaulicher Nutzungsinteressen geschützt werden können. Die Betrachtung beschränkt sich dabei auf die Flächensicherung mittels Zielen der Raumordnung i.S. von § 3 Abs. 1 Nr. 2 ROG, weil sich allein auf diesem Wege eine wirksame Steuerung der Bauleitplanung erreichen lässt.[556]

1. Bindung der Bauleitplanung an Ziele der Raumordnung

Bei Zielen der Raumordnung handelt es sich der gesetzlichen Definition in § 3 Abs. 1 Nr. 2 ROG zufolge um verbindliche Vorgaben in Form von räumlich und sachlich bestimmten oder bestimmbaren, vom Träger der Raumordnung abschließend abgewogenen textlichen oder zeichnerischen Festlegungen in Raumordnungsplänen zur Entwicklung, Ordnung und Sicherung des Raums. Ziele sind nach § 8 Abs. 4 S. 2 Hs. 2 ROG als solche zu kennzeichnen; allerdings kommt es für die Zielqualität allein auf den materiellen Inhalt der betreffenden Festlegung an. So handelt es sich bei Festsetzungen, die im Plan zwar als „Ziele“ benannt wurden, sachlich indes auf Abwägung mit anderen Planaussagen angelegt sind, um Grundsätze der Raumordnung.[557]

Die Bindungswirkung von Zielen für die Bauleitplanung ergibt sich aus § 1 Abs. 4 BauGB; nach dieser Vorschrift sind die Bauleitpläne den Zielen der Raumordnung anzupassen. Die Bestimmung ist Ausdruck des vertikalen und horizontalen Geflechts raumbezogener Planungen, in welches die Bauleitplanung eingebunden ist, sowie des Bedürfnisses, jene Planungen inhaltlich aufeinander abzustimmen. "Anpassen" i.S. des § 1 Abs. 4 BauGB bedeutet, dass die Ziele der Raumordnung in der Bauleitplanung je nach dem Grad ihrer Aussageschärfe konkretisierungsfähig sind, nicht aber im Wege der Abwägung nach § 1 Abs. 7 BauGB überwunden werden können.[558] Es handelt sich um eine Spezialvorschrift zu § 4 Abs. 1 Nr. 1 ROG, wonach Ziele der Raumordnung bei raumbedeutsamen Planungen und Maßnahmen öffentlicher Stellen zu beachten sind.[559]

Die Bedeutung der Raumordnung in den Ländern (Landesplanung und Regionalplanung) für die Sicherung von Hafen(erweiterungs)flächen rührt des Weiteren, wie bereits erwähnt, aus § 8 Abs. 5 Nr. 3 ROG: Danach sollen die Raumordnungspläne Festlegungen zur Raumstruktur enthalten; hierunter fallen nach dem Gesetz u.a. solche zu den zu sichernden Standorten (und Trassen) für Infrastruktur, wozu in diesem Zusammenhang ausdrücklich die Verkehrsinfrastruktur und Umschlaganlagen von Gütern benannt werden.

Aus der Zusammenschau der genannten Vorschriften ergibt sich somit zunächst, dass die Sicherung und Entwicklung der Binnenhäfen als bedeutende Infrastruktur- und Güterumschlagseinrichtungen i.S. des § 8 Abs. 5 Nr. 3 ROG eine Aufgabe der Raumordnung darstellt, die durch den Einsatz von entsprechend verfassten, die Bauleitplanung

556 Zum Verhältnis Raumordnung – Fachplanung s. Teil 1 D.

557 Dazu etwa *Erbguth*, Öffentliches Baurecht, § 5 Rn. 79.

558 *BVerwG*, Beschl. v. 20.08.1992, Az. 4 NB 20/91, BVerwGE 90, 329.

559 *Erbguth*, Öffentliches Baurecht, § 5 Rn. 77.

bindenden Raumordnungszielen erfüllt zu werden vermag. Aus der Anpassungspflicht nach § 1 Abs. 4 BauGB folgt dann, dass die Bauleitplanung keine den Raumordnungszielen zuwiderlaufenden Flächenausweisungen treffen darf, sondern die Flächen für die fachplanerische Zielverwirklichung freihalten muss.[560] Die betroffene Gemeinde kann allenfalls, sofern dies aus städtebaulichen Gründen geboten ist (§ 1 Abs. 3 S. 1 BauGB), zielkonforme i.S. von sichernden resp. flankierenden Ausweisungen in ihren Bauleitplänen treffen und so z.B. ein Sondergebiet „Hafen" festlegen.[561]

2. *Rechtliche Voraussetzungen wirksamer Zielbindung*

Die Pflicht zur Anpassung der Bauleitpläne an die Ziele der Raumordnung setzt selbstverständlich die Rechtmäßigkeit bzw. Wirksamkeit der zielförmigen Ausweisungen voraus. Neben Anforderungen an Form und Verfahren sind vor allem solche materiellrechtlicher Natur zu wahren. Hierzu gehört allgemein, dass dem Gebot der Erforderlichkeit entsprochen ist, d.h. der Zielverwirklichung – hier der Erweiterung eines Hafens – dürfen keine rechtlichen oder tatsächlichen Hindernisse entgegenstehen, die zur Funktionslosigkeit des Ziels führen. Weiterhin muss der raumordnerische Aufgabenbereich eingehalten werden und darf nicht jenseits dessen Fachplanung in raumordnerischem Gewand betrieben[562] oder in den Kompetenzbereich der kommunalen Bauleitplanung übergegriffen werden. Ferner unterliegen Raumordnungsziele dem rechtsstaatlichen Erfordernis der Bestimmtheit; der Aussagegehalt als landesplanerische Letztentscheidung muss sachlich und räumlich hinreichend konkret hervortreten. Schließlich sind bei der Zielaufstellung die öffentlichen und privaten Belange, soweit sie auf der jeweiligen Planungsebene erkennbar und von Bedeutung sind, gegeneinander und untereinander – abschließend – abzuwägen (§ 7 Abs. 2 S. 1 ROG).[563]

Gerichtliche Entscheidungen, die sich speziell mit der Bindung von Zielen der Raumordnung befassen, welche auf die Erweiterung von (Binnen-)Häfen gerichtet sind, gibt es – soweit ersichtlich – bislang nicht. Es kann aber zur Präzisierung der vorstehend aufgeführten Anforderungen auf vorhandene Rechtsprechung zur Erweiterung von Flughäfen[564] zurückgegriffen werden, die sich ohne weiteres auf Binnenhäfen übertragen lässt. Anhand dieser Judikatur lassen sich nachfolgend die wesentlichen Maßgaben für zielförmige Standortsicherungen zugunsten von Häfen darlegen.

In einer grundlegenden Entscheidung aus dem Jahr 2003 hatte das *BVerwG*[565] über die Klage einer Gemeinde zu befinden, die sich gegen eine gebietsscharfe, d.h. auf ein innergemeindliches Teilgebiet bezogene[566] Ausweisung[567] einer Fläche in einem Regionalplan als „Standort für regionalbedeutsame Infrastrukturvorhaben – Flughafenerweiterung" richtete. Der Plan bestimmte u.a. als Ziel der Raumordnung, diesen Erweiterungs-

560 *BVerwG,* Urt. v. 15.05.2003, Az. 4 CN 9.01, BVerwGE 118, 184: „Verbot der zielwidrigen Bauleitplanung"; ebenso *VGH München,* Urt. v. 25.04.2006, Az. 8 N 05.542, NuR 2007, 57 (61).

561 Zu derartigen Ausweisungen in Bauleitplänen Teil 1 E.II.

562 Dazu *VGH München,* Urt. v. 25.04.2006, Az. 8 N 05.542, NuR 2007, 57 (57 f.).

563 Zum Vorstehenden *Erbguth,* Öffentliches Baurecht, § 5 Rn. 82 ff. m.w.N.

564 *BVerwG,* Urt. v. 15.05.2003, Az. 4 CN 9.01, BVerwGE 118, 181; *VGH München,* Urt. v. 25.04.2006, Az. 8 N 05.542, NuR 2007, 57.

565 *BVerwG,* Urt. v. 15.05.2003, Az. 4 CN 9.01, BVerwGE 118, 181.

566 *Erbguth,* Öffentliches Baurecht, § 5 Rn. 85.

567 Maßstab 1:50.000.

bereich „für den landseitigen Ausbau der regional- und landesbedeutsamen Infrastruktureinrichtung Landesflughafen zu sichern und von konkurrierenden Planungen und Nutzungen freizuhalten“.[568] Das *BVerwG* hat zunächst die Vereinbarkeit der eine solche gebietsscharfe Zielfestlegung erlaubenden landesrechtlichen Norm mit der kommunalen Selbstverwaltungsgarantie (Art. 28 Abs. 2 S. 1 GG) bestätigt. Zwar greife der regionalplanerische „Durchgriff“ auf Gemeindegebietsteile in die zum Selbstverwaltungsrecht der Gemeinden gehörende Planungshoheit ein; er sei aber durch überörtliche Interessen von höherem Gewicht gerechtfertigt.[569] Je stärker eine Gemeinde schon aufgrund ihrer geografischen Lage oder ihres sonstigen Ausstattungspotentials einer Situationsgebundenheit unterliege, desto eher seien ihr Eingriffe, die an dieses Merkmal anknüpfen, zumutbar.[570] Das so verstandene Kriterium der Situationsgebundenheit dürfte auch – und gerade – bei (Binnen-)Häfen regelmäßig greifen, ist doch das Reservoir an geeigneten Standorten bzw. Flächen für die Erweiterung eines bestehenden Binnenhafens schon wegen der Abhängigkeit vom Zugang zur Wasserstraße äußerst begrenzt.[571]

Der Gemeinde muss aber nach der Rechtsprechung die substanzielle Möglichkeit verbleiben, ihre städtebaulichen Interessen rechtzeitig und ausreichend in den Entscheidungsprozess einzubringen.[572] Dafür tragen die Beteiligungserfordernisse nach § 10 ROG Sorge.

Auch gegenüber dem hohen Konkretisierungsgrad gebietsscharfer Standortausweisungen für Infrastrukturvorhaben erhebt das *BVerwG* vor dem Hintergrund der gesetzlichen Aufgabenstellung der Regionalplanung keine Einwände. So gehöre zu den herkömmlichen Mitteln überörtlicher Koordination, Raumfunktionen zu sichern, die an besondere Lagevorteile oder Standortbedingungen geknüpft seien. Derartige Ausweisungen seien wegen ihrer Raum freihaltenden Zielrichtung auf einen hohen Konkretisierungsgrad angewiesen. Sie könnten ihre Steuerungsfunktion auf nachgeordneten Planungsstufen nur bei hinreichender räumlicher Bestimmtheit entfalten. Die jeweilige Aussageschärfe einer Standortausweisung (übergemeindlich, gemeindescharf oder gebietsscharf) hänge davon ab, welchen Koordinierungsbedarf das Vorhaben im Hinblick auf überörtliche und damit raumbedeutsame Belange auslöse und ob die planerische Kraft einer oder mehrerer Gemeinden ausreiche, jenen Bedarf zu bewältigen.[573]

Auf dieser Linie liegt auch die Rechtsprechung des *VGH München* zur Entwicklung des Verkehrsflughafens München. Der Gerichtshof führt aus, die zielförmige Festlegung einer Flughafenentwicklungsfläche im Landesentwicklungsprogramm sei Ausdruck des raumordnerischen Entwicklungs-, Ordnungs- und Sicherungsauftrages, denn sie diene der Festsetzung einer von entgegenstehenden Nutzungen freizuhaltenden Entwicklungsfläche und damit der Standortvorsorge für diese raumbedeutsame Funktion. In Abgren-

568 *BVerwG,* Urt. v. 15.05.2003, Az. 4 CN 9.01, BVerwGE 118, 181 (182 f.).

569 So bereits *BVerfG,* Beschl. v. 23.06.1987, Az. 2 BvR 826/83, BVerfGE 76, 107 (119 f.); *BVerwG,* Urt. v. 15.05.2003, Az. 4 CN 9.01, BVerwGE 118, 181 (185); vgl. auch *VerfGH NRW,* Urt. v. 26.08.2009, Az. 18/08, DVBl. 2009, 1305.

570 *BVerfG,* Beschl. v. 23.06.1987, Az. 2 BvR 826/83, BVerfGE 76, 107 (125); *BVerwG,* Urt. v. 15.05.2003, Az. 4 CN 9.01, BVerwGE 118, 181 (185).

571 *Erbguth,* RuR 1997, 270 (273).

572 *BVerfG,* Beschl. v. 23.06.1987, Az. 2 BvR 826/83, BVerfGE 76, 107 (122); *BVerwG,* Urt. v. 15.05.2003, Az. 4 CN 9.01, BVerwGE 118, 181 (185).

573 *BVerwG,* Urt. v. 15.05.2003, Az. 4 CN 9.01, BVerwGE 118, 181 (186).

zung zur Aufgabe der Fachplanung enthielten Ziele der Raumordnung keine rechtsverbindliche Grundentscheidung über die Zulässigkeit des Vorhabens. Sie bedürften vielmehr der planerischen Umsetzung und Konkretisierung in weiteren (Fach-)Planungsverfahren, also auf einer anderen, nachgeordneten Ebene.[574]

Was im vorliegend interessierenden Kontext das Verhältnis der hochstufigen Landesplanung zur Regionalplanung angeht, so ist es nicht erforderlich, dass ein konkretes regionalplanerisches Ziel formal eine Entsprechung im landesweiten Raumordnungsplan findet. Der Gehalt des Entwickelns besteht nach Auffassung des *BVerwG* in einer inhaltlichen, nämlich planerisch-konzeptionellen Ableitung. Ein einzelnes Ziel der Regionalplanung verletze das so verstandene Entwicklungsgebot erst, wenn es der landesplanerischen Gesamtkonzeption widerspreche oder nicht aus ihr abzuleiten sei.[575]

Dem vorstehend erwähnten Urteil des *VGH München* lassen sich des Weiteren nähere Anforderungen und damit zugleich Möglichkeiten der Zielformulierung zur Flächensicherung für Infrastrukturvorhaben entnehmen. In dem der Entscheidung zu Grunde liegenden Fall waren im Landesentwicklungsprogramm (LEP) Bayern näher bestimmte Flughafenentwicklungsflächen als Vorranggebiet festgelegt worden, und zwar „zur dauerhaften Standortsicherung und zur Sicherung der langfristigen räumlichen Entwicklungsmöglichkeiten der Luftverkehrsinfrastruktur des Verkehrsflughafens München".[576] Aufgrund geltenden Raumordnungsrechts (§ 8 Abs. 7 Nr. 1 ROG) können die Festlegungen nach § 8 Abs. 5 ROG, und damit die hier interessierenden standortsichernden Festlegungen nach Nr. 3 a) der Vorschrift (Verkehrsinfrastruktur und Anlagen des Güterumschlags), u.a. in Form von Gebieten bezeichnet werden, die für bestimmte raumbedeutsame Funktionen oder Nutzungen vorgesehen sind und andere raumbedeutsame Nutzungen in diesem Gebiet ausschließen, soweit diese mit den vorrangigen Funktionen oder Nutzungen nicht vereinbar sind (Vorranggebiete). Bei derartigen Gebietsfestlegungen handelt es sich um Ziele der Raumordnung.[577] Der *VGH München* hat die Ausweisung des Vorranggebiets im LEP Bayern für rechtmäßig befunden. Hinsichtlich des Erfordernisses hinreichender räumlicher Bestimmtheit ist mit dem Gerichtshof darin überein zu stimmen, dass jedenfalls eine eindeutige „zeichnerisch verbindliche Darstellung" des Vorranggebiets jener Voraussetzung entspricht, ohne dass es einer endgültigen parzellenscharfen Festlegung der späteren konkreten Nutzung der Flächen bedürfte[578]; Letzteres sähe sich ohnehin, sofern nicht im Einzelfall topographisch bedingt, Bedenken mit Blick auf das Erfordernis eines Entfaltungs- bzw. Konkretisierungsspielraums zugunsten nachfolgender Planungsstufen ausgesetzt[579].

Von Bedeutung sind im Weiteren die Aussagen des *VGH München* zur sachlichen Bestimmtheit des Raumordnungsziels. Dem Gericht zufolge stellt die Nutzungs- und Funktionszuweisung „Flughafenentwicklungsflächen" zur Sicherung der langfristigen räumlichen Entwicklungs- und damit insbesondere Erweiterungsmöglichkeiten eine hinreichend konkrete Positivzuweisung dar, die nach § 7 Abs. 4 S. 1 Nr. 1 ROG a.F. (nun-

574 *VGH München,* Urt. v. 25.04.2006, Az. 8 N 05.542, NuR 2007, 57 (58).

575 *BVerwG,* Urt. v. 15.05.2003, Az. 4 CN 9.01, BVerwGE 118, 181 (192 f.).

576 Vgl. *VGH München,* Urt. v. 25.04.2006, Az. 8 N 05.542, NuR 2007, 57.

577 *Erbguth,* Öffentliches Baurecht, § 5 Rn. 81.

578 *VGH München,* Urt. v. 25.04.2006, Az. 8 N 05.542, NuR 2007, 57 (59).

579 *Erbguth,* Öffentliches Baurecht, § 5 Rn. 85.

mehr § 8 Abs. 7 S. 1 Nr. 1 ROG) die Negativwirkung des Ausschlusses damit unvereinbarer raumbedeutsamer Nutzungen zur Folge habe. Die detaillierte Bezeichnung konkreter möglicher Erweiterungsmaßnahmen (wie weiterer Abfertigungsgebäude, einer dritten Start- und Landebahn oder flughafenaffiner Betriebe) in der Zielbestimmung selbst sei schon im Hinblick auf die langfristige Auslegung einer derartigen raumordnerischen Zielfestlegung und der ihr immanenten Notwendigkeit der Umsetzung und Konkretisierung durch Fach- oder Bauleitplanung nicht erforderlich. Die notwendigen lenkenden Rahmenbedingungen für weitere nachgeordnete Planungen, insbesondere die gemeindliche Bauleitplanung, würden auch so hinreichend klar und eindeutig gesetzt.[580]

Vorstehende Erwägungen hinsichtlich des rechtsstaatlichen Bestimmtheitsgebots lassen sich auf die zielförmige Sicherung von Hafenerweiterungsflächen übertragen, so dass auch hier detaillierte Festlegungen von Erweiterungsmaßnahmen (etwa Anlegung weiterer Hafenbecken, Vertiefung/Verlegung der Fahrrinne, Aufschüttung zusätzlicher Umschlagsflächen, Errichtung baulicher Anlagen und dergleichen mehr) auf der Ebene der Landesplanung nicht nur nicht erforderlich, sondern ggf. sogar wegen Überschreitung des Aufgabenbereichs der Raumordnung unzulässig wären.

Für die raumordnerische Rechtfertigung bzw. Erforderlichkeit von Zielfestlegungen aus überörtlichen Raumordnungsinteressen genügt es nach der Rechtsprechung des *VGH München*, dass eine rechtzeitige Vorsorge für die mögliche künftige Erweiterung eines Flughafens durch raumordnende Planungen notwendig ist.[581] Ob Letzteres der Fall ist, müsse bedarfsprognostisch ermittelt und dargelegt werden, wobei ein deutlich längerer Beurteilungszeitraum als im Fachplanungsrecht (dort: 10 Jahre) zugrunde zu legen sei. Weil bei einer landesplanerischen Zielfestlegung noch keine Grundsatzentscheidung über die Zulässigkeit konkreter Erweiterungsmaßnahmen getroffen werde, sondern solches der nachfolgenden Fachplanung vorbehalten bleibe, sei auf dieser Planungsebene auch keine Bedarfsprüfung wie bei einer Fachplanungsentscheidung in dem Sinne vorzunehmen, dass ein konkret feststellbarer Bedarf vorhanden oder das Vorhaben jedenfalls "vernünftigerweise geboten" sein muss. Andererseits wäre eine verbindliche Vorranggebietsausweisung, für die es keinerlei Bedarf gibt, mit den Grundsätzen einer rechtsstaatlichen Planung nicht vereinbar und könnte demgemäß auch einen Eingriff in die gemeindliche Planungshoheit nicht rechtfertigen.[582] Als hinreichendes Kriterium für die Erforderlichkeit der Zielfestlegung erkennt der *VGH München* die besondere Bedeutung des Luftverkehrs und des konkreten Flughafens als herausragender Standort- und Wirtschaftsfaktor für das Land an. Die Sicherung eines möglichen künftigen weiteren Ausbaus und der dafür benötigten, von anderen raumbedeutsamen Planungen freizuhaltenden Flächen sei ein auf der Hand liegendes, überörtliches raumplanerisches Interesse von hohem Gewicht, das eine derartige Zielfestlegung rechtfertige und erforderlich mache.[583]

---

580 *VGH München,* Urt. v. 25.04.2006, Az. 8 N 05.542, NuR 2007, 57 (59).

581 *VGH München,* Urt. v. 17.11. 2004, Az. 20 N 04.217, UPR 2005, 236 (238); *ders.,* Urt. v. 25.04.2006, Az. 8 N 05.542, NuR 2007, 57 (59).

582 *VGH München,* Urt. v. 25.04.2006, Az. 8 N 05.542, NuR 2007, 57 (59).

583 *VGH München,* Urt. v. 25.04.2006, Az. 8 N 05.542, NuR 2007, 57 (60).

Schließlich sind die erwähnten Anforderungen des raumordnungsrechtlichen Abwägungsgebots (§ 7 Abs. 2 S. 1 ROG) zu wahren.[584] Dabei ist beachtlich, dass die Abwägung ebenenspezifisch vorzunehmen ist, die an sie zu stellenden Anforderungen folglich dadurch begrenzt werden, dass es sich bei Raumordnungsplänen lediglich um rahmensetzende Planungen handelt, die detailscharfe Maßnahmenplanung hingegen der Fachplanung vorbehalten ist.[585] Weil – wie erinnerlich– eine Zielbestimmung der hier behandelten Art gerade keine rechtsverbindliche Vorentscheidung über die Zulässigkeit konkreter Hafenerweiterungsmaßnahmen trifft, sondern lediglich gebietsscharf den freizuhaltenden Bereich für eine künftig in Abhängigkeit vom Wachstum des Binnenschiffsverkehrs und damit der Hafenwirtschaft mögliche Erweiterung bestimmt, kann und muss die raumordnerische Abwägung keine "erschöpfende Abwägung" der dort ggf. zu errichtenden Anlagen sein.[586]

Zusammenfassend erscheint damit die Ausweisung von Vorranggebieten i.S. von § 8 Abs. 7 S. 1 Nr. 1 ROG als ein zur Sicherung künftiger Hafenentwicklungs- bzw. -erweiterungsflächen rechtlich zulässiges und geeignetes Mittel– dies freilich vorbehaltlich der Wahrung vorstehend dargelegter Rechtmäßigkeitsanforderungen, aber auch der nachstehenden Ausnahme- und Abweichungsmöglichkeiten.

3. *Ausnahmen von der Zielbindung und Zielabweichung*

Neu in das Raumordnungsrecht aufgenommen worden ist die Vorschrift des § 6 Abs. 1 ROG, wonach von Zielen der Raumordnung im Raumordnungsplan Ausnahmen festgelegt werden können. Nähere materielle Voraussetzungen für die Formulierung derartiger Ausnahmen enthält die Regelung indes nicht. Nach der Rechtsprechung des *BVerwG* zum ROG a.F. handelt es sich bei landesplanerischen Aussagen mit Regel-Ausnahme-Struktur indes nur dann um Raumordnungsziele, wenn der Plan die Ausnahmevoraussetzungen hinreichend bestimmt oder bestimmbar selbst festlegt.[587] Ob dieses Erfordernis in § 6 Abs. 1 ROG hineingelesen werden kann, ist noch nicht abschließend geklärt; dagegen spricht, dass der Parallelregelung im Städtebaurecht (§ 31 Abs. 1 BauGB) eine derartige Anforderung ausdrücklich entnommen werden kann.[588]

Nach wie vor kann des Weiteren von Zielen der Raumordnung abgewichen werden, wenn die Abweichung unter raumordnerischen Gesichtspunkten vertretbar ist und die Grundzüge der Planung nicht berührt werden (§ 6 Abs. 1 S. 1 ROG). Antragsberechtigt sind die in konkreto zielanpassungspflichtigen Personen und Stellen[589], also auch die insoweit betroffene(n) Gemeinde(n).[590]

---

584 Dazu *Erbguth*, Öffentliches Baurecht, § 5 Rn. 88.

585 Dazu bereits in Teil 1 D.I., II.

586 Vgl. *VGH München*, Urt. v. 25.04.2006, Az. 8 N 05.542, NuR 2007, 57 (60).

587 *BVerwG*, Urt. v. 18.09.2003, Az. 4 CN 20/02, BVerwGE 119, 54 (60 f.)

588 *Erbguth*, Öffentliches Baurecht, § 5 Rn. 80; *Hoppe*, DVBl. 2008, 966 (966 f.); eingehend zu alledem *Kment/ Grüner*, UPR 2009, 93.

589 S. auch § 16 Abs. 2 LPlG.

590 *Erbguth*, Öffentliches Baurecht, § 5 Rn. 91.

B. Sonstige rechtliche Anforderungen an die städtebauliche Nutzung von Hafenflächen

Ergibt sich anhand der vorstehend unter A. dargelegten rechtlichen Bedingungen, dass eine Fläche in bzw. an einem Binnenhafen nicht infolge entgegenstehender (Hafen-) Fachplanung und/oder Raumordnungsplanung für anderweitige, d.h. hafenfremde Nutzungen gesperrt ist, so ist damit freilich noch nicht gesagt, dass Letztere ohne weiteres zulässig sind. Vielmehr ist nach Maßgabe des geltenden Bauplanungsrechts und zahlreicher weiterer Vorschriften darüber zu befinden, ob die Konflikte, die infolge des Aufeinandertreffens hafenwirtschaftlicher und hafenfremder Nutzung zu erwarten sind, mit den zur Verfügung stehenden rechtlichen Mitteln bewältigt werden können.

Im Folgenden soll ein Überblick über diejenigen Rechtsbereiche und -normen gegeben werden, die – über das vorstehend Behandelte hinaus – das „Ob" und das „Wie" „hafenfremder" Nutzungen in und an Häfen zu regeln bestimmt sind. Dabei handelt es sich durchweg nicht etwa um spezifisch hafenbezogenes Recht. Dessen bedarf es auch nicht, weil bereits das allgemeine Planungs- und Umweltrecht ausreichend Möglichkeiten zur Bewältigung besagter Schutz- und Nutzungskonflikte bereithält, m.a.W.: In Häfen stellen sich die Dinge nicht grundsätzlich anders dar als andernorts, wo es ebenfalls um die Frage geht, ob und ggf. wie bestimmte planerische bzw. bauliche Aktivitäten an einem bestimmten Ort mit vorhandenen emittierenden Industrie- und Verkehrsanlagen bzw. mit schutzbedürftigen Rechtsgütern (etwa solchen der Umwelt) vereinbar sind. Das bedeutet freilich nicht, dass sich bei der Anwendung jener allgemeinen Rechtsvorschriften in Häfen nicht mitunter (hafen)spezifische Probleme stellen, auf die ggf. näher einzugehen ist. Die einschlägigen Rechtsbereiche und -fragen werden unter diesen Vorzeichen nachfolgend dargestellt, und zwar zunächst das öffentliche Baurecht (I.), sodann das praktisch überaus bedeutsame Immissionsschutzrecht (II.), ferner das Hochwasserschutzrecht (III.), sonstige wasserrechtliche Anforderungen (IV.), das stark europarechtlich geprägte Naturschutzrecht (V.) und schließlich das Denkmalschutzrecht (VI.).

Das nordrhein-westfälische Hafenrecht im eigentlichen Sinne spielt hingegen vorliegend keine Rolle. Das gilt zum einen für die Allgemeine Hafenverordnung (AHVO)[591]; sie enthält Bestimmungen zur Abwehr von Gefahren, welche durch den Verkehr und den Güterumschlag im Hafen entstehen (können), nicht hingegen Regelungen mit Relevanz für die bauliche Nutzung von terrestrischen Hafenflächen, um die es hier geht. Gleiches gilt für das Hafensicherheitsgesetz (HaSiG)[592] und sonstige hafenrechtliche Bestimmungen, die mithin ausgeblendet bleiben können.

I. Öffentliches Baurecht

Wesentliche Bedeutung kommt zunächst dem öffentlichen Baurecht zu, namentlich dem bundesrechtlich geregelten Bauplanungsrecht sowie auf Landesebene dem Bauordnungsrecht. Insgesamt bestimmen die Normen des öffentlichen Baurechts über die Zu-

---

591 Ordnungsbehördliche Verordnung über den Verkehr und den Güterumschlag in Häfen (Allgemeine Hafenverordnung – AHVO) v. 08.01.2000, GV. NRW 2000 S. 34, geändert durch Gesetz v. 05.04.2005, GV. NRW S. 332.

592 Gesetz über die Sicherheit in Häfen und Hafenanlagen im Land Nordrhein-Westfalen (Hafensicherheitsgesetz – HaSiG) v. 30.10.2007, GV. NRW 2007, S. 470.

lässigkeit, Grenzen und Ordnung der Nutzung von in und an Häfen belegenen Grundstücken durch bauliche Anlagen, dies vornehmlich mit Blick auf deren Errichtung, bestimmungsgemäße Nutzung, Veränderung und Beseitigung.

1. Bauplanungsrecht

Die bauplanungsrechtlichen bzw. städtebaurechtlichen Vorschriften des Baugesetzbuchs und der Baunutzungsverordnung sind grundsätzlich flächenbezogener Natur und dienen allgemein dazu, die rechtliche Qualität des Bodens und seine Nutzbarkeit in den Gemeinden festzulegen.[593]

Zentrale Bedeutung kommt hierbei der Bauleitplanung zu, deren Aufgabe gem. § 1 Abs. 1 BauGB darin liegt, die bauliche und sonstige Nutzung der Grundstücke in der Gemeinde nach Maßgabe des BauGB vorzubereiten und zu leiten. Da die hier interessierenden Flächen in und an Häfen regelmäßig zum Gebiet einer oder mehrerer Gemeinden gehören, stehen sie grundsätzlich der kommunalen Bauleitplanung offen, und zwar derjenigen vorbereitender Art (Flächennutzungsplanung, § 5 BauGB) sowie der Bebauungsplanung als verbindlicher Planungsstufe (§ 9 BauGB).

Die Aufstellung von Bauleitplänen in und an Häfen unterliegt von vornherein dem Gebot der Erforderlichkeit (§ 1 Abs. 3 S. 1 BauGB). Die Gemeinden haben danach die Bauleitpläne aufzustellen, sobald und soweit es für die städtebauliche Entwicklung und Ordnung erforderlich ist. Letzteres hängt von den Entwicklungsvorstellungen der Gemeinde ab, folglich von ihrer planerischen Konzeption.

Als spezifische Methode der Rechtsfindung sieht § 1 Abs. 7 BauGB die Abwägung sämtlicher von der Bauleitplanung berührten – und einander regelmäßig widerstreitenden – öffentlichen wie privaten Interessen gegeneinander und untereinander vor, dies mit dem Ziel, einen gerechten Ausgleich jener Belange herbeizuführen. So liegt denn auch in der Rechtmäßigkeit der Abwägung, und zwar sowohl hinsichtlich ihres Vorgangs als auch ihres Ergebnisses, der Schlüssel zu einer rechtlich beanstandungsfreien Planung. Aus dem Katalog der in 1 Abs. 6 BauGB aufgeführten Planungsleitlinien dürften für die hier zu betrachtende Bauleitplanung in bzw. an Häfen von besonderer (Abwägungs-) Relevanz sein[594]:

- die allgemeinen Anforderungen an gesunde Wohn- und Arbeitsverhältnisse und die Sicherheit der Wohn- und Arbeitsbevölkerung (Nr. 1),
- die Wohnbedürfnisse der Bevölkerung (Nr. 2),
- die sozialen und kulturellen Bedürfnisse der Bevölkerung (Nr. 3),
- die Erhaltung, Erneuerung, Fortentwicklung, Anpassung und Umbau vorhandener Ortsteile (Nr. 4),
- die Belange der Baukultur, des Denkmalschutzes und der Denkmalpflege, Gestaltung des Orts- und Landschaftsbildes (Nr. 5),
- die Belange des Umweltschutzes (Nr. 7),

---

593 *BVerfG,* Baurechtsgutachten v. 16.06.1954, Az. 1 PBvV 2/52, BVerfGE 3, 407 (423 f.).

594 Vgl. insoweit *VGH Kassel,* Urt. v. 22.04.2010, Az. 4 C 306/09.N (Hafen Offenbach), juris, Rn. 82.

- die Belange der Wirtschaft (Nr. 8),
- die Belange des Hochwasserschutzes (Nr. 12).

Die bauplanungsrechtliche Zulässigkeit hafenfremder Vorhaben muss indes nicht zwingend durch Bebauungspläne bestimmt werden. So kann die Errichtung, Änderung oder Nutzungsänderung baulicher Anlagen auch auf der Grundlage der Planersatzvorschriften (§§ 34, 35 BauGB) zugelassen werden. Denkbar ist etwa, dass sich Hafenflächen innerhalb von im Zusammenhang bebauten Ortsteilen i.S. von § 34 Abs. 1 S. 1 BauGB befinden, die nicht dem Geltungsbereich eines i.S. des § 30 Abs. 1 BauGB qualifizierten Bebauungsplans unterfallen. Dann sind hafenfremde Vorhaben bauplanungsrechtlich zulässig, wenn sie sich nach Art und Maß der baulichen Nutzung, der Bauweise und der Grundstücksfläche, die überbaut werden soll, in die Eigenart der näheren Umgebung einfügen, die Erschließung gesichert ist, die Anforderungen an gesunde Wohn- und Arbeitsverhältnisse gewahrt bleiben und das Ortsbild nicht beeinträchtigt wird. Hafenflächen können sich aber auch innerhalb sog. faktischer Baugebiete befinden, d.h. die Eigenart der näheren Umgebung entspricht einem der Baugebiete der Baunutzungsverordnung. In diesem Fall beurteilt sich die Zulässigkeit des Vorhabens nach seiner Art allein danach, ob es nach der BauNVO in dem Baugebiet allgemein zulässig wäre (§ 34 Abs. 2 BauGB). Befindet sich das hafenfremde Vorhaben weder im Geltungsbereich eines qualifizierten Bebauungsplans noch im unbeplanten Innenbereich i.S. von § 34 BauGB, so findet die Außenbereichsvorschrift des § 35 BauGB Anwendung. Vorhaben, die der Wohn-, Freizeit- oder nicht hafenaffinen gewerblichen Nutzung zu dienen bestimmt sind, unterfallen allerdings nicht den im Außenbereich privilegierten Vorhaben (§ 35 Abs. 1 BauGB) und können daher nur im Einzelfall zugelassen werden, wenn ihre Ausführung oder Benutzung öffentliche Belange nicht beeinträchtigt und die Erschließung gesichert ist (§ 35 Abs. 2 BauGB). Angesichts dieser strengen Voraussetzungen wird eine Zulassung im Außenbereich daher regelmäßig nicht in Frage kommen. Ohnehin werden in den meisten Fällen die zu erwartenden Konflikte zwischen vorhandener Hafennutzung und hinzutretenden andersartigen Nutzungen durch das Regelungsprogramm der Planersatzvorschriften nicht hinreichend bewältigt werden können. Aus diesem Grunde kommt der Aufstellung von Bebauungsplänen für die betroffenen Flächen wesentliche Bedeutung zu; dem ist in der nachfolgenden Darstellung Rechnung zu tragen.

Weitere rechtliche Anforderungen sind der bereits erwähnten Baunutzungsverordnung (BauNVO) zu entnehmen, welche die Bestimmungen des BauGB zur Bauleitplanung und über die Zulässigkeit von Vorhaben ergänzt. Die Vorgaben der BauNVO betreffen Art und Maß der baulichen Nutzung von Grundstücken, die Bauweise, die überbaubaren Grundstücksflächen u.a.m. Für Festsetzungen über die Art der baulichen Nutzung findet sich in § 1 Abs. 2 BauNVO ein Katalog von zehn Baugebieten, die gem. § 1 Abs. 3 S. 1 BauNVO im Bebauungsplan festgesetzt werden können. Wie noch zu zeigen sein wird, ist die Auswahl geeigneter Baugebietstypen vor allem im Hinblick auf den Immissionsschutz von entscheidender Bedeutung.[595]

595 Dazu unter B.II.

2. *Bauordnungsrecht*

Das Bauordnungsrecht regelt die ordnungsrechtlichen Anforderungen an die konkrete bauliche Anlage und ist mithin objektbezogen.[596] Es dient vorrangig der Gefahrenabwehr, ist aber auch der Verwirklichung sozialstaatlicher und umweltpolitischer Ziele verpflichtet. Hinzu kommen baugestalterische Anforderungen (z.B. das sog. Verunstaltungsgebot).[597] Die bauordnungsrechtlichen Bestimmungen ergeben sich vorliegend aus der Bauordnung für das Land Nordrhein-Westfalen (BauO NRW).[598]

II. Immissionsschutzrecht

Es dürfte offenkundig sein, dass sich die zentralen Konflikte eines Nebeneinander von hafenwirtschaftlicher und sonstiger Nutzung aus den Lärm-, Schadstoff- und sonstigen Emissionen speisen, die von dem Hafenbetrieb einschließlich der dazu gehörenden Verkehrsanlagen ausgehen. Angesichts dessen kommt der Bauleitplanung vorliegend erhebliche Bedeutung für den vorsorgenden Immissionsschutz zu.[599] Regelmäßig wird die Rechtmäßigkeit der Bauleitplanung in Häfen maßgeblich davon abhängen, ob den Belangen des Immissionsschutzes und damit den allgemeinen Anforderungen an gesunde Wohn- und Arbeitsverhältnisse und der Sicherheit der Wohn- und Arbeitsbevölkerung (§ 1 Abs. 6 Nr. 1 BauGB) ausreichend Rechnung getragen werden kann. Somit erweist sich der Immissionsschutz als wesentliche Hürde bei der städtebaulichen (Um-)Nutzung von Flächen in und an Binnenhäfen[600]; den damit verbundenen rechtlichen Problemen ist daher besondere Aufmerksamkeit zu widmen.

Zunächst soll es allgemein um die rechtlichen Grundlagen des Immissionsschutzes im Rahmen der Bauleitplanung gehen, soweit sie für die hier zu betrachtenden Konstellationen von Relevanz sind. Sodann ist den Möglichkeiten zur bauleitplanerischen Bewältigung immissionsschutzrechtlicher Konflikte nachzugehen.

1. *Grundlegendes zum Immissionsschutz in der Bauleitplanung*

Die das Schnittfeld von Bauplanungs- und Immissionsschutzrecht prägende rechtliche Ausgangslage stellt sich wie folgt dar:

Das Immissionsschutzrecht trägt für den Schutz vor Gefahren, erheblichen Beeinträchtigungen und erheblichen Belästigungen durch schädliche Umwelteinwirkungen Sorge (§ 1 Abs. 1 BImSchG). Grundsätzlich sind die Gemeinden befugt, immissionsschutzbezogene Forderungen durch Festsetzungen in Bebauungsplänen rechtsverbindlich vorzugeben; diese können inhaltlich von den Anforderungen des allgemeinen Immissionsschutzrechts abweichen.[601] Zwar konkretisiert das BImSchG die erforderliche Rücksichtnahme auf die Nachbarschaft allgemein, doch beurteilt sich die Schutzwürdigkeit

---

596 Vgl. *BVerwG*, Beschl. v. 28.12.2000, Az. 4 BN 37/00, BauR 2001, 1060 (1061).

597 *Erbguth*, Öffentliches Baurecht, § 1 Rn. 9.

598 Gesetz v. 01.03.2000, GVBl. S. 256, zuletzt geändert durch Gesetz v. 17.12.2009 (GV. NRW. S. 863; ber. S. 975).

599 *Söfker*, in: Ernst/ Zinkahn/ Bielenberg/ Krautzberger, BauGB, § 1 Rn. 224.

600 Anschaulich zuletzt *VGH Kassel*, Urt. v. 22.04.2010, Az. 4 C 306/09.N (Hafen Offenbach), juris, Rn. 81 ff.

601 *Söfker*, in: Ernst/ Zinkahn/ Bielenberg/ Krautzberger, BauGB, § 1 Rn. 224.

eines Gebietes danach, was dort planungsrechtlich zulässig ist.[602] Die Gemeinden haben folglich die Möglichkeit, mittels ihrer Bauleitplanung gebietsbezogen zu steuern, ob gewisse Nachteile oder Belästigungen i.S. des § 3 Abs. 1 BImSchG erheblich sind.[603]

Grundsätzlich hat jeder Bebauungsplan die von ihm geschaffenen oder ihm sonst zurechenbaren Konflikte selbst zu lösen. Nach dem Gebot der Konfliktbewältigung, das im Abwägungsgebot des § 1 Abs. 7 BauGB wurzelt, darf die Planung nicht dazu führen, dass Spannungen, die durch sie hervorgerufen werden, zu Lasten Betroffener letztlich ungelöst bleiben. Das schließt eine Verlagerung von Problemlösungen aus dem Bauleitplanverfahren auf die nachfolgende Ebene der Vorhabenzulassung (Baugenehmigung) indes nicht zwingend aus. Von einer abschließenden Konfliktbewältigung im Bebauungsplan darf die Gemeinde Abstand nehmen, wenn die Durchführung der als notwendig erkannten Konfliktlösungsmaßnahmen auf der Stufe der Planverwirklichung in Form einer „Feinsteuerung" sichergestellt ist.[604] Die Grenzen zulässiger Konfliktverlagerung sind jedoch überschritten, wenn bereits im Planungsstadium sichtbar ist, dass sich der offen gelassene Interessenkonflikt auch in einem nachfolgenden Verfahren nicht sachgerecht wird lösen lassen.[605] Vorliegend ist davon auszugehen, dass der Ebene der Bebauungsplanung angesichts der Schärfe zu erwartender Immissionskonflikte maßgebliche Bedeutung für deren Bewältigung zukommt und eine Verlagerung in das Baugenehmigungsverfahren regelmäßig nicht in Frage kommt.

Rechtlicher Anknüpfungspunkt für die Berücksichtigung des Immissionsschutzes in der Bauleitplanung ist das Abwägungsgebot nach § 1 Abs. 7 BauGB.[606] Bestimmte verbindliche „Standards" für die Beurteilung der Zumutbarkeit von Immissionen, insbesondere Grenzwerte, existieren hingegen – abgesehen von der hier nicht einschlägigen Verkehrslärmschutzverordnung[607] – für die Bauleitplanung nicht.[608] So gelten die Werte, die in Verwaltungsvorschriften auf der Grundlage des BImSchG erlassen worden (TA Luft, TA Lärm) bzw. in DIN-Normen, VDI-Richtlinien und anderen technischen Regelwerken enthalten sind, nicht i.S. verbindlicher Rechtsnormen; sie können regelmäßig nur als Orientierungshilfen herangezogen werden, die geeignet sind, Anhaltspunkte dafür zu liefern, wann Immissionsbeeinträchtigungen als unzumutbar einzustufen sind.[609] Unter Würdigung der Umstände des Einzelfalls und der Schutzwürdigkeit des konkreten Bau-

602 *BVerwG*, Urt. v. 04.07.1986, Az. 4 C 31.84, BVerwGE 74, 315.

603 *BVerwG*, Urt. v. 14.04.1989, Az. 4 C 52.87, NVwZ 1990, 257.

604 *OVG Münster*, Urt. v. 07.03.2006, Az. 10 D 43/03.NE, juris, Rn. 93.

605 Vgl. *BVerwG*, Beschl. v. 14.07.1994, Az. 4 NB 25.94, BRS 56 Nr. 6; *OVG Münster*, Beschl. v. 30.06.2003, Az. 10a B 1028/02.NE, BauR 2004, 290 (291); *VGH Kassel*, Urt. v. 22.04.2010, Az. 4 C 306/09.N (Hafen Offenbach), juris, Rn. 97, dort auch zu Problemen infolge der Genehmigungsfreistellung für bestimmte Wohngebäude.

606 *Heilshorn*, NVwZ 2009, 137 (139).

607 Zu deren Nichtanwendbarkeit s. bei Fn. 632.

608 *BVerwG*, Beschl. v. 18.12.1990, Az. 4 N 6/88, NVwZ 1991, 881; *OVG Hamburg*, Urt. v. 27.04.2005, Az. 2 E 9/99, NordÖR 2006, 23 (28).

609 *BVerwG*, Urt. v. 12.08.1999, Az. 4 CN 4.98, BVerwGE 109, 246; *dass.*, Beschl. v. 13.12.2007, Az. 4 BN 41/07, NVwZ 2008, 426; *OVG Hamburg*, Urt. v. 27.04.2005, Az. 2 E 9/99, NordÖR 2006, 23 (28).

gebiets muss beurteilt werden, was im jeweiligen Planungsfall dem Betroffenen zugemutet werden kann.[610]

Bestimmte städtebauliche Standards ergeben sich aus der unterschiedlichen, der jeweiligen Zweckbestimmung folgenden Schutzwürdigkeit der Baugebiete nach der BauNVO.[611] Die im Baugebiet zulässigen Nutzungen verbinden sich zu einer gebietstypischen Struktur, in der miteinander verträgliche Nutzungen zusammengefasst und von anderen Nutzungen abgegrenzt werden. Diese Abstufungen nach der Schutzwürdigkeit und zulässigem Störungsgrad von emittierenden Anlagen haben für die Gebietsausweisungen und deren Zuordnung in den Bauleitplänen herausgehobene Bedeutung.[612]

Die Anforderungen des Abwägungsgebotes richten sich hinsichtlich der Belange des Immissionsschutzes vor allem auf die Vermeidung der von vorgesehenen Nutzungen ausgehenden Beeinträchtigungen bzw. – wo dies nicht möglich ist – auf deren Verminderung.[613] I.d.S. stellt die Abwägungsdirektive des § 50 S. 1 BImSchG klar, dass bei raumbedeutsamen Planungen und Maßnahmen die für eine bestimmte Nutzung vorgesehenen Flächen einander so zuzuordnen sind, dass schädliche Umwelteinwirkungen auf die ausschließlich oder überwiegend dem Wohnen dienenden Gebiete sowie auf sonstige schutzbedürftige Gebiete soweit wie möglich vermieden werden. Zu Recht wird der Grundsatz der zweckmäßigen Zuordnung von unverträglichen Nutzungen als ein wesentliches Element geordneter städtebaulicher Entwicklung und damit als elementarer Grundsatz städtebaulicher Planung bezeichnet.[614] Wohngebiete und sonstige Gebiete mit schutzwürdigen Nutzungen und die ihrem Wesen nach umgebungsbelastenden Gewerbe- und Industriegebiete sowie Gebiete mit anderen emittierenden Anlagen sollen danach – jedenfalls dem Grundsätzlichen nach – nicht nebeneinander liegen.[615] Die nach § 50 S. 1 BImSchG gebotene Zuordnung erfolgt somit in erster Linie durch eine ausreichende räumliche Trennung der unverträglichen Nutzungen (Trennungsgebot).[616] Anhaltspunkte für die gebotenen Abstände sind dem Abstandserlass NRW[617] zu entnehmen.

Es liegt indessen auf der Hand, dass eine ausreichende Trennung nicht ausnahmslos verwirklicht werden kann.[618] Gerade in den hier zu betrachtenden Fällen ist ein unmittelbares oder doch sehr nahes Nebeneinander von industrieller (Hafen-)Nutzung und anderen – schutzbedürftigen – Nutzungsformen (z.B. Wohn-, Büro-, Freizeitnutzung) in Häfen angestrebt oder soll zumindest in Kauf genommen werden. Dem kommt aus rechtlicher Sicht entgegen, dass die räumliche Trennung im Hinblick auf das der Bebau-

---

610 S. zur Bedeutung der DIN 18005-1 „Schallschutz im Städtebau" weiter unten im Text.

611 *Söfker*, in: Ernst/ Zinkahn/ Bielenberg/ Krautzberger, BauGB, § 1 Rn. 226.

612 *Söfker*, wie vor.

613 *OVG Münster,* Urt. v. 16.12.2005, Az. 7 D 48/04.NE, juris, Rn. 84 ff.

614 *Söfker*, in: Ernst/ Zinkahn/ Bielenberg/ Krautzberger, BauGB, § 1 Rn. 228.

615 *BVerwG*, Urt. v. 05.07.1974, Az. 4 C 50.72, BVerwGE 45, 309; *dass.*, Beschl. v. 07.07.2004, Az. 4 BN 16.04, BRS 67 Nr. 33.

616 Vgl. *BVerwG,* Urt. v. 05.07.1974, Az. IV C 50.72, BVerwGE 45, 309 (310).

617 Ministerium für Umwelt und Naturschutz, Landwirtschaft und Verbraucherschutz des Landes Nordrhein-Westfalen, Immissionsschutz in der Bauleitplanung. Abstände zwischen Industrie- bzw. Gewerbegebieten und Wohngebieten im Rahmen der Bauleitplanung und sonstige für den Immissionsschutz bedeutsame Abstände (Abstandserlass), MBl. Nr. 29 v. 12.10.2007, S. 659.

618 *Schmidt-Eichstaedt,* NordÖR 2006, 7 (11).

ungsplanung zur Verfügung stehende Arsenal an Festsetzungsmöglichkeiten nur eine von mehreren Möglichkeiten einer zweckentsprechenden Zuordnung der sich (sonst) beeinträchtigenden Nutzungen darstellt[619]. Genannt seien vorerst nur die Schaffung von Zwischenräumen, bauliche und technische Vorkehrungen, die aus geringen Abständen sonst erwachsende Unzuträglichkeiten vermeiden helfen, ferner Nutzungsbeschränkungen und sonstige geeignete Festlegungen, etwa solche nach § 9 Abs. 1 Nr. 24 BauGB (Schutzflächen, Vorkehrungen zum Schutz vor schädlichen Umwelteinwirkungen).[620]

Somit verleiht der Trennungsgrundsatz des § 50 S. 1 BImSchG als Abwägungsdirektive dem Immissionsschutz zwar besonderes Gewicht, aber keinen generellen Vorrang vor anderen Belangen.[621] Die Vorschrift verlangt nicht, dass schädliche Umwelteinwirkungen auf jeden Fall vermieden werden; dies muss nur „soweit wie möglich" geschehen. Die immissionsschutzrechtlichen Gesichtspunkte haben in die planerische Abwägung erkennbar einzugehen und dort mit dem ihnen zukommenden besonderen Gewicht Berücksichtigung zu finden.[622] Sie dürfen (nur) dann zurückgestellt werden, wenn die Planung durch entgegenstehende Belange mit entsprechend höherem Gewicht geboten ist.[623] Eine absolute Planungsschranke stellen Geräuschbeeinträchtigungen jedoch dann dar, wenn sie die Schwelle der Gesundheitsgefährdung überschreiten.[624]

Sofern, wie im Fall der Überplanung von (ehemaligen) Hafenflächen, eine neue Nutzung an eine bereits existierende Nutzung heranrückt, muss erstere auf die vorhandene Rücksicht nehmen, und zwar dergestalt, dass für die heranrückende Nutzung entsprechende Vorkehrungen getroffen werden, um Immissionskonflikte zu vermeiden.[625] Für eine hinzukommende Wohnnutzung etwa bedeutet dies, dass sie sich selbst schützen und auf den emittierenden Hafenbetrieb und seine Interessen Rücksicht nehmen muss. Solches hat vorrangig mit den Festsetzungsmöglichkeiten der Bebauungsplanung zu geschehen, um Beeinträchtigungen soweit wie möglich zu vermeiden. Können auf diese Weise Beeinträchtigungen nicht ausgeschlossen werden, lassen die Grundsätze der aus dem planerischen Gestaltungsspielraum fließenden Abwägung in einem bestimmten Umfang mit Rücksicht auf andere Belange, denen vorrangiges Gewicht eingeräumt werden soll, eine Beeinträchtigung zu.[626] Als derartige Belange kommen etwa die Wohnbedürfnisse der Bevölkerung (§ 1 Abs. 6 Nr. 1 BauGB) bzw. die Erhaltung, Erneuerung, Fortentwicklung, Anpassung und der Umbau vorhandener Ortsteile (§ 1 Abs. 6 Nr. 4 BauGB) in Betracht – und damit das öffentliche Interesse an einer städtebaulichen Neuordnung ehemaliger bzw. im Umbruch befindlicher Hafengebiete und deren Entwick-

619 *OVG Hamburg*, Urt. v. 27.04.2005, Az. 2 E 9/99, juris, Rn. 193 (in NordÖR 2006, 23 insoweit nicht abgedruckt).

620 *BVerwG*, Urt. v. 19.01.1989, Az. 7 C 77/87, BVerwGE 81, 197 (208 f.); *OVG Münster*, Urt. v. 22.05.2006, Az. 7 D 114/05.NE, juris, Rn. 28.

621 *BVerwG*, Urt. v. 22.03.1985, Az. 4 C 73/82, BVerwGE 71, 163 (165); *OVG Münster*, Beschl. v. 30.06.2003, Az. 10a B 1028/02.NE, BauR 2004, 290 (291); *dass.*, Urt. v. 07.03.2006, Az. 10 D 43/03.NE, juris, Rn. 72.

622 *BVerwG*, Urt. v. 22.03.1985, Az. 4 C 73/82, BVerwGE 71, 163 (165).

623 *BVerwG*, Urt. v. 16.03.2006, Az. 4 A 1075/04, BVerwGE 125, 116 Rn. 164.

624 *OVG Hamburg*, Urt. v. 27.04.2005, Az. 2 E 9/99, NordÖR 2006, 23 (28); *OVG Münster*, Beschl. v. 21.09.2005, Az. 10 B 9/05.NE, juris, Rn. 14.

625 *BVerwG*, Urt. v. 05.07.1974, Az. 4 C 50.72, BVerwGE 45, 309 (309 f.).

626 *Söfker*, in: Ernst/ Zinkahn/ Bielenberg/ Krautzberger, BauGB, § 1 Rn. 232.

lung zu attraktiven, belebten, urbanen Lebensräumen.[627] In diesem Zusammenhang darf die Gemeinde bei der Verfolgung eines derartigen Planungsziels in Rechnung stellen, dass der Nachteil hoher Lärmpegel bzw. sonstiger Immissionen durch die Attraktivität des vorgesehenen Standortes zumindest teilweise ausgeglichen werden kann. So sind vom *OVG Hamburg* in seiner Entscheidung zum Bebauungsplan Altona-Altstadt 21 die Vorzüge des Wohnens am Hafen als abwägungserhebliche Erwägungen anerkannt worden. Das Gericht hat insoweit ausgeführt, die Standortgunst ergebe sich u.a. aus der zentralen Lage der Flächen innerhalb des Stadtgebiets, dem unverwechselbaren Charakter des Ortes mit dem Blick auf die Elbe und der Erlebbarkeit des Hafens. Diese Umstände ließen es trotz der hohen Vorbelastung durch Lärm attraktiv erscheinen, in Hafennähe zu wohnen. Insoweit habe die Stadt zutreffend erwogen, dass es Interessenten gebe, welche die besondere Lage und Atmosphäre am nördlichen Elbufer suchten und schätzten und dementsprechend auch bereit seien, die ortsüblichen Bedingungen einschließlich Lärm und Lärmschutzmaßnahmen zu akzeptieren.[628]

Erhebliche praktische Bedeutung bei der Beurteilung von Lärmimmissionen (Verkehrs- und Gewerbeimmissionen) im Rahmen der Bauleitplanung kommt der DIN 18005-1 „Schallschutz im Städtebau" zu.[629] Darin finden sich Regeln für die Lärmberechnung und – in der Anlage – sog. Orientierungswerte. Nach der Rechtsprechung des *BVerwG* können diese Werte zur Bestimmung der zumutbaren Lärmbelastung eines Wohngebiets im Rahmen einer gerechten Abwägung – wie bedeutet – (nur) als Orientierungshilfe bzw. als „grober Anhalt" herangezogen werden; letztlich soll es auf die Umstände des Einzelfalls ankommen.[630] Je mehr allerdings die Orientierungswerte überschritten werden, desto gewichtiger müssen die für die Planung sprechenden Gründe sein und umso mehr hat die Gemeinde die baulichen und technischen Möglichkeiten auszuschöpfen, die ihr zu Gebote stehen, um diese Auswirkungen zu verhindern. So kann, dem *BVerwG* zufolge, eine Überschreitung um mehr als 10 dB(A) noch frei von Abwägungsmängeln sein, wenn zwar auf Maßnahmen des aktiven Schallschutzes verzichtet wird, eine Minderung der Immissionen aber durch Kombination von passivem Schallschutz, Stellung und Gestaltung von Gebäuden sowie Anordnung der Wohn- und Schlafräume erreicht wird.[631]

Keine Rolle spielt vorliegend die 16. BImSchV (Verkehrslärmschutz-Verordnung), weil diese nur dort Anwendung findet, wo es um den Bau und die wesentliche Änderung von Straßen und Schienenwegen geht; nicht aber wird die Planung von neuen Baugebieten im Einwirkungsbereich bereits vorhandener Verkehrsanlagen erfasst.[632]

---

627 *OVG Hamburg*, Urt. v. 27.04.2005, Az. 2 E 9/99, juris, Rn. 196, 209 (in NordÖR 2006, 23 insoweit nicht abgedruckt).

628 *OVG Hamburg*, Urt. v. 27.04.2005, Az. 2 E 9/99, NordÖR 2006, 23 (29).

629 *Kuschnerus,* Der sachgerechte Bebauungsplan, Rn. 294.

630 *BVerwG,* Urt. v. 22.03.2007, Az. 4 CN 2.06, NVwZ 2007, 831 (831); auch *OVG Münster,* Beschl. v. 21.09.2005, Az. 10 B 9/05.NE, juris, Rn. 10 ff.; *dass.,* Urt. v. 16.12.2005, Az. 7 D 48/04.NE, juris, Rn. 81.

631 *BVerwG,* Urt. v. 22.03.2007, Az. 4 CN 2.06, NVwZ 2007, 831 (831); krit. *Erbguth,* Öffentliches Baurecht, § 5 Rn. 158; vgl. auch das abweichende vorinstanzliche Urt. des *OVG Münster,* Urt. v. 16.12.2005, Az. 7 D 48/04.NE, juris, Rn. 41 ff.

632 *OVG Münster,* Urt. v. 16.12.2005, Az. 7 D 48/04.NE, juris, Rn. 99 ff.; *Kuschnerus,* Der sachgerechte Bebauungsplan, Rn. 320; *Heilshorn,* NVwZ 2009, 137 (140); bereits nach Fn. 248.

Als Zwischenergebnis lässt sich nach alledem festhalten, dass die Rechtsordnung einer Festsetzung von schutzbedürftigen Nutzungen in unmittelbarer Nachbarschaft emittierender Hafenbetriebe bzw. Verkehrswege nicht prinzipiell entgegensteht, soweit die Grenze zur Gesundheitsgefährdung nicht überschritten wird. Die Bauleitplanung muss allerdings dafür Sorge tragen, dass die aus den Immissionen herrührenden Belästigungen zuverlässig bis auf ein zumutbares Maß reduziert werden.[633]

2. *Rechtliche Möglichkeiten zur Bewältigung typischer Immissionskonflikte zwischen hafenbezogener und hafenfremder Nutzung*

Vor dem vorstehend dargelegten allgemeinen Hintergrund sollen nunmehr rechtliche Möglichkeiten aufgezeigt werden, mittels derer ein verträgliches Neben- bzw. Miteinander industrieller Hafennutzung und hinzutretender hafenfremder Nutzungen[634] gewährleistet werden kann. Hierbei kann es freilich nicht darum gehen, sämtliche denkbaren Konstellationen abzudecken und allen Optionen bis ins Detail nachzugehen. Vielmehr muss es aus Raumgründen mit einer abstrahierenden Darstellung sein Bewenden haben, die verschiedene mögliche Ansätze zur Problembewältigung vorstellt.

Im Zentrum der Betrachtung hat exemplarisch der praktisch besonders bedeutsame Lärmschutz zu stehen (dazu unter a)), daneben soll der Schutz vor anderen Immissionen, insbesondere Schadstoffen, angesprochen werden (unter b)). Ebenfalls zu diesem Problemkreis gehört die bedeutsame Frage, inwieweit es zu Rückwirkungen auf den Hafenbetrieb bzw. zu einer Beschneidung immissionsträchtiger Erweiterungen der Häfen kommen kann, wenn sich zunehmend hafenfremde Nutzungen im Hafengebiet ansiedeln bzw. an den Hafen heranrücken (unter c) und d)). Schließlich nimmt sich die Untersuchung der Frage an, ob sich Immissionsbetroffene wirksam zur Duldung von Lärm- und Schadstoffeinwirkungen verpflichten können (unter e)).

a) Lärmschutz

Hinsichtlich der planerischen Bewältigung des Lärmschutzes geht es zum einen um den Lärm, der vom Hafenbetrieb, d.h. vor allem von den Umschlagsanlagen ausgeht (Betriebslärm). Hierzu gehören auch jene Straßen- und Schienenverkehrsgeräusche, die von Fahrzeugbewegungen auf dem Betriebsgelände sowie bei Ein- und Ausfahrten, die in Zusammenhang mit dem Betrieb der Anlage stehen, verursacht werden.[635] Zum anderen ist der von den im Hafen befindlichen öffentlichen Straßen und Schienenwegen ausgehende Verkehrslärm in die Betrachtung einzubeziehen.

---

633 *OVG Münster,* Beschl. v. 30.06.2003, Az. 10a B 1028/02.NE, BauR 2004, 290 (291); ebenso *Schmidt-Eichstaedt,* NordÖR 2006, 7 (12) mit Blick auf die HafenCity Hamburg.

634 Soweit Gebiete in bzw. an Häfen vorhanden sind, in denen bereits Wohn- oder Büronutzungen im Einwirkungsbereich emittierender Hafen- und Verkehrsanlagen vorhanden sind (sog. Gemengelagen), gelten die dafür entwickelten Anforderungen an deren (erstmalige) Überplanung, dazu eingehend *Söfker,* in: Ernst/ Zinkahn/ Bielenberg/ Krautzberger, BauGB, § 1 Rn. 236 ff.; s. auch *OVG Münster,* Urt. v. 07.03.2006, Az. 10 D 43/03.NE, juris.

635 *OVG Bremen,* Urt. v. 11.06.1996, Az. 1 G 3/94 (CT Bremerhaven III), juris, Rn. 57; *dass.,* Urt. v. 13.12.2001, Az. 1 D 299/01 (CT Bremerhaven IIIa), NordÖR 2002, 116 (dort insoweit nicht abgedruckt, s. juris, Rn. 83).

aa) Ermittlung und Bewertung der Lärmimmissionen

Die planerische Bewältigung der Lärmimmissionen erfolgt, wie dargelegt, im Rahmen der Abwägung nach § 1 Abs. 7 BauGB. Entsprechend dem Verlauf des Abwägungsvorganges, der auf erster Stufe die Ermittlung der abwägungserheblichen Belange erfordert, sind zunächst die zu erwartenden Immissionen, welchen die vorgesehenen Nutzungen voraussichtlich ausgesetzt sein werden, im Wege einer sachverständigen Prognose (d.h. in einem schalltechnischen Gutachten) vollständig zu ermitteln. Hierbei ist größte Sorgfalt geboten, weil die nicht ausreichende Feststellung der tatsächlichen Lärmsituation als notwendige Grundlage der planerischen Bewältigung einen Abwägungsfehler (Ermittlungsdefizit) darstellt, der regelmäßig zur Unwirksamkeit der Planung führen wird.[636] Es empfiehlt sich, für das Ermittlungsverfahren auf besagte DIN 18005-1 (Schallschutz im Städtebau) zurückzugreifen, wonach eine anhand von Emittentengruppen getrennte Ermittlung der Straßenverkehrs-, Schienenverkehrs- sowie Industrie- und Gewerbeimmissionen vorgesehen ist. Die so gewonnenen Beurteilungspegel bilden die Grundlage der näheren planerischen Gestaltung im Einzelfall.

In einem nächsten Schritt sind die Beurteilungspegel mit den Orientierungswerten nach dem Beiblatt 1 zur DIN 18005-1 zu vergleichen. Jene Werte sind, wie dargelegt, nicht verbindlich, sondern als eine sachverständige Konkretisierung der Anforderungen an den Schallschutz im Städtebau zu begreifen.[637] Dem Beiblatt 1 ist auch der Hinweis zu entnehmen, die Beurteilungspegel der Geräusche verschiedener Arten von Schallquellen (Verkehr, Industrie, Gewerbe) wegen der unterschiedlichen Einstellung der Betroffenen zu verschiedenen Arten von Geräuschquellen jeweils für sich allein mit den Orientierungswerten zu vergleichen und nicht zu addieren.[638] Für die Beurteilung unterscheidet die DIN 18005-1 nach Tag- und Nachtwerten (6.00–22.00 Uhr bzw. 22.00–6.00 Uhr). Die Orientierungswerte sind im Wesentlichen nach den Baugebieten i.S. der BauNVO gegliedert.

Infolge der räumlichen Nähe von emittierenden industriellen Nutzungen im Hafen und den in Aussicht genommenen störempfindlichen hafenfremden Nutzungen ist zu erwarten, dass die Orientierungswerte in aller Regel nicht eingehalten, sondern (womöglich deutlich) überschritten werden und eine diesen Befund abmildernde räumliche Trennung i.S. des § 50 BImSchG infolge der örtlichen Verhältnisse nur eingeschränkt möglich sein wird. Damit kommt es zu dem angesprochenen Erfordernis, mit dem (sonstigen) Instrumentarium der Bauleitplanung die Immissionen auf ein zumutbares Maß zu reduzieren. Den insoweit bestehenden Möglichkeiten ist nunmehr nachzugehen.

bb) Mögliche Festsetzungen im Bebauungsplan

Die nachfolgend behandelten Festsetzungsmöglichkeiten stellen nur die wichtigsten und praktisch relevantesten Optionen der Gemeinde dar, mittels der Bebauungsplanung dem Belang des Immissionsschutzes Rechnung zu tragen. Regelmäßig wird nur eine Kombi-

---

636 So etwa im Fall *OVG Münster,* Urt. v. 07.03.2006, Az. 10 D 43/03.NE, juris, Rn. 51 ff.; s. auch *VGH Kassel,* Urt. v. 22.04.2010, Az. 4 C 306/09.N (Hafen Offenbach), juris, Rn. 84 ff. zum Nichtausreichen nur punktueller Messungen vom Hafen ausgehenden Gewerbelärms.

637 Beiblatt 1 zu DIN 18005 Teil 1, Ziff. 1.1.

638 Beiblatt 1 zu DIN 18005 Teil 1, Ziff. 1.2.

nation verschiedener Festsetzungsmöglichkeiten dafür sorgen können, die Immissionen auf ein zumutbares Maß zurückzudrängen.

(1) Baugebietsausweisungen

Wesentlichen Einfluss auf die Frage, welche Lärmimmissionen zumutbar sind, hat die Art der Baugebietsfestsetzung i.S. der BauNVO. Weil es vorliegend im Wesentlichen um die Ansiedlung von Wohn- und (nicht hafenaffinen) Gewerbenutzungen im Hafen gehen soll, kommt die Festsetzung von solchen Baugebieten in Betracht, in denen derartige Nutzungen allgemein oder zumindest ausnahmsweise zulässig sind. In Abhängigkeit von der tatsächlich vorfindlichen Lärmsituation kann sich die Festsetzung von Mischgebieten (MI) empfehlen, die nach § 6 Abs. 1 BauNVO dem Wohnen und der Unterbringung von Gewerbebetrieben, die das Wohnen nicht wesentlich stören, dienen. Darin sind u.a. Wohngebäude, Geschäfts- und Bürogebäude, Einzelhandelsbetriebe und sonstige Gewerbebetriebe allgemein zulässig. Denkbar ist indes auch, angrenzend an die industrielle Hafennutzung ein Gewerbegebiet (GE) nach § 8 BauNVO, etwa zur Ansiedlung nicht erheblich belästigender hafenaffiner Gewerbebetriebe, festzusetzen, an welches sich ein allgemeines Wohngebiet (WA) i.S. von § 4 BauNVO anschließen kann, das damit in gewissem Abstand zum Hafenbetriebsgelände dessen Emissionen nicht unmittelbar ausgesetzt ist. Selbst ein unmittelbares Nebeneinander von Industrie- und allgemeinen Wohngebieten ist rechtlich nicht a priori ausgeschlossen, auch wenn es hierbei erheblicher Anstrengungen bedarf, die Zumutbarkeitsgrenze im Hinblick auf die Immissionen planerisch in den Griff zu bekommen.

In der Abwägung nach § 1 Abs. 7 BauGB kann die Gemeinde allerdings zu der Einschätzung gelangen, dass die Immissionsbelastung durch den Hafen- und/oder Verkehrslärm derart hoch ist, dass eine Gebietsausweisung, die Wohnnutzungen allgemein zulässt, nicht vertretbar ist. In solchen Fällen besteht ggf. die Möglichkeit, ein Kerngebiet (MK) nach § 7 BauNVO festzusetzen, in welchem Wohnungen nach Abs. 3 Nr. 2 der Vorschrift (nur) ausnahmsweise zugelassen werden können. § 7 Abs. 4 S. 1 Nr. 2 BauNVO gestattet es zudem, für Teile des Kerngebiets aus besonderen städtebaulichen Gründen vorzuschreiben, dass in Gebäuden ein im Bebauungsplan bestimmter Anteil der zulässigen Geschossfläche oder eine bestimmte Größe der Geschossfläche für Wohnungen zu verwenden ist. Von dieser Möglichkeit hat etwa die Freie und Hansestadt Hamburg Gebrauch gemacht, um „im Umbruch befindliche Hafenflächen als attraktive Standorte für Arbeitsstätten, Wohn- und Freizeitnutzung sowie kulturelle und touristische Einrichtungen zu erschließen“ (Bebauungsplan Altona-Altstadt 21); das *OVG Hamburg* hat dieses Vorgehen nicht beanstandet.[639]

Entscheidend bei der Ausweisung von Baugebieten nach der BauNVO ist es in jedem Fall, dass sich die Gebietsausweisungen daran auszurichten haben, was tatsächlich in dem jeweiligen Gebiet an Nutzungen stattfinden soll. Ein „Etikettenschwindel“, mit dessen Hilfe der Schutzmaßstab für Bereiche mit immissionsempfindlicher Nutzung herabgesetzt werden soll, ist freilich unzulässig.[640] Die Gemeinde darf also nicht wegen

---

639 Vgl. *OVG Hamburg,* Urt. v. 27.04.2005, Az. 2 E 9/99.N (teilweise abgedruckt in NordÖR 2006, 23), juris, Rn. 4 ff., 16 ff., 188 ff.

640 *Kuschnerus,* Der sachgerechte Bebauungsplan, Rn. 348.

geringerer Schutzbedürftigkeit ein Mischgebiet festsetzen, wenn in dem betreffenden Bereich im Wesentlichen nur Wohnnutzung angestrebt wird.[641]

Die Gemeinde hat ferner die Möglichkeit, durch Gliederungen der Baugebiete nach der Art der zulässigen Nutzung oder nach der Art der Betriebe und Anlagen und deren besonderen Bedürfnissen und Eigenschaften ausreichende Abstände zwischen konfligierenden Nutzungen zu gewährleisten (§ 1 Abs. 4 BauNVO).[642]

Schließlich können ggf. schallschützende Wirkungen bereits vorhandener (baulicher) Anlagen, welche sich zwischen den emittierenden und den immissionsbetroffenen Nutzungen befinden, in die planerische Konzeption eingebunden werden. Freilich muss dann zugleich der unveränderte Fortbestand jener Anlagen langfristig planerisch gesichert werden.[643] Letzteres Erfordernis gilt auch für eine Planungskonzeption, wonach die Errichtung von schutzbedürftigen Wohnnutzungen erst zulässig sein soll, wenn eine (zunächst zu errichtende) abschirmende Bebauung den erforderlichen Schallschutz bietet (nach § 9 Abs. 2 S. 1 Nr. 2 BauGB aufschiebend bedingte Zulässigkeit der schutzbedürftigen Nutzungen).[644]

(2) Festsetzungen von Schutzflächen und Vorkehrungen zum Schutz vor schädlichen Umwelteinwirkungen nach § 9 Abs. 1 Nr. 24 BauGB

Nach § 9 Abs. 1 Nr. 24 BauGB können – aus städtebaulichen Gründen – in Bebauungsplänen Festsetzungen über

- die von der Bebauung freizuhaltenden Schutzflächen und ihre Nutzung,
- Flächen für besondere Anlagen und Vorkehrungen zum Schutz vor schädlichen Umwelteinwirkungen und sonstigen Gefahren i.S. des BImSchG sowie
- die zum Schutz vor solchen Einwirkungen oder zur Vermeidung oder Minderung solcher Einwirkungen zu treffenden baulichen und sonstigen technischen Vorkehrungen

vorgenommen werden. Mit jenen Festsetzungen kann gezielt den Erfordernissen des Immissionsschutzes entsprochen werden. Sie entfalten vor allem dort Relevanz, wo keine anderweitigen Möglichkeiten zur Lösung von Immissionsschutzkonflikten gegeben sind.[645] Das dürfte auf vielerlei Konstellationen des hier zu behandelnden engen Nebeneinander konfligierender Nutzungen in Häfen zutreffen, welches sich aus besagten Gründen regelmäßig nicht einfach im Wege der räumlichen Trennung von Baugebieten und damit der Abstandswahrung zwischen jenen Nutzungen entschärfen lässt. Im Einzelnen bieten sich in Häfen folgende Festsetzungsmöglichkeiten an:

Zunächst können Schutzflächen festgesetzt werden, die zumindest einen gewissen räumlichen Abstand zwischen den konfligierenden Anlagen resp. Nutzungen schaffen sollen. Freilich dürften in Häfen entsprechende Flächen in ausreichender Größe kaum zur Ver-

641 Bsp. bei *Kuschnerus,* Der sachgerechte Bebauungsplan, Rn. 548.

642 Dazu eingehend *Fickert/ Fieseler,* BauNVO, § 1 Rn. 82 ff.

643 *OVG Münster,* Urt. v. 07.03.2006, Az. 10 D 43/03.NE, juris, Rn. 88.

644 *VGH Kassel,* Urt. v. 22.04.2010, Az. 4 C 306/09.N (Hafen Offenbach), juris, Rn. 86 mit Bedenken hinsichtlich der Effektivität einer Sicherung mittels Baulasten.

645 *Söfker,* in: Ernst/ Zinkahn/ Bielenberg/ Krautzberger, BauGB, § 9 Rn. 198.

fügung stehen; überdies ist ihre immissionsmindernde Wirkung begrenzt. Immerhin kann eine Nutzungsfestsetzung für die Schutzfläche erfolgen, welche deren Schutzwirkung verstärken soll (z.B. Anpflanzungsgebot nach § 9 Abs. 1 Nr. 25 BauGB).

Größere Bedeutung als den Schutzflächen kommt den Flächen für besondere Anlagen und Vorkehrungen zum Schutz vor schädlichen Umwelteinwirkungen und sonstigen Gefahren i.S. des BImSchG zu. Unter Vorkehrungen sind Einrichtungen zu verstehen, die an einer baulichen oder sonstigen Anlage angebracht werden, um diese vor schädlichen Umwelteinwirkungen und sonstigen Gefahren zu schützen; darunter fallen etwa Lärmschutzwände und Lärmschutzwälle.[646] Die Vorkehrungen müssen baulicher oder sonstiger technischer Art sein; aus diesem Grund verbietet sich die Festsetzung von isolierten Emissions- und Immissionswerten.[647] Derartige Werte können aber zur Bestimmung von Eigenschaften bestimmter Baustoffe verwendet werden, also z.B. als Grenzwerte, die der Konkretisierung von baulichen oder technischen Vorkehrungen dienen.[648]

Schließlich gestattet § 9 Abs. 1 Nr. 24 BauGB die Festsetzung besagter Vorkehrungen selbst, d.h. ohne Flächenfestsetzung. Allerdings müssen sich die Vorkehrungen bestimmbar auf Flächen beziehen, d.h. aus dem Bebauungsplan muss hervorgehen, für welche Grundstücke, Flächen oder Anlagen die Vorkehrungen gelten sollen.[649] Als Vorkehrungen kommen zunächst Maßnahmen des aktiven Schallschutzes in Betracht, also solche an den emittierenden Anlagen, sofern diese vom Geltungsbereich des Bebauungsplans erfasst werden. Besondere praktische Relevanz eignet vorliegend der Festsetzung von Vorkehrungen des passiven Schallschutzes, mittels derer Immissionen an den zu schützenden Anlagen vermieden bzw. vermindert werden sollen.[650] Als solche kommen u.a. (auch nicht zu öffnende) Schallschutzfenster, bestimmte Bedingungen für die Grundstücksgestaltung, Anordnung der Aufenthaltsräume in den Gebäuden durch entsprechende Grundrissgestaltung, die immissionshemmende Ausführung der Außenwände, -türen und Dächer, vorgelagerte Nebenanlagen u.ä. in Betracht.[651]

Das *BVerwG* hat zum Ausdruck gebracht, dass es mit dem Gebot gerechter Abwägung vereinbar sein könne, Wohngebäude an der lärmzugewandten Seite des Gebiets auch deutlich über den Orientierungswerten der DIN 18005-1 liegenden Außenpegeln auszusetzen, wenn im Innern der Gebäude durch die Anordnung der Räume und die Verwendung schallschützender Außenbauteile angemessener Lärmschutz gewährleistet werde. Allerdings sei bei derartigen Festsetzungen zugleich in besonderer Weise darauf zu achten, dass auf der lärmabgewandten Seite der Grundstücke geeignete geschützte Außenwohnbereiche[652] geschaffen werden könnten. Mit einer derartigen Lösung mache die Gemeinde von den ihr gegebenen Festsetzungsmöglichkeiten in differenzierter Form

646 *Söfker,* in: Ernst/ Zinkahn/ Bielenberg/ Krautzberger, BauGB, § 9 Rn. 205.

647 *BVerwG,* Urt. v. 16.12.1999, Az. 4 CN 7/98, NvwZ 2000, 815 (817); *Erbguth,* Öffentliches Baurecht, § 5 Rn. 100; *Löhr,* in: Battis/ Krautzberger/ Löhr, BauGB, § 9 Rn. 90.

648 *Söfker,* in: Ernst/ Zinkahn/ Bielenberg/ Krautzberger, BauGB, § 9 Rn. 206.

649 *Söfker,* in: Ernst/ Zinkahn/ Bielenberg/ Krautzberger, BauGB, § 9 Rn. 208.

650 *BVerwG,* Urt. v. 22.03.2007, Az. 4 CN 2/06, NVwZ 2007, 831 (831 f.); *OVG Münster,* Urt. v. 22.05.2006, Az. 7 D 114/05.NE, juris, Rn. 33.

651 *BVerwG,* Beschl. v. 07.09.1988, Az. 4 N 1/87, BVerwGE 80, 184 (186); *OVG Hamburg,* Urt. v. 27.04.2005, Az. 2 E 9/99, juris, Rn. 202 ff. (in NordÖR 2006, 23 insoweit nicht abgedruckt); *Söfker,* in: Ernst/ Zinkahn/ Bielenberg/ Krautzberger, BauGB, § 9 Rn. 208.

652 Hierzu auch *VGH Kassel,* Urt. v. 22.04.2010, Az. 4 C 306/09.N (Hafen Offenbach), juris, Rn. 90.

sachgerechten Gebrauch.[653] Das Gericht hat freilich auch darauf hingewiesen, dass eine unzureichende Ermittlung im Hinblick auf die Möglichkeiten, Vorkehrungen aktiven Lärmschutzes (etwa Lärmschutzwälle oder -wände an Verkehrswegen) auszuweisen, die Unwirksamkeit des Bebauungsplans nach sich ziehen muss.[654] Zwar sei die Gemeinde nicht gehalten, Maßnahmen zu ergreifen oder in einem Bebauungsplan festzusetzen, bei denen der mit ihnen erreichbare Erfolg außer Verhältnis zu den damit verursachten Kosten stehe. Gleichwohl habe die Gemeinde sorgfältig der Frage nachzugehen, ob ein solcher Fall gegeben sei.[655]

Festsetzungen zum passiven Schallschutz müssen dem Erfordernis hinreichender Bestimmtheit genügen; bloße Zielfeststellungen reichen nicht aus.[656] Nicht geboten ist es indes, die Art der baulichen Maßnahmen an Außentüren, Fenstern, Außenwänden und Dächern etc. im Einzelnen planerisch zu bestimmen. Auch begegnet es wegen des Grundsatzes planerischer Zurückhaltung keinen Bedenken, wenn der Plan die konkrete Ausführung dem Baugenehmigungsverfahren bzw. dem Bauwilligen überlässt und selbst nur die baulichen oder technischen Vorkehrungen als solche festsetzt.[657]

Es versteht sich von selbst, dass die Festsetzungen in ihrem Zusammenwirken geeignet sein müssen, die Lärmbeeinträchtigungen auf ein zumutbares Maß zu reduzieren. Das verlangt vor allem danach, Innenraumpegel zu gewährleisten, die lärmbedingte Kommunikationsstörungen oder Schlafstörungen zuverlässig ausschließen.[658]

b) Schutz vor sonstigen Immissionen

Zu den in der Abwägung nach § 1 Abs. 7 BauGB zu berücksichtigenden Immissionen können ggf. auch Schadstoff- und Lichtimmissionen gehören, die auf den Hafen und darin befindliche Verkehrsanlagen zurückgehen. Hierbei gelten die bereits dargestellten allgemeinen Grundsätze zur Bewältigung des Immissionsschutzes in der Bauleitplanung.[659]

Was im Speziellen die Berücksichtigung von Schadstoffimmissionen angeht, so bedarf es auch diesbezüglich einer sorgfältigen prognostischen Ermittlung und Bewertung im Hinblick auf ihre Zumutbarkeit. Nach § 1 Abs. 6 Nr. 7 lit. h BauGB ist zudem die Erhaltung der bestmöglichen Luftqualität in Gebieten, in denen die durch Rechtsverordnung zur Erfüllung von bindenden Beschlüssen der EG festgelegten Immissionsgrenzwerte nicht überschritten werden, in der Abwägung zu berücksichtigen. Zur Erfüllung solcher Beschlüsse werden aufgrund von § 48a BImSchG Rechtsverordnungen über die Festsetzung von Immissions- und Emissionsgrenzwerten erlassen; das betrifft auch die

653 *BVerwG*, Urt. v. 22.03.2007, Az. 4 CN 2/06, NVwZ 2007, 831 (831); anders noch die Vorinstanz: *OVG Münster*, Urt. v. 16.12.2005, Az. 7 D 48/04.NE, juris, Rn. 71 ff.

654 *BVerwG*, Urt. v. 22.03.2007, Az. 4 CN 2/06, NVwZ 2007, 831 (832).

655 *BVerwG*, Urt. v. 22.03.2007, Az. 4 CN 2/06, NVwZ 2007, 831 (832).

656 *BVerwG*, Beschl. v. 18.12.1990, Az. 4 N 6.88, DVBl. 1991, 442; zu Anforderungen an die Bestimmtheit s. auch *VGH Kassel*, Urt. v. 22.04.2010, Az. 4 C 306/09.N (Hafen Offenbach), juris, Rn. 94 ff.

657 *OVG Hamburg*, Urt. v. 27.04.2005, Az. 2 E 9/99, juris, Rn. 204 f. (in NordÖR 2006, 23 insoweit nicht abgedruckt); *Kuschnerus*, Der sachgerechte Bebauungsplan, Rn. 369.

658 *OVG Hamburg*, Urt. v. 27.04.2005, Az. 2 E 9/99, juris, Rn. 206 (in NordÖR 2006, 23 insoweit nicht abgedruckt).

659 Dazu unter B.II.1.

22. BImSchV[660]. Die Einhaltung der darin festgelegten Grenzwerte ist hingegen keine unbedingte Rechtmäßigkeitsvoraussetzung für die Bauleitplanung, weil diese nach Maßgabe des § 47 Abs. 1 BImSchG im Wege der Luftreinhalteplanung sicherzustellen ist und es der Gemeinde regelmäßig unbenommen bleibt, die Problembewältigung diesem Verfahren zu überlassen.[661] Allerdings gilt auch hier der allgemeine planungsrechtliche Grundsatz, dass Konflikte, die durch eine Planung ausgelöst oder verschärft werden, in ein anderes Verfahren dann nicht verlagert werden dürfen, wenn bereits absehbar ist, dass sie sich dort nicht werden lösen lassen. Durch den Bebauungsplan dürfen mithin keine Fakten geschaffen werden, die sich mit dem Instrumentarium der Luftreinhalteplanung nicht wieder beseitigen lassen. Die Gemeinde hat daher im Rahmen der Abwägung zu prüfen, ob ihre Planung Grenzwertüberschreitungen erwarten lässt.[662]

c) *Mögliche Einschränkungen für den Hafenbetrieb infolge heranrückender störungsempfindlicher Bebauung*

Aus Sicht des Immissionsschutzrechts kann die Ansiedelung immissionsempfindlicher Nutzungen in der Nachbarschaft emittierender Hafenbetriebe rechtliche Folgen für jene Betriebe nach sich ziehen. Diese Folgen resultieren aus den Betreiberpflichten für genehmigungsbedürftige (§ 5 BImSchG) und nicht genehmigungsbedürftige Anlagen, etwa Containerterminals (§ 22 BImSchG). Zwar ist im Falle der hier interessierenden heranrückenden Wohn- bzw. Bürobebauung, d.h. bei Neufestsetzung entsprechender Baugebiete im Einwirkungsbereich einer vorhandenen emittierenden Anlage, zunächst vom durch die Genehmigung vermittelten Bestandsschutz dieser Anlage auszugehen, wenn sie rechtmäßig errichtet worden ist, dem Stand der Technik entspricht und insoweit legal emittiert.[663] Wird allerdings dadurch die in den Einwirkungsbereich der Anlage eindringende Bebauung erheblichen, d.h. unzumutbaren Belästigungen ausgesetzt (z.B. durch Lärm, Staub), können – im Gefolge des immissionsschutzrechtlichen Verursacherprinzips – Anordnungen nach § 17 bzw. § 24 BImSchG ergehen, die Betriebseinschränkungen zum Gegenstand haben[664].[665] Das findet seine Ursache darin, dass der Gesetzgeber den Konflikt zwischen ansässigen Betrieben und heranrückender Wohnbebauung zulasten der Betriebe geregelt hat; das Prioritätsprinzip gilt insoweit nicht. Weder der baurechtliche noch der immissionsschutzrechtliche Bestandsschutz stehen im Fall für den Anlagenbetreiber nachteiliger Veränderungen der Sach- oder Rechtslage einer nachträglichen Anordnung entgegen.[666] Allerdings ist zu beachten, dass dieser Mechanismus in der Praxis nicht den Regelfall darstellen wird; denn – erstens – hat nach dem bereits Dargestellten schon die Bauleitplanung dafür Sorge zu tragen, dass besagte Konflikte

---

660 Verordnung über Immissionswerte für Schadstoffe in der Luft v. 11.09.2002, BGBl. I S. 3626, i.d.F. der Bekanntmachung v. 04.06.2007, BGBl. I S. 1006.

661 So für die Planfeststellung *BVerwG,* Urt. v. 16.03.2006, Az. 4 A 1075.04 (Flughafen Berlin-Schönefeld), BVerwGE 125, 116 (271 f. Rn. 426); für die Übertragbarkeit jener Erwägung auf die Bauleitplanung *Söfker,* in: Ernst/ Zinkahn/ Bielenberg/ Krautzberger, BauGB, § 1 Rn. 155.

662 *BVerwG,* Urt. v. 16.03.2006, Az. 4 A 1075.04 (Flughafen Berlin-Schönefeld), BVerwGE 125, 116 (271 f. Rn. 426), aus Sicht der Planfeststellung.

663 *Fickert/ Fieseler,* BauNVO, § 1 Rn. 46.3.

664 *Jarass,* BImSchG, § 24 Rn. 11.

665 *Fickert/ Fieseler,* wie vor.

666 *BVerwG,* Urt. v. 18.05.1995, Az. 4 C 20/94, BVerwGE 98, 235 (247); *Hüting/ Hopp,* BauR 2004, 930 (931 ff.).

bewältigt werden, zweitens handelt es sich bei § 24 BImSchG um eine „Kann"-Vorschrift, d.h. der Erlass der Anordnung steht im behördlichen Ermessen, und drittens steht die Anordnung unter dem Vorbehalt des Verhältnismäßigkeitsgrundsatzes, so dass insbesondere der Nutzen der Anordnung und die Belastungen des Anlagenbetreibers in einem angemessenen Verhältnis zueinander stehen müssen[667].[668]

Die Lösung des Problems ist, wie betont, vorrangig auf der Ebene der Bauleitplanung zu suchen[669]; den Betreibern der emittierenden Anlagen steht ein entsprechendes subjektives Abwehrrecht gegen eine Bebauungsplanung zu, die heranrückende Wohnbebauung ausweist, ohne die damit einhergehenden Immissionskonflikte angemessen zu lösen.[670] Die Gemeinde muss ihrerseits mit planungsrechtlichen Mitteln Vorsorge dafür treffen, dass das immissionsschutzrechtliche Verursacherprinzip später gar nicht erst zur Geltung gebracht werden muss.[671] Im Übrigen ist daran zu erinnern, dass die „herangerückten" Anwohner nach dem Gebot der Rücksichtnahme auch höhere Immissionen hinzunehmen haben, mit der Folge einer erhöhten Zumutbarkeitsschwelle, soweit Immissionen nicht weiter verringerbar sind[672] – dies freilich unter dem Vorbehalt einer gleichwohl rechtmäßigen planerischen Abwägungsentscheidung.

d) Problem der Verhinderung immissionssteigernder Entwicklungen der Häfen durch zunehmende hafenfremde Nutzungen

Das Heranrücken schutzbedürftiger hafenfremder Nutzungen, insbesondere der Wohnnutzung, birgt aus Sicht der Hafenbetreiber des Weiteren die Gefahr, dass dadurch möglicherweise immissionssteigernde betriebliche Erweiterungen der Häfen erschwert oder gar unmöglich gemacht werden. Das *OVG Hamburg* hat in seiner erwähnten Entscheidung betreffend den Bebauungsplan Altona-Altstadt 21 zu diesem Problem recht knapp ausgeführt, es sei zwar in Ansehung des gebietsübergreifenden Rücksichtnahmegebots möglich, dass die Zulassung von Wohnungen den Hafenbetrieben in einer lärmsteigernden Ausdehnung Grenzen setze. Dies allein nötige den Inhabern der Hafenbetriebe aber in Abwägung mit dem öffentlichen Interesse an einer städtebaulichen Neuordnung des nördlichen Elbufers und dessen Entwicklung zu einem attraktiven, belebten, urbanen Lebensraum kein unzumutbares Opfer ab.[673]

Zu bedenken ist demgegenüber, dass der normativen Entziehung oder Beschränkung bestehender Baurechte erhebliches Gewicht zukommt, welches sich im Rahmen der Abwägung auswirken muss.[674] Beim Erlass eines Bebauungsplans ist daher im Rahmen der planerischen Abwägung das private Interesse am Erhalt bestehender baulicher Nutzungsrechte mit dem öffentlichen Interesse an einer städtebaulichen Neuordnung des Plangebiets abzuwägen. Neben den durch Art. 14 Abs. 1 GG geschützten Eigentumsbe-

667 *Jarass*, BImSchG, § 24 Rn. 16.

668 *Fickert/ Fieseler*, wie vor.

669 Ebenso *Hüting/ Hopp*, BauR 2004, 930 (932).

670 *BVerwG*, Urt. v. 10.12.1982, Az. 4 C 28.81, BRS 39 Nr. 57.

671 *Fickert/ Fieseler*, BauNVO, § 1 Rn. 46.4.

672 *BVerwG*, Urt. v. 12.12.1975, Az. IV C 71.73, BVerwGE 50, 49; *Fickert/ Fieseler*, BauNVO, § 1 Rn. 46.4.

673 *OVG Hamburg*, Urt. v. 27.04.2005, Az. 2 E 9/99, juris, Rn. 209 (in NordÖR 2006, 23 insoweit nicht abgedruckt).

674 *OVG Münster*, Urt. v. 07.03.2006, Az. 10 D 43/03.NE, juris, Rn. 60.

langen, die selbstverständlich und in hervorgehobener Weise zu den abwägungserheblichen Belangen öffentlich-rechtlicher Planungsentscheidungen gehören, verlangt die Beachtung der Belange der Wirtschaft (§ 1 Abs. 6 Nr. 8 BauGB) – über den durch Art. 14 Abs. 1 GG garantierten Bestandsschutz hinaus – bei der Abwägung zudem die Berücksichtigung etwaiger in den Blick genommener Kapazitätserweiterungen und Modernisierungen von betrieblichen Anlagen, die zur Erhaltung der Konkurrenzfähigkeit notwendig sind.[675] Das gilt nicht nur für die Erweiterung einzelner auf dem Hafengelände ansässiger (hafenaffiner) Betriebe, sondern für die Entwicklungsfähigkeit des Hafens insgesamt.

e) *Zulässigkeit vertraglicher Vereinbarungen, insbesondere des Verzichts der Immissionsbetroffenen auf Abwehransprüche*

Es fragt sich schließlich, ob die vertragliche Duldung von Immissionen durch die Anwohner bzw. Grundstückseigentümer sowie der Verzicht auf entsprechende Abwehransprüche (ggf. dinglich gesichert durch öffentlich-rechtliche Baulasten, private Dienstbarkeiten etc.) zulässige Mittel darstellen können, planerische Schutzvorkehrungen zu ergänzen oder gar zu ersetzen. Die Rechtsprechung hält den Verzicht auf Abwehransprüche als Mittel der planerischen Konfliktbewältigung für schlechthin untauglich. Das findet sich zutreffend damit begründet, dass der Interessenkonflikt, der aus dem Nebeneinander unverträglicher Nutzungen herrühre, gerade nicht bewältigt werde, sondern der Verzicht die Grundstückseigentümer nur daran hindere, diesen Konflikt auszutragen. Der Bauleitplan verfehle überdies seine Aufgabe, die bauliche Nutzung entsprechend den Anforderungen der städtebaulichen Entwicklung und Ordnung vorzubereiten, wenn er den künftigen Konflikt vorprogrammiere anstatt ihm vorzubeugen.[676] Nach dem *BVerwG* ist der öffentliche Belang der Verminderung schädlicher Umwelteinwirkungen privaten Erklärungen a priori unzugänglich. Auf den Schutz, den das öffentliche Recht zugunsten Belästigter errichtet habe, könne nicht dadurch verzichtet werden, dass sich die Belästigten mit dem Vorhaben einverstanden erklärten.[677] Kurzum: Bleibt der Immissionskonflikt bauleitplanerisch ungelöst, vermögen Duldungs- und Verzichtserklärungen der Betroffenen an dem Verdikt der Unwirksamkeit des Plans nichts zu ändern. Abweichendes gilt naheliegenderweise dann, wenn die (vertraglich abgesicherte) Mitwirkung der Betroffenen dazu führt, dass der Konflikt bewältigt wird. So ist es dem *BVerwG* zufolge zulässig, wenn ein Nachbar einem immissionsträchtigen Vorhaben zustimmt, weil er in seinem Wohnhaus Schallschutzfenster einbaut.[678] Nichts anderes wird im umgekehrten Fall des Heranrückens schutzbedürftiger Wohnbebauung an einen vorhandenen Hafenbetrieb anzunehmen sein, wenn sich die betroffenen Grundstückseigentümer zu entsprechenden Maßnahmen verpflichten. Freilich muss gewährleistet sein, dass die Mitwirkungsverpflichtung bei ordnungsgemäßer Erfüllung zu einer dauerhaften und rechtssicheren Vermeidung der missbilligten Umstände bzw. Beeinträchtigungen führt; (nur) in diesem Fall kann sie in der Abwägung berücksichtigt werden.[679]

---

675 *OVG Münster,* Urt. v. 07.03.2006, Az. 10 D 43/03.NE, juris, Rn. 62; s. auch *OVG Münster,* Urt. v. 22.05.2006, Az. 7 D 114/05.NE, juris, Rn. 45.

676 *OVG Lüneburg,* Urt. v. 04.01.1983, Az. 1 C 2/81, ZfBR 1982, 281.

677 *BVerwG,* Urt. v. 28.04.1978, Az. 4 C 53.76, BauR 1978, 383.

678 *BVerwG,* Beschl. v. 23.01.2002, Az. 4 BN 3.02, ZfBR 2002, 371 (372).

679 *Schmidt-Eichstaedt,* NordÖR 2006, 7 (14).

III. Hochwasserschutzrecht

Angesichts der verheerenden Hochwasserereignisse in der jüngeren Vergangenheit sehen sich die Gemeinden bei der Überplanung von Hafenstandorten umfänglichen und strengen Anforderungen des Hochwasserschutzrechts gegenüber. Diese haben mit dem Gesetz zur Verbesserung des vorbeugenden Hochwasserschutzes (Hochwasserschutzgesetz) vom 3.5.2005[680] Eingang sowohl in das Wasserrecht als auch in das Bauplanungsrecht gefunden. Im Folgenden werden die dem Hochwasserschutz dienenden Regelungen dargestellt, soweit sie für die Planung und Zulassung von hafenfremden Vorhaben in bzw. an nordrhein-westfälischen Binnenhäfen von Relevanz sind. Bedeutsam sind dabei vor allem §§ 72–81 WHG, die erhebliche Auswirkungen auf die gemeindliche Bauleitplanung haben (dazu unter 1.), sowie § 1 Abs. 6 Nr. 12 BauGB, wonach die Belange des Hochwasserschutzes in der bauleitplanerischen Abwägung zu berücksichtigen sind (dazu unter 2.).

1. Auswirkungen des Hochwasserschutzrechts nach dem WHG auf die Umnutzung von Hafenflächen

Erhebliche Einschränkungen der gemeindlichen Bauleitplanung lassen sich zunächst dem 6. Abschnitt in Kapitel 3 des Wasserhaushaltsgesetzes entnehmen, der nach Art. 24 Abs. 2 S. 1 des Gesetzes zur Neuregelung des Wasserrechts[681] am 1.3.2010 in Kraft getreten ist. Jener Abschnitt überführt die Vorschriften zum Hochwasserschutz, die u.a. durch das Hochwasserschutzgesetz 2005 in das WHG a.F. eingefügt wurden (§§ 31a-32), in modifizierter Form in das neue Gesetz. Letzteres setzt zudem Vorgaben der EG-Hochwasserrichtlinie von 2007[682] in nationales Recht um.[683]

Unter „Hochwasser" versteht das Gesetz in § 72 WHG (soweit hier relevant) die zeitlich begrenzte Überschwemmung von normalerweise nicht mit Wasser bedecktem Land durch oberirdische Gewässer.[684] Die zuständigen Behörden sind nach § 73 Abs. 1 S. 1 WHG verpflichtet, das Hochwasserrisiko bis zum 22.12.2011[685] zu bewerten und danach die Gebiete mit signifikantem Hochwasserrisiko (Risikogebiete) zu bestimmen. Unter Hochwasserrisiko versteht das Gesetz die Kombination der Wahrscheinlichkeit des Eintritts einer Hochwasserereignisses mit den möglichen nachteiligen Hochwasserfolgen für die menschliche Gesundheit, die Umwelt, das Kulturerbe, wirtschaftliche Tätigkeiten und erhebliche Sachwerte (§ 73 Abs. 1 S. 2 WHG). Basierend auf den für die Risikogebiete bewerteten Hochwasserrisiken erstellen die Behörden sodann Gefahrenkarten und Risikokarten (§ 74 WHG) sowie – auf deren Grundlage – Risikomanagementpläne (§ 75 WHG) mit dem Ziel, mögliche nachteilige Hochwasserfolgen zu verringern, soweit dies möglich und verhältnismäßig ist.

Das neue WHG kennt nicht mehr die Kategorie der „überschwemmungsgefährdeten Gebiete"; entsprechend auf der Grundlage des alten Rechts ermittelte und kartogra-

---

680 BGBl. I, S. 1224.

681 Gesetz v. 31.07.2009, BGBl. I, S. 2585.

682 Richtlinie 2007/60/EG v. 23.10.2007 über die Bewertung und das Management von Hochwasserrisiken, ABl.EG L 288 v. 06.11.2007, S. 27.

683 BT-Drs. 16/12275, S. 73.

684 Erfasst wird von der Definition überdies das in Küstengebiete eindringende Meerwasser.

685 § 73 Abs. 5 S. 1 WHG.

phisch dargestellte Gebiete sollen dem Begriff der Risikogebiete unterfallen und in diesem Rahmen fortgeführt werden.[686]

a) Einschränkungen für die Bauleitplanung in festgesetzten und „faktischen" Überschwemmungsgebieten

Nach wie vor beziehen sich die Restriktionen, denen die städtebauliche Nutzung aus Gründen des Hochwasserschutzes unterworfen ist, vornehmlich auf die sog. Überschwemmungsgebiete. Dabei handelt es sich nach § 76 Abs. 1 S. 1 WHG um Gebiete zwischen oberirdischen Gewässern und Deichen oder Hochufern und um sonstige Gebiete, die bei Hochwasser überschwemmt oder durchflossen oder die für Hochwasserentlastung oder Rückhaltung beansprucht werden (Retentionsräume). Die Landesregierung ist nach § 76 Abs. 2 WHG aufgerufen, Überschwemmungsgebiete durch Rechtsverordnung festzusetzen. Innerhalb der Risikogebiete sind mindestens diejenigen Gebiete als Überschwemmungsgebiete festzusetzen, in denen ein Hochwasserereignis statistisch einmal in 100 Jahren zu erwarten ist. Gleiches hat innerhalb der Gebiete zu geschehen, die bereits vor Einführung des EG-rechtlich vorgegebenen förmlichen Bewertungsverfahrens entsprechend den Risikogebieten zugeordnet worden waren[687]. Die Festsetzungspflicht erstreckt sich ferner auf die zur Hochwasserentlastung und Rückhaltung beanspruchten Gebiete (§ 76 Abs. 2 S. 1 Nr. 2 WHG).

Gebiete, welche die vorstehend genannten Voraussetzungen erfüllen und damit als Überschwemmungsgebiete festzusetzen sind, müssen bereits im Vorfeld der förmlichen Festsetzung ermittelt, in Kartenform dargestellt und vorläufig gesichert werden (§ 76 Abs. 3 WHG). Derartige Gebiete werden als „faktische"[688] (bzw. „vorläufige"[689]) Überschwemmungsgebiete bezeichnet.

Für förmlich festgesetzte Überschwemmungsgebiete normiert § 78 WHG besondere Schutzvorschriften, welche zu einem weitgehenden Ausschluss städtebaulicher Nutzung in derartigen Gebieten führen. Nach § 78 Abs. 6 WHG gelten jene Vorschriften für „faktische" Überschwemmungsgebiete entsprechend. Damit sind, um einer zögerlichen Festsetzungspraxis auf Landesebene entgegen zu wirken, festgesetzte und „faktische" Überschwemmungsgebiete insoweit rechtlich gleichgestellt.[690]

§ 78 Abs. 1 S. 1 Nr. 1 WHG untersagt zunächst die Ausweisung von neuen Baugebieten in Bauleitplänen oder sonstigen Satzungen nach dem Baugesetzbuch, nimmt von diesem Verbot aber ausdrücklich Bauleitpläne für Häfen und Werften aus. Die Vorschrift wirft damit zwei Probleme auf, nämlich erstens die Frage, in welchen Fällen es sich um ein „neues Baugebiet" handelt sowie – zweitens – die Frage nach der Reichweite der Ausnahmevorschrift für Häfen.

Was die erste Frage anbelangt, so sind zunächst mit dem Begriff „Baugebiete" jene nach §§ 1 ff. BauNVO gemeint.[691] Die Auslegung, was ein „neues" Baugebiet ist, muss aus

686 BT-Drs. 16/12275, S. 74.

687 Vgl. § 73 Abs. 5 S. 2 Nr. 1 WHG.

688 *Kotulla,* WHG 2007, § 31b Rn. 127; *Mitschang,* LKV 2006, 433 (436).

689 *Paul/ Pfeil,* NVwZ 2006, 505 (506).

690 *Mitschang,* LKV 2006, 433 (436).

691 BT-Drs. 15/3168, S. 14; *Kotulla,* WHG 2007, § 31b Rn. 81.

systematischen und teleologischen Erwägungen nach Maßgabe des bauplanungsrechtlichen Status quo erfolgen.[692] Unproblematisch erfasst ist die erstmalige Überplanung bisheriger Außenbereichsflächen i.S. des § 35 BauGB. Anderes gilt allerdings, wenn im sog. unbeplanten Innenbereich (§ 34 BauGB) ein vorhandenes Baugebiet durch einen Flächennutzungs- oder Bebauungsplan lediglich bestätigt wird.[693] Sofern eine (planerische) Umnutzung aktuell oder ehemals hafenwirtschaftlich genutzter Areale angestrebt wird, die einer Wohn- oder Büronutzung etc. zugeführt werden sollen, so handelt es sich dabei ungeachtet der Einordnung der Fläche in die Kategorien der §§ 30 ff. BauGB um die Ausweisung eines neuen Baugebiets, die dem Verbot des § 78 Abs. 1 Nr. 1 WHG unterfällt. Das muss auch für die Umwandlung bereits beplanter Brachflächen eines früheren Hafengebiets in ein Wohngebiet gelten, d.h. auch für Fälle der Änderung von Bebauungsplänen, sofern andersartige Baugebiete und damit neue Bau- bzw. Nutzungsrechte geschaffen werden.[694] Nicht zugestimmt werden kann schließlich der Auffassung, die bloße (räumliche) Erweiterung eines bereits bestehenden Baugebiets ohne Änderung der Gebietsart falle nicht unter das Planungsverbot.[695] Dem widerstreitet schon in rechtssystematischer Hinsicht § 78 Abs. 1 S. 1 Nr. 2 WHG, der u.a. die Errichtung und Erweiterung baulicher Anlagen nach § 30 BauGB und damit auf der Grundlage von Bebauungsplänen untersagt. Solche Bebauungspläne, die qua Erweiterung von Baugebieten neue Baurechte schaffen, müssen folglich erst recht unzulässig sein. Überdies widerspräche die genannte Sichtweise dem Sinn und Zweck der Vorschrift, die in (faktischen) Überschwemmungsgebieten eine zusätzliche bauliche Bodennutzung grundsätzlich unterbunden wissen will.

Von besonderem Interesse ist angesichts des weitreichenden Planungsverbots die gesetzlich eröffnete Ausnahme, die es ermöglicht, mittels Bauleitplänen „für Häfen" neue Baugebiete in Überschwemmungsgebieten auszuweisen. Angesichts dessen fragt sich, ob davon z.B. auch die Ausweisung von Wohngebieten auf (ehemaligen) Hafenflächen erfasst wird. Eine solche Sichtweise erscheint indes kaum vertretbar. Bereits der Normwortlaut verdeutlicht, dass es sich um Ausweisungen handeln muss, die eine hafenwirtschaftliche Nutzung zum Ziel haben; andernfalls hätte der Gesetzgeber die Worte „in Häfen" gebraucht. Bestätigt wird diese Auslegung durch die mit der Vorschrift verfolgte Intention des Gesetzgebers, die in der Begründung zum Gesetzentwurf aufscheint: Dort ist von den „unabweisbaren Ausnahmefällen der Hafen*anlagen*" (Hervorhebung durch Verf.) die Rede.[696] Nicht zuletzt gebietet der Zweck der Regelung eine restriktive Interpretation; dieser ist nämlich darin zu sehen, dass die bauleitplanerische Sicherung von Häfen eben nur deshalb auch in Überschwemmungsgebieten zulässig bleiben soll, weil sich solche Einrichtungen zwangsläufig in unmittelbarer Nähe zum schiffbaren Gewässer befinden müssen, was für bauliche Anlagen zur Wohn- und Gewerbenutzung nicht gilt;[697] auch ist der Gefährdungsgrad letzterer Nutzungsformen eine deutlich höherer als solcher hafenspezifischer Art. Im Ergebnis lässt damit die Vorschrift des § 78 Abs. 1

---

692 *Breuer,* NuR 2006, 614 (620).

693 *Breuer,* wie vor; *Czychowski/ Reinhardt,* WHG, § 78 Rn. 6; *Kotulla,* WHG 2007, § 31b Rn. 81.

694 Ebenso *Kotulla,* WHG 2007, § 31b Rn. 81; anders *Czychowski/ Reinhardt,* WHG, § 78 Rn. 6, die solche Fälle nur dem Berücksichtigungsgebot des § 1 Abs. 6 Nr. 12 BauGB unterwerfen wollen.

695 So aber *Kotulla,* WHG 2007, § 31b Rn. 81.

696 BT-Drs. 15/3168, S. 14.

697 I.d.S. auch *Kotulla,* WHG 2007, § 31b Rn. 82.

S. 1 Nr. 1 WHG den Gemeinden keinen Spielraum für eine „kreative" Deutung des Hafenbegriffs, so dass eine Ausweisung funktional nicht unmittelbar mit dem Hafenzweck zusammenhängender baulicher Nutzungen im Hafengebiet ausscheidet.[698]

Die Ausweisung von neuen Baugebieten im vorstehend dargelegten Sinne kann nur ausnahmsweise durch Genehmigung der zuständigen Wasserbehörde zugelassen werden, wenn die in § 78 Abs. 2 Nr. 1–9 WHG aufgeführten Voraussetzungen kumulativ vorliegen.[699] Das damit vorgegebene Prüfprogramm erweist sich als äußerst streng und wird daher in aller Regel einer Umnutzung von Hafenflächen zu Wohn-, Freizeit- und Dienstleistungsstandorten entgegenstehen.[700] So scheidet eine ausnahmsweise Zulassung der Bauleitplanung bereits dann aus, wenn andere Möglichkeiten der Siedlungsentwicklung bestehen oder geschaffen werden können (Nr. 1). Dabei ist auf das gesamte Gemeindegebiet abzustellen; insoweit muss die Inanspruchnahme des Überschwemmungsgebiets alternativlos sein.[701] Schon hieran dürfte eine Durchbrechung des Planungsverbots in den allermeisten Fällen scheitern. Darüber hinaus fordert das Gesetz, dass das neu auszuweisende Gebiet unmittelbar an ein bestehendes Baugebiet angrenzt (Nr. 2), eine Gefährdung von Leben oder erhebliche Gesundheits- oder Sachschäden nicht zu erwarten sind (Nr. 3), der Hochwasserabfluss und die Höhe des Wasserstandes nicht nachteilig beeinflusst werden (Nr. 4), die Hochwasserrückhaltung nicht beeinträchtigt und der Verlust von verloren gehendem Rückhalteraum umfang-, funktions- und zeitgleich ausgeglichen wird (Nr. 5), der bestehende Hochwasserschutz nicht beeinträchtigt wird (Nr. 6), keine nachteiligen Auswirkungen auf Oberlieger und Unterlieger zu erwarten sind (Nr. 7), die Belange der Hochwasservorsorge beachtet sind (Nr. 8) und schließlich die Bauvorhaben so errichtet werden, dass bei dem Bemessungshochwasser, das der Festsetzung des Überschwemmungsgebietes zugrunde liegt, keine baulichen Schäden zu erwarten sind (Nr. 9).

b) *Einschränkungen der Errichtung und Erweiterung baulicher Anlagen in festgesetzten und „faktischen" Überschwemmungsgebieten*

Neben der Ausweisung von Baugebieten untersagt § 78 Abs. 1 S. 1 WHG in Nr. 2 die Errichtung und Erweiterung baulicher Anlagen nach den §§ 30, 33, 34 und 35 BauGB.[702] Die Vorschrift richtet sich damit vordergründig an die (Bau-)Genehmigungsbehörden. Eine ausnahmsweise Genehmigung kommt nach § 78 Abs. 3 S. 1 WHG nur in Frage, wenn im Einzelfall das Vorhaben die Hochwasserrückhaltung nicht oder nur unwesentlich beeinträchtigt und der Verlust von verloren gehendem Rückhalteraum zeitgleich ausgeglichen wird (Nr. 1), es den Wasserstand und den Abfluss bei Hochwasser nicht nachteilig verändert (Nr. 2), den bestehenden Hochwasserschutz nicht beeinträchtigt (Nr. 3) und hochwasserangepasst ausgeführt wird (Nr. 4) oder wenn die nachteiligen Auswirkungen durch Nebenbestimmungen ausgeglichen werden können (§ 78 Abs. 3 S. 1 Hs. 2 WHG). Schließlich gestattet es § 78 Abs. 3 S. 2 WHG, die Errichtung oder

---

698 *Kotulla,* WHG 2007, § 31b Rn. 83; *Paul/ Pfeil,* NVwZ 2006, 505 (507 Fn. 21), unter ausdrücklicher Bezugnahme auf das Wohnen „am/im Fluss".

699 *Mitschang,* LKV 2006, 433 (435).

700 Ebenso *Mitschang,* wie vor.

701 *Kotulla,* WHG 2007, § 31b Rn. 87.

702 S. dazu *OVG Münster,* Urt. v. 30.10.2009, Az. 10 A 1074/08, NuR 2010, 139.

Erweiterung baulicher Anlagen bei der Festsetzung der Überschwemmungsgebiete unter näher bestimmten Voraussetzungen allgemein zuzulassen.

c) *Geltung für nach altem Recht festgesetzte Überschwemmungsgebiete*

Die umstrittene Frage, ob das grundsätzliche Bauplanungs- und Bauverbot auch in Überschwemmungsgebieten gilt, die vor Inkrafttreten des Hochwasserschutzgesetzes 2005 festgesetzt wurden[703], ist in NRW landesrechtlich entschieden. Nach § 112 Abs. 3 i.V.m. § 113 LWaG gelten die nach bisherigem Recht erlassenen ordnungsbehördlichen Verordnungen zur Festsetzung von Überschwemmungsgebieten fort und richten sich die Rechtsfolgen derartiger Verordnungen nach neuem Recht.

2. *Hochwasserschutz in der planerischen Abwägung*

Auch wenn sich die zur städtebaulichen Umnutzung vorgesehenen (Hafen-)Flächen nicht innerhalb eines festgesetzten bzw. „faktischen" Überschwemmungsgebiets befinden, bedeutet das nicht, dass die Belange des Hochwasserschutzes keine Rolle im Rahmen der Bauleitplanung spielen.[704] Zum einen ist sie Restriktionen insoweit unterworfen, als sich in Raumordnungsplänen zielförmige Ausweisungen mit Bezug zum Hochwasserschutz finden, die einer damit unvereinbaren städtebaulichen Planung nach § 1 Abs. 4 BauGB entgegenstehen.[705]

Jenseits dessen sind nach § 1 Abs. 6 Nr. 12 BauGB die Belange des Hochwasserschutzes in der bauleitplanerischen Abwägung zu berücksichtigen.[706] Voraussichtliche Auswirkungen der beabsichtigten Planung auf den Hochwasserschutz haben überdies Gegenstand der Umweltprüfung nach § 2 Abs. 4 BauGB und damit des Umweltberichts nach § 2a BauGB zu sein[707], auch wenn § 2 Abs. 4 BauGB nicht ausdrücklich auf Nr. 12, sondern nur auf Nr. 7 und die darin aufgeführten Belange des Umweltschutzes Bezug nimmt. Der Hochwasserschutz lässt sich nämlich von den Auswirkungen der Planung auf das von § 1 Abs. 6 Nr. 7 lit. a BauGB erfasste Schutzgut „Wasser" nicht trennen.[708]

Das Abwägungsgebot des § 1 Abs. 7 BauGB verlangt die Ermittlung und Gewichtung der Auswirkungen der Planung auf den Hochwasserschutz und des entsprechenden Gefährdungspotentials im Hinblick auf die Häufigkeit von Überschwemmungen und die zu erwartenden Hochwasserstände. Ferner ist der etwaig bebauungsbedingte Retentionsraumverlust in die Ermittlung einzubeziehen – und ebenfalls Ausgleichsmöglichkeiten und Maßnahmen zur Vorbeugung vor Hochwasserschäden[709]. Letzteres lässt sich in Bebauungsplänen z.B. durch Festsetzungen über Hochwasserschutzanlagen erreichen (§ 9 Abs. 1 Nr. 16 BauGB).[710]

---

703 Dazu *VGH Kassel,* Urt. v. 22.04.2010, Az. 4 C 306/09.N (Hafen Offenbach), juris, Rn. 108 m.w.N.
704 *Söfker,* in: Ernst/ Zinkahn/ Bielenberg/ Krautzberger, BauGB, § 1 Rn. 178.
705 *Paul/ Pfeil,* NVwZ 2006, 505 (508).
706 Vgl. *VGH Kassel,* Urt. v. 22.04.2010, Az. 4 C 306/09.N (Hafen Offenbach), juris, Rn. 110.
707 *Mitschang,* LKV 2006, 433 (438).
708 *Paul/ Pfeil,* wie vor.
709 *Söfker,* in: Ernst/ Zinkahn/ Bielenberg/ Krautzberger, BauGB, § 1 Rn. 178.
710 *Söfker,* wie vor.

In der eigentlichen Abwägungsentscheidung kann die Gemeinde bestimmten Belangen den Vorzug gegenüber anderen einräumen, hier also die Hochwasserschutzbelange hinter als höhergewichtig zu bewertenden Belangen der städtebaulichen Umnutzung von Hafenflächen zurücktreten lassen. In gewissem Umfang ist es auch zulässig, die Konfliktbewältigung dem Baugenehmigungsverfahren zu überlassen, in welchem dann vom Bauherrn besondere Anforderungen an hochwassergefährdete Gebäude zu erfüllen sind, beispielsweise der Verzicht auf Öltanks, die Verwendung bestimmter Baumaterialien in unteren Geschossen, das erhöhte Anlegen von Eingängen und dergleichen mehr.[711] Zu beachten ist aber, dass planbedingte Missstände auch äußerste, im Wege der Abwägung nicht überwindbare Grenzen setzen können, etwa wenn die Gefahr von Überflutungen des Baugebiets nicht mittels planerischer Vorkehrungen bewältigt werden kann.[712]

Weiterhin hat die Bauleitplanung dazu beizutragen, frühere Überschwemmungsgebiete, die als Rückhalteflächen geeignet sind, so weit wie möglich wiederherzustellen, wenn überwiegende Gründe des Wohls der Allgemeinheit dem nicht entgegenstehen (§ 77 S. 3 WHG). Die Vorschrift bindet nicht nur die Wasserbehörden, sondern auch alle Planungsträger und somit die Gemeinden.[713] Fraglich ist angesichts der wenig eindeutigen Formulierung, ob es sich bei dem Wiederherstellungsgebot um einen für die Bauleitplanung strikt beachtlichen Planungsleitsatz handelt oder lediglich um ein Optimierungsgebot, dem im Rahmen der Abwägung Rechnung zu tragen ist. Die Regelung in § 31b Abs. 6 S. 1 WHG a.F. (jetzt § 77 S. 1 und 2 WHG), wonach Überschwemmungsgebiete in ihrer Funktion als Rückhalteflächen zu erhalten, und, soweit überwiegende Allgemeinwohlgründe dem entgegenstehen, rechtzeitig die notwendigen Ausgleichsmaßnahmen zu treffen sind, hat der *VGH München* kürzlich als Planungsleitsatz bezeichnet.[714] Nichts anderes dürfte für das Wiederherstellungsgebot des § 77 S. 3 WHG gelten; denn die Vorschrift stellt die Entscheidung, ob hiervor abgesehen werden kann, nicht der planerischen Abwägung nach § 1 Abs. 7 BauGB anheim, sondern einer bipolaren Abwägung zwischen dem öffentlichen Interesse an der Wiederherstellung ehemaliger Überschwemmungsgebiete einerseits und entgegenstehenden Allgemeinwohlgründen andererseits. Die Regelung weist damit eine konditionale Normstruktur auf und kann damit weder als Abwägungsdirektive noch als Optimierungsgebot angesehen werden.[715] Dieser Sichtweise steht auch nicht entgegen, dass die Wiederherstellung nur „so weit wie möglich" erfolgen soll[716]; etwas Unmögliches kann von den Adressaten – hier den Gemeinden – selbstverständlich nicht verlangt werden.

711 *Paul/ Pfeil,* NVwZ 2006, 505 (510).

712 *BVerwG,* Urt. v. 21.03.2002, Az. 4 CN 14/00, NVwZ 2002, 1509 (1511); *Paul/ Pfeil,* NVwZ 2006, 505 (508).

713 *Czychowski/ Reinhardt,* WHG, § 77 Rn. 3; *Kotulla,* WHG 2007, § 31b Rn. 139.

714 *VGH München,* Beschl. v. 26.01.2009, Az. 1 B 07.151, juris, Rn. 4, in der Entscheidung ging es allerdings vordergründig um die Frage, ob die Bestimmung auch als Zulässigkeitsvoraussetzung im Baugenehmigungsverfahren anzusehen ist; vorher ausdrücklich offen lassend *ders.,* Urt. v. 30.07.2007, Az. 15 N 06.741, juris, Rn. 35.

715 Anders aber *Paul/ Pfeil,* NVwZ 2006, 505 (509) und *Kotulla,* WHG 2007, § 31b Rn. 139, die für ein Optimierungsgebot votieren.

716 So aber wohl *Czychowski/ Reinhardt,* WHG, § 77 Rn. 9.

IV. Sonstige wasserrechtliche Vorgaben

Jenseits dem Hochwasserschutz dienender Vorschriften ist mit Blick auf die Zulassungsebene des Weiteren die wasserrechtliche Vorschrift des § 36 S. 1 WHG beachtlich. Danach sind u.a. Anlagen an oberirdischen Gewässern so zu errichten, zu betreiben, zu unterhalten und stillzulegen, dass keine schädlichen Gewässerveränderungen zu erwarten sind und die Gewässerunterhaltung nicht mehr erschwert wird, als es den Umständen nach unvermeidbar ist. Zu den Anlagen zählen nach S. 2 Nr. 1 der Vorschrift auch bauliche Anlagen wie Gebäude, Brücken und Stege. Im Übrigen gelten nach § 36 S. 3 WHG die landesrechtlichen Vorschriften.

V. Naturschutzrecht

Auch dem Naturschutzrecht sind Anforderungen zu entnehmen, welche der Bauleitplanung im hier interessierenden Zusammenhang Grenzen setzen können und denen die Gemeinde deshalb besondere Aufmerksamkeit zu schenken hat. Zunächst sind die Belange des Naturschutzes und der Landschaftspflege im Rahmen der Abwägung nach § 1 Abs. 7 BauGB zu berücksichtigen, was § 1 Abs. 6 Nr. 7 BauGB ausdrücklich entnommen werden kann. Über die bloße Abwägungsbeachtlichkeit von Naturschutzbelangen hinaus drängen besondere Instrumente des Naturschutzrechts auf ihre Verwirklichung, die spezifische materielle Erfordernisse an die Bauleitplanung herantragen. Das gilt für die naturschutzrechtliche Eingriffsregelung sowie den auf europarechtliche Vorgaben zurückgehenden Habitat- und Artenschutz. Jenen Instrumenten kann, wenngleich es hier um die Umnutzung bislang oder ehemals industriell in Anspruch genommener und damit in gewisser Weise vorbelasteter Flächen geht, in der Praxis durchaus Bedeutung zukommen; sie sollen daher nachfolgend in ihren wesentlichen rechtlichen Anforderungen, die sich dem Bundesnaturschutzgesetz (ggf. i.V.m. dem Landschaftsgesetz NRW) entnehmen lassen, dargestellt werden.

1. Die naturschutzrechtliche Eingriffsregelung

Aus Sicht des allgemeinen Schutzes von Natur und Landschaft ist im Rahmen der Bauleitplanung nach § 1a Abs. 3 BauGB die naturschutzrechtliche Eingriffsregelung zu bewältigen. Satz 1 der Vorschrift verpflichtet die Gemeinde, die Vermeidung und den Ausgleich voraussichtlich erheblicher Beeinträchtigungen des Landschaftsbildes sowie der Leistungs- und Funktionsfähigkeit des Naturhaushalts in seinen in § 1 Abs. 6 Nr. 7 lit. a BauGB bezeichneten Bestandteilen in der Abwägung nach § 1 Abs. 7 BauGB zu berücksichtigen. Das BNatSchG selbst regelt in § 18 Abs. 1 das Verhältnis der in §§ 12 ff. BNatSchG naturschutzrechtlich ausgeformten Eingriffsregelung zur Bauleitplanung: Sind auf Grund der Aufstellung, Änderung, Ergänzung oder Aufhebung von Bauleitplänen Eingriffe in Natur und Landschaft zu erwarten, ist über die Vermeidung, den Ausgleich und den Ersatz nach den Vorschriften des Baugesetzbuchs zu entscheiden.

a) Vorliegen eines Eingriffs

Zunächst ist nach Maßgabe der Eingriffsdefinition des § 14 Abs. 1 BNatSchG festzustellen, ob infolge der Planung ein Eingriff zu erwarten ist. Eingriffe in Natur und Landschaft sind danach Veränderungen der Gestalt oder Nutzung von Grundflächen oder Veränderungen des mit der belebten Bodenschicht in Verbindung stehenden Grundwasserspiegels, die die Leistungs- und Funktionsfähigkeit des Naturhaushalts oder das

Landschaftsbild erheblich beeinträchtigen können. Um eine verlässliche Prognose darüber abgeben zu können, ob die beabsichtigte Planung Eingriffe in Natur und Landschaft vorbereitet, bedarf es seitens der planenden Gemeinde zunächst einer Bestandsaufnahme und Bewertung des vorfindlichen Zustands von Natur und Landschaft.[717] Der Untersuchungsraum richtet sich nach der Reichweite möglicher Beeinträchtigungen der Schutzgüter, die nicht selten über das Plangebiet hinausreichen.

b) Möglichkeiten der Vermeidung bzw. Minimierung und des Ausgleichs

Kommt die Gemeinde zu dem Schluss, dass aufgrund der beabsichtigten Planung Eingriffe in Natur und Landschaft zu erwarten sind, so hat sie gem. § 18 Abs. 1 BNatSchG i.V.m. § 1a Abs. 3 S. 1 BauGB zunächst darüber zu befinden, ob und inwieweit sie im Rahmen der Abwägung nach § 1 Abs. 7 BauGB dem sog. Vermeidungsgebot i.S. des § 15 Abs. 1 BNatSchG Rechnung zu tragen vermag. Gem. § 15 Abs. 1 S. 1 BNatSchG ist der Verursacher eines Eingriffs zu verpflichten, vermeidbare Beeinträchtigungen von Natur und Landschaft zu unterlassen. Beeinträchtigungen sind vermeidbar, wenn zumutbare Alternativen, den mit dem Eingriff verfolgten Zweck am gleichen Ort ohne oder mit geringeren Beeinträchtigungen von Natur und Landschaft zu erreichen, gegeben sind (Satz 2 der Vorschrift). Im Rahmen der Bauleitplanung ist damit der Frage nachzugehen, ob alternative Ausführungsarten ersichtlich sind, mittels derer die Planungsziele, die als solche indes nicht zur Disposition stehen, unter geringerer Beeinträchtigung von Natur und Landschaft realisierbar sind.

Des Weiteren hat die Gemeinde im Rahmen der Abwägung darüber zu entscheiden, inwieweit zu erwartende Eingriffe ausgeglichen werden können. Der Begriff der Ausgleichsmaßnahme ist dem BNatSchG zu entnehmen, wird aber durch bauplanungsrechtliche Vorschriften modifiziert.[718] Nach § 15 Abs. 2 S. 2 BNatSchG ist eine Beeinträchtigung ausgeglichen, wenn und sobald die beeinträchtigten Funktionen des Naturhaushalts in gleichartiger Weise wiederhergestellt sind und das Landschaftsbild landschaftsgerecht wiederhergestellt oder neu gestaltet ist. Während das Naturschutzrecht Ausgleichs- und Ersatzmaßnahmen unterscheidet (§ 15 Abs. 2 S. 3 BNatSchG), kennt das Bauplanungsrecht einen umfassenden Ausgleichsbegriff, dem auch Ersatzmaßnahmen unterfallen (§ 200a S. 1 BauGB). Letztere sollen nicht, wie der Ausgleich im eigentlichen Sinne, die Wiederherstellung beeinträchtigter Funktionen bzw. des Landschaftsbildes sichern, sondern eine Kompensation für den Eingriff schaffen.[719]

Der dergestalt weit verstandene Ausgleich erfolgt nach § 1a Abs. 3 S. 2 BauGB durch geeignete Darstellungen und Festsetzungen nach §§ 5 und 9 BauGB als Flächen oder Maßnahmen zum Ausgleich. Im Flächennutzungsplan können Ausgleichsflächen etwa mit Darstellungen nach § 5 Abs. 2 Nr. 10 BauGB (Flächen für Maßnahmen zum Schutz, zur Pflege und zur Entwicklung von Boden, Natur und Landschaft) gesichert werden. Auf der Ebene der Bebauungsplanung gilt Entsprechendes: Als Ausgleichsflächen kommen gem. § 9 Abs. 1 BauGB beispielsweise Grünflächen (Nr. 15), Wasserflächen (Nr. 16) oder Flächen zum Schutz, zur Pflege und zur Entwicklung von Boden, Natur

717 *Krautzberger*, in: Battis/ Krautzberger/ Löhr, BauGB, § 1a Rn. 20; *Erbguth*, Öffentliches Baurecht, § 3 Rn. 59.

718 *Erbguth*, Öffentliches Baurecht, § 3 Rn. 61 ff.

719 *Krautzberger*, in: Battis/ Krautzberger/ Löhr, BauGB, § 200a Rn. 3.

und Landschaft (Nr. 20) in Betracht. Als Ausgleichsmaßnahmen nennt § 9 Abs. 1 BauGB z.B. Maßnahmen zum Schutz, zur Pflege und zur Entwicklung von Boden, Natur und Landschaft (Nr. 20) oder das Anpflanzen von Bäumen, Sträuchern und sonstigen Bepflanzungen (Nr. 25a).

§ 1a Abs. 3 S. 3 BauGB gestattet es, die Darstellungen und Festsetzungen auch an anderer Stelle als am Eingriffsort vorzusehen, soweit dies mit einer nachhaltigen städtebaulichen Entwicklung und den Zielen der Raumordnung sowie des Naturschutzes und der Landschaftspflege vereinbar ist. Aus dieser Bestimmung ergeben sich verschiedene Optionen: Auf der Ebene der Flächennutzungsplanung können die Darstellungen auf vom Eingriffsort räumlich getrennten Grundstücken erfolgen. Dementsprechend besteht gem. § 5 Abs. 2a BauGB die Möglichkeit, Flächen zum Ausgleich i.S. des § 1a Abs. 3 BauGB im Geltungsbereich des Flächennutzungsplans den Flächen ganz oder teilweise zuzuordnen, auf denen Eingriffe in Natur und Landschaft zu erwarten sind. Für die Bebauungsplanung sieht § 9 Abs. 1a S. 2 BauGB die Möglichkeit der Zuordnung für festgesetzte Flächen oder Maßnahmen zum Ausgleich an anderer Stelle sowie für Maßnahmen auf von der Gemeinde bereitgestellten Flächen (§ 1a Abs. 3 Satz 4, 2. Alt. BauGB) vor.[720]

Weiterhin eröffnet es § 9 Abs. 1a S. 1 BauGB in Anknüpfung an die Regelung des § 1a Abs. 3 S. 3 BauGB auf der Ebene der Bebauungsplanung, die Flächen oder Maßnahmen zum Ausgleich i.S. des § 1a Abs. 3 BauGB auf den Grundstücken, auf denen Eingriffe zu erwarten sind, aber auch an anderer Stelle festzusetzen. Letztere Ausweisungen können sowohl im sonstigen Geltungsbereich des Bebauungsplans als auch in einem anderen Bebauungsplan erfolgen. Auf diese Weise steht der Gemeinde ein Instrumentarium zur Verfügung, vermöge dessen die räumliche Koppelung von Eingriff und Ausgleich im Rahmen der Bauleitplanung vollständig beseitigt werden kann.

Auch in zeitlicher Hinsicht bietet das Ausgleichsinstrumentarium des BauGB größte Flexibilität. Durch die bereits angesprochene Darstellung von Ausgleichsflächen im Flächennutzungsplan und deren Zuordnung gem. § 5 Abs. 2a BauGB wird eine zeitliche Entkoppelung von Eingriff und Ausgleich ermöglicht, weil die Gemeinde Ausgleichsflächen auch schon vor der Erstellung des Eingriffsbebauungsplans vorsehen kann.[721] Ferner gestattet § 135a Abs. 2 S. 2 BauGB die Durchführung von Maßnahmen zum Ausgleich vor den Baumaßnahmen und der Zuordnung der Ausgleichsmaßnahmen zu den Grundstücken, auf denen die Eingriffe später stattfinden werden (vgl. § 9 Abs. 1a S. 2 BauGB).

Anstelle von planerischen Darstellungen und Festsetzungen lassen sich ferner vertragliche Vereinbarungen gem. § 11 BauGB treffen (§ 1a Abs. 3 S. 4 Hs. 1 BauGB). So bestimmt § 11 Abs. 1 S. 1 Nr. 2 BauGB, dass Gegenstand eines städtebaulichen Vertrages auch die Durchführung des Ausgleichs i.S. des § 1a Abs. 3 BauGB sein kann.

c) Ausnahmen von der Ausgleichsverpflichtung

Eine im vorliegenden Zusammenhang relevante Einschränkung der Ausgleichspflicht ist § 1a Abs. 3 S. 5 BauGB zu entnehmen. So ist ein Ausgleich nicht erforderlich, soweit

720 Dazu *Erbguth*, Öffentliches Baurecht, § 3 Rn. 62 ff.

721 *Brohm*, Öffentliches Baurecht, § 6 Rn. 41.

die Eingriffe bereits vor der planerischen Entscheidung erfolgt sind oder zulässig waren. Bedeutung kommt der Ausnahmeregelung gerade für die Umnutzung von bislang bzw. ehemals für Hafenzwecke beanspruchten Flächen zu, weil hier – wie bei anderen Konversionsstandorten – ein Ausgleich nicht mehr geboten ist, wenn anstelle der alten, nicht mehr genutzten Bebauung eine neue ohne zusätzliche Beeinträchtigung von Natur und Landschaft treten soll[722]. Gleiches gilt, wenn vorhandene Bausubstanz erhalten bleiben und lediglich einer anderweitigen Nutzung zugeführt werden soll.

Die Ausgleichspflicht entfällt schließlich nach § 13a Abs. 2 Nr. 4 BauGB für Bebauungspläne der Innenentwicklung nach § 13a Abs. 1 S. 2 Nr. 1 BauGB. Hierbei handelt es sich nach § 13a Abs. 1 S. 1 BauGB um Bebauungspläne für die Wiedernutzbarmachung von Flächen, die Nachverdichtung oder andere Maßnahmen der Innenentwicklung. Davon können auch in Häfen vorfindliche Konversionsflächen mit Bausubstanz bei fortgefallener prägender Wirkung der aufgegebenen (Hafen-)Nutzung erfasst sein.[723] Voraussetzung für den Entfall der Ausgleichspflicht ist allerdings, dass in dem Bebauungsplan eine zulässige Grundfläche i.S. des § 19 Abs. 2 BauNVO oder eine Größe der Grundfläche von insgesamt weniger als 20.000 m² festgesetzt wird, wobei die Grundflächen mehrerer Bebauungspläne, die in einem engen sachlichen, räumlichen und zeitlichen Zusammenhang aufgestellt werden, mitzurechnen sind. Wird weder eine zulässige Grundfläche noch eine Größe der Grundfläche festgesetzt, ist die Fläche maßgeblich, die bei Durchführung des Bebauungsplans voraussichtlich versiegelt wird (Satz 3). Ferner darf weder die Zulässigkeit eines UVP-pflichtigen Vorhabens begründet werden, noch dürfen Anhaltspunkte für eine Beeinträchtigung von FFH- bzw. Vogelschutzgebieten[724] bestehen (Sätze 4 und 5).

Für sämtliche Fälle der Freistellung nach § 1a Abs. 3 S. 5 BauGB ist daran zu erinnern, dass das Programm der Eingriffsregelung nicht allein aus der Ausgleichspflicht besteht, sondern mit dem Gebot einsetzt, vermeidbare Beeinträchtigungen zu unterlassen bzw. zu mindern. Da die Vorschrift aber nur von der Ausgleichspflicht entbindet, hat die Gemeinde den Anforderungen des Vermeidungs- bzw. Minimierungsgebots in jedem Fall Rechnung zu tragen[725]; es kann also nicht die Rede davon sein, die naturschutzrechtliche Eingriffsregelung sei für nicht ausgleichspflichtige Bebauungspläne (in Gänze) unanwendbar[726]. Ohnehin bleibt es bei der uneingeschränkten Abwägungsbeachtlichkeit der Naturschutzbelange nach § 1 Abs. 6 Nr. 7 lit. a, Abs. 7 BauGB.[727]

2. *Europäisches Habitatschutzrecht*

Auch in der Bauleitplanung kommt dem Habitatschutzrecht Bedeutung zu, welches auf Vorgaben des europäischen Naturschutzrechts, namentlich der FFH-RL[728] und der

722 *Dirnberger*, in: Jäde/ Dirnberger/ Weiß, BauGB, § 1a Rn. 27.

723 Allg. *Erbguth*, Öffentliches Baurecht, § 5 Rn. 63a; *Uechtritz*, BauR 2007, 476 (478).

724 Dazu sogleich unter 2.

725 So auch *Götze/ Müller*, ZUR 2008, 8 (12).

726 So aber in Bezug auf § 13a Abs. 1 S. 2 Nr. 1 BauGB *Krautzberger*, in: Ernst/ Zinkahn/ Bielenberg/ Krautzberger, BauGB, § 13a Rn. 82.

727 *Krautzberger*, in: Ernst/ Zinkahn/ Bielenberg/ Krautzberger, BauGB, § 13a Rn. 84; *Reidt*, NVwZ 2007, 1029 (1031 f.).

728 S. Fn. 341.

VRL[729], beruht.[730] Rechtlicher Ausgangspunkt ist hier zunächst § 1 Abs. 6 Nr. 7 lit. b BauGB; danach sind im Rahmen der Abwägung (§ 1 Abs. 7 BauGB) u.a. die Erhaltungsziele und der Schutzzweck der Natura 2000-Gebiete im Sinne des Bundesnaturschutzgesetzes (§ 7 Abs. 1 Nr. 8 BNatSchG) zu berücksichtigen. Soweit ein solches Gebiet in seinen für die Erhaltungsziele oder den Schutzzweck maßgeblichen Bestandteilen erheblich beeinträchtigt werden kann, sind nach § 1a Abs. 4 BauGB die Vorschriften des Bundesnaturschutzgesetzes über die Zulässigkeit oder Durchführung von derartigen Eingriffen einschließlich der Einholung einer Stellungnahme der Kommission anzuwenden. Den genannten Vorschriften ist damit die Pflicht zur Durchführung einer FFH-Verträglichkeitsprüfung nach § 34 BNatSchG zu entnehmen, welche Bauleitpläne trifft, die allein oder im Zusammenwirken mit anderen Plänen oder Projekten geeignet sind, besagte Beeinträchtigungen herbeizuführen.[731]

Hinsichtlich der Voraussetzungen, des Maßstabes und der Durchführung der FFH-VP sowie der Ausnahmeprüfung nach § 34 Abs. 3–5 BNatSchG darf zur Vermeidung von Wiederholungen auf die Darstellung in Teil 1 der Untersuchung verwiesen werden, zumal sich das Prüfprogramm für Bauleitpläne rechtlich nicht von jenem unterscheidet, welches für die Planfeststellung zu durchlaufen ist.[732]

3. Europäisches Artenschutzrecht

Das Artenschutzrecht findet sich – anders als die Eingriffsregelung und das Habitatschutzrecht – nicht ausdrücklich in das naturschutzrechtliche Regelungsprogramm des Baugesetzbuchs (§ 1a BauGB) aufgenommen. Dies hat in der Planungspraxis bisweilen zur Folge, dass der Schutz bedrohter Tier- und Pflanzenarten lediglich als Abwägungsposten nach § 1 Abs. 6 Nr. 7 lit. a BauGB Berücksichtigung findet – und gegenüber wirtschaftlichen und sozialen Interessen regelmäßig das Nachsehen hat. Dabei wird freilich übersehen, dass das in wesentlichen Teilen „europäisierte" nationale Artenschutzrecht nach dem Bundesnaturschutzgesetz maßgeblich steuernden Einfluss auf die kommunale Bauleitplanung nehmen und sich mitunter durchaus als „Planungshindernis" erweisen kann.[733] Solches gilt auch – wenngleich sich das nicht auf den ersten Blick erschließen mag – für den hier zur Betrachtung anstehenden Bereich der Planung in Häfen.[734] So ist es durchaus nicht unwahrscheinlich, dass sich an oder in baulichen Anlagen, z.B. alten Hafengebäuden, geschützte Tierarten (etwa Vögel, Fledermäuse etc.) niedergelassen haben, zu deren Gunsten das Artenschutzrecht zur Anwendung gebracht werden muss.[735]

729 S. Fn. 342.

730 Zur Geltung für die hafenbezogene Fachplanung bereits in Teil 1 C.II.5.b).

731 Vgl. auch § 36 BNatSchG.

732 S. Teil 1 C.II.5.b).

733 *Gellermann*, NuR 2007, 132 (133); *Dziallas*, NZBau 2008, 429 (430).

734 S. nur *VGH Kassel*, Urt. v. 22.04.2010, Az. 4 C 306/09.N (Hafen Offenbach), juris, Rn. 62 ff.

735 Zu den Zielen des Artenschutzrechts – auch im Verhältnis zum Habitatschutzrecht – s. bereits Teil 1 C.II.5.c).

a) Bedeutung des Artenschutzrechts für die Bauleitplanung

Das allgemeine Artenschutzrecht, welches sämtlichen wild lebenden Tieren und Pflanzen zugute kommen soll, kann der hier interessierenden Bauleitplanung keine wesentlichen Hindernisse bereiten.[736] Anderes gilt indes mit Blick auf das besondere Artenschutzrecht nach §§ 44 ff. BNatSchG. Das bedarf allerdings der näheren (rechtlichen) Begründung, und zwar deshalb, weil die Verbotsvorschriften des § 44 Abs. 1 BNatSchG den direkten tatsächlichen Zugriff auf die geschützten Tiere und Pflanzen sowie die Beschädigung ihrer Lebensstätten verhindern wollen, die (nur ein Angebot unterbreitende) Bauleitplanung hingegen solche Folgen regelmäßig nicht aus sich heraus entfaltet.[737] Nicht der Bauleitplan selbst bzw. seine Darstellungen oder Ausweisungen, sondern erst ihre tatsächliche Umsetzung kann mit den artenschutzrechtlichen Verboten in Konflikt geraten.[738] Deren Adressat ist folglich nicht die planende Gemeinde, sondern derjenige, der den Plan zu realisieren beabsichtigt und hierzu regelmäßig einer Baugenehmigung bedarf.[739] Daraus resultiert, dass die Vorschriften des Artenschutzrechts als solche kein Überplanungsverbot begründen können.[740]

Das hat allerdings keineswegs zur Folge, dass die artenschutzrechtlichen Bestimmungen bei der Aufstellung bzw. Änderung von Bauleitplänen ausgeblendet werden könnten. Auch wenn sie nicht aus eigener Kraft der Planung Hindernisse zu bereiten in der Lage sind, so tragen sie zur Konkretisierung anderer rechtlicher Grenzen bei, die strikte Beachtung einfordern und nicht abwägend überwunden werden können.[741] Als eine derartige Grenze wirkt hier § 1 Abs. 3 S. 1 BauGB, wonach die Gemeinden Bauleitpläne aufzustellen haben, sobald und soweit es für die städtebauliche Entwicklung und Ordnung erforderlich ist.[742] Letzteres kann ein Bauleitplan nicht für sich in Anspruch nehmen, wenn bereits im Zeitpunkt seiner Aufstellung absehbar ist, dass er aufgrund rechtlicher Hindernisse dauerhaft nicht verwirklicht werden kann. Fehlt es dergestalt an der Vollzugsfähigkeit, so hat dies die Rechtswidrigkeit und damit Nichtigkeit des Bauleitplans zur Folge. Hier setzt das Artenschutzrecht an; denn ein rechtliches Hindernis im vorstehenden Sinne kann auch aus den Zugriffsverboten nach § 44 Abs. 1 BNatSchG erwachsen, sofern sich zeigt, dass die Ausweisungen eines Bauleitplans nur unter Verletzung einschlägiger artenschutzrechtlicher Bestimmungen umsetzbar sind.[743] Das wiederum hat zur Folge, dass die Gemeinde diejenigen Anforderungen des Artenschutzrechts in die Planaufstellung einzubeziehen hat, die geeignet sind, der Planung jede Aussicht auf

---

736 *Gellermann/ Schreiber,* Schutz wildlebender Tiere und Pflanzen, S. 109; zu den Gründen s. bereits Teil 1 C.II.5.c).

737 *Louis,* NuR 2009, 91 (99): „Ein Plan bewirkt nichts in der Realität." Anderes gilt aber bei planfeststellungsersetzenden, weil abschließend die Zulässigkeit des Vorhabens begründenden Bebauungsplänen.

738 *BVerwG,* Urt. v. 25.08.1997, Az. 4 NB 12/97, NVwZ-RR 1998, 162 (163); *VGH Kassel,* Urt. v. 13.02.2008, Az. 8 C 10368/07.OVG, NuR 2008, 410 (411).

739 *VGH Kassel,* Urt. v. 13.02.2008, Az. 8 C 10368/07.OVG, NuR 2008, 410 (411); *Pauli,* BauR 2008, 759 (760); *Gellermann/ Schreiber,* Schutz wildlebender Tiere und Pflanzen, S. 107; *Dziallas,* NZBau 2008, 429 (430).

740 *BVerwG,* Urt. v. 25.08.1997, Az. 4 NB 12/97, NVwZ-RR 1998, 162 (163).

741 *Gellermann/ Schreiber,* Schutz wildlebender Tiere und Pflanzen, S. 108.

742 Dazu *Erbguth,* Öffentliches Baurecht, § 5 Rn. 71 ff.

743 Grundlegend *BVerwG,* Urt. v. 25.08.1997, Az. 4 NB 12/97, NVwZ-RR 1998, 162 (163); dazu auch *VGH Kassel,* Urt. v. 22.04.2010, Az. 4 C 306/09.N (Hafen Offenbach), juris, Rn. 59 ff.

Verwirklichung zu nehmen. Somit erweist sich § 1 Abs. 3 S. 1 BauGB als bauplanungsrechtliches „Einfallstor" für das Artenschutzrecht.[744]

Nachfolgend gilt es, die insoweit einschlägigen Bestimmungen darzustellen, freilich mit der gebotenen Differenzierung, zeigt sich doch, dass die Verbotstatbestände des § 44 Abs. 1 BNatSchG von durchaus unterschiedlicher Relevanz für die Bauleitplanung sind.

b) Zugriffsverbote

§ 44 Abs. 1 Nr. 1 BNatSchG untersagt neben anderem, wild lebende Tiere der besonders geschützten Arten[745] zu verletzen, zu töten oder ihre Entwicklungsformen aus der Natur zu entnehmen, zu beschädigen oder zu zerstören.[746] Mit Blick auf die Bauleitplanung ist sicherlich nicht auszuschließen, dass es während der Errichtung der geplanten Vorhaben zu tatbestandsmäßigen Handlungen im vorstehenden Sinne kommt. Weil aber § 1 Abs. 3 S. 1 BauGB nur dauerhafte rechtliche Hindernisse erfasst, wird sich die Tötung oder Verletzung besagter Individuen dann verhindern lassen, wenn die Baumaßnahmen während jener Zeiträume des Jahres ausgeführt werden, in denen die Tiere abwesend sind.[747] Hinsichtlich permanent anwesender Arten lässt sich freilich den Zugriffsverboten nicht durch zeitliche Steuerung entsprechen. Des Weiteren schützt § 44 Abs. 1 Nr. 2 Hs. 1 BNatSchG wild lebende Tiere der streng geschützten Arten und der europäischen Vogelarten vor erheblichen Störungen, allerdings zeitlich begrenzt auf ihre Fortpflanzungs-, Aufzuchts-, Mauser-, Überwinterungs- und Wanderungszeiten.[748] Auch derartige Beeinträchtigungen können bei nur zeitweise im Plangebiet anwesenden Arten (etwa Zugvögeln) durch eine entsprechende zeitliche Steuerung der Bauausführung vermieden werden.

Weitere relevante Zugriffsverbote sind in § 44 Abs. 1 Nr. 3 und 4 BNatSchG geregelt (Entnahme aus der Natur, Beschädigung sowie die Zerstörung der Fortpflanzungs- und Ruhestätten wild lebender Tiere der besonders geschützten Arten sowie Entnahme aus der Natur, Beschädigung oder Zerstörung wild lebender Pflanzen der besonders geschützten Arten oder ihrer Entwicklungsformen). Weil, wie dargelegt, mit „Natur" nicht nur die „freie Natur" gemeint ist, sondern auch Örtlichkeiten in besiedelten bzw. sonst bebauten Bereichen erfasst werden[749], zeigt sich einmal mehr die eingangs angesprochene Relevanz des Artenschutzrechts für die hier interessierende Überplanung ehemaliger Hafenflächen. Sofern dort im Zuge der Planverwirklichung vorhandene Gebäude abgerissen werden sollen, an bzw. in denen sich z.B. Vogelnester oder Ruhestätten von geschützten Fledermausarten befinden, ist § 44 Abs. 1 Nr. 3 BNatSchG einschlägig.[750]

c) Privilegierte Eingriffe und Vorhaben

Eine wesentliche Einschränkung ihrer Geltungsbereiche erfahren die Zugriffsverbote im vorliegenden Zusammenhang durch die Legalausnahme in § 44 Abs. 5 BNatSchG. Nach

---

744 *Gellermann,* NuR 2007, 132 (133); *Dziallas,* NZBau 2008, 429 (430).

745 Zur Definition s. oben Teil 1 C.II.5.c)aa).

746 Näher zum Inhalt der Zugriffsverbote dazu in Teil C.II.5.c)bb).

747 *Gellermann,* NuR 2007, 132 (134); *Pauli,* BauR 2008, 759 (761).

748 Hierzu näher in Teil 1 C.II.5.c)bb).

749 Auch dazu schon in Teil 1 C.II.5.c)bb).

750 Darauf weist *Pauli,* BauR 2008, 759 (763) zu Recht hin.

dessen Satz 1 gelten die Zugriffsverbote u.a. für Vorhaben i.S. des § 18 Abs. 2 S. 1 BNatSchG, die nach den Vorschriften des BauGB zulässig sind, nur eingeschränkt nach Maßgabe von § 44 Abs. 5 S. 2–5 BNatSchG. Die Vorschrift führt zu einer weitreichenden Privilegierung von artenschutzrelevanten Bodennutzungen. Unter die erfassten und vorliegend besonders interessierenden bauplanungsrechtlichen Vorhaben fallen solche sowohl im Geltungsbereich eines Bebauungsplans (§ 30 BauGB) als auch im unbeplanten Innenbereich (§ 34 BauGB); schließlich werden Vorhaben erfasst, die während der Planaufstellung verwirklicht werden sollen (§ 33 BauGB). Hinsichtlich des in Bezug genommenen Regelungsgefüges des § 44 Abs. 5 BNatSchG darf wiederum auf die Ausführungen im Teil 1 der Untersuchung verwiesen werden.[751]

Die Privilegierung der nach § 30 bzw. § 33 BauGB zulässigen Vorhaben im Geltungsbereich eines einfachen, qualifizierten oder vorhabenbezogenen Bebauungsplans führt mit Blick auf das Artenschutzrecht zugleich zu einer deutlichen „Erleichterung" für die Bauleitplanung. Zeigt sich nämlich während des Planungsverfahrens auf der Grundlage einer naturschutzfachlich tragfähigen Prognose, dass bei der Verwirklichung der geplanten Vorhaben die ökologische Funktion der betroffenen Fortpflanzungs- und Ruhestätten von europäisch geschützten Arten im räumlichen Zusammenhang weiterhin erfüllt wird, so hat die Gemeinde eine dauerhafte Vollzugsunfähigkeit des Bauleitplans nicht zu befürchten.[752] Gleiches gilt, wenn sich eine Verschlechterung der Funktion durch vorgezogene Ausgleichsmaßnahmen auffangen lässt; solche Maßnahmen kann die Gemeinde im Bebauungsplan festsetzen. Allerdings führen die Zweifel an der Europarechtskonformität der Privilegierungsbestimmungen zu erheblichen Rechtsunsicherheiten, die für die Planungspraxis gravierend sind.[753]

d) Ausnahmen und Befreiungen

Sofern die gesetzliche Privilegierung nicht greift, kommt nur eine Ausnahme (§ 45 Abs. 7 BNatSchG) oder Befreiung (§ 67 Abs. 2 S. 1 BNatSchG) von den artenschutzrechtlichen Zugriffsverboten in Betracht.[754] Ausnahme- bzw. befreiungsbedürftig ist indessen nicht der Bauleitplan als solcher, sondern das einzelne (Bau-)Vorhaben, dessen Verwirklichung voraussichtlich mit artenschutzrechtlichen Verboten kollidieren wird. Nicht erforderlich ist, dass bereits im Zeitpunkt der Beschlussfassung über den Bauleitplan eine artenschutzrechtliche Ausnahme oder Befreiung vorliegt.[755] Vielmehr obliegt es der Gemeinde zu prüfen, ob sich die Vollzugsunfähigkeit des Bauleitplans, bei dessen Realisierung mit einem Verstoß gegen eines der Zugriffsverbote gerechnet werden muss, dadurch abwenden lässt, dass dem betreffenden Vorhaben durch Erteilung einer Ausnahme oder Befreiung zur Verwirklichung verholfen werden kann. Erforderlich ist damit, dass bei der Beschlussfassung über den Bauleitplan die Voraussetzungen eines Ausnahme- oder Befreiungstatbestands objektiv gegeben sind. Nicht die Ausnahme oder Befreiung selbst, sondern das Vorliegen einer „Ausnahme- oder Befreiungslage" ist damit für die Rechtmäßigkeit, genauer: Erforderlichkeit der Planung nach § 1 Abs. 3

751 Vgl. dort unter C.II.5.c)cc)(1).

752 *Pauli,* BauR 2008, 759 (766).

753 Zu jenen Unsicherheiten Teil 1 C.II.5.c)cc)(1); s. auch *Pauli,* BauR 2008, 759 (767).

754 Zu den jeweiligen Voraussetzungen vgl. Teil 1 C.II.5.c)cc)(2), (3).

755 *Pauli,* wie vor.

S. 1 BauGB, entscheidend.[756] Gibt darüber hinaus die zuständige Naturschutzbehörde im Rahmen ihrer Beteiligung keine negative Stellungnahme des Inhalts ab, sie werde aufgrund des ihr zustehenden Ermessens trotz Vorliegens der tatbestandlichen Voraussetzungen eine Ausnahme bzw. Befreiung nicht erteilen, so kann die Gemeinde in die Ausnahme- bzw. Befreiungslage „hineinplanen“.[757] Eine positive Stellungnahme der Naturschutzbehörde stellt nach der Rechtsprechung des *BVerwG* ein gewichtiges Indiz für die Vollziehbarkeit des Bauleitplans dar.[758]

VI. Denkmalschutzrecht

Die Überplanung ehemals dem Hafenbetrieb dienender Flächen zu dem Zweck, diese künftig als Wohn- oder Dienstleistungsstandorte zu etablieren, kann des Weiteren in Konflikt mit Belangen des Denkmalschutzes geraten. So ist vorstellbar, dass sich auf besagten Flächen bauliche Anlagen (z.B. alte Hafenanlagen oder -gebäude) befinden, die als Baudenkmäler i.S. von § 2 Abs. 2 des Denkmalschutzgesetzes NRW[759] unter Schutz gestellt sind und die neuen (Wohn-)Gebäuden weichen sollen. Denkbar ist auch, dass bauliche Anlagen in der näheren Umgebung des Denkmals errichtet werden sollen, die geeignet sind, dessen Erscheinungsbild zu beeinträchtigen. Das Denkmalschutzgesetz NRW sieht für Beeinträchtigungen von Baudenkmälern das Erfordernis einer Erlaubnis vor (§ 9 DSchG). Andererseits sind die Belange des Denkmalschutzes und der Denkmalpflege nach § 1 Abs. 6 Nr. 5 BauGB in der bauleitplanerischen Abwägung zu berücksichtigen. Die im Spannungsfeld des Denkmalschutz- und Städtebaurechts auftretenden Rechtsfragen bedürfen daher, soweit sie vorliegend von Bedeutung sind, der Klärung.

1. Denkmalschutz in Häfen nach dem DSchG NRW

Das Denkmalschutzgesetz NRW (DSchG) dient ausweislich seines § 1 Abs. 1 dem Schutz, der Pflege, der sinnvollen Nutzung und wissenschaftlichen Erforschung von Denkmälern in Nordrhein-Westfalen, verstanden als vom Land und den Kommunen gemeinsam zu bewältigende Aufgabe.

a) Geschützte Objekte

Soweit es den Denkmalschutz im Bereich der Binnenhäfen angeht, unterfallen ihm nach dem DSchG zum einen Denkmäler, insbesondere Baudenkmäler, zum anderen Denkmalbereiche.

Nach § 2 Abs. 1 S. 1 DSchG sind Denkmäler Sachen, Mehrheiten von Sachen und Teile von Sachen, an deren Erhaltung und Nutzung ein öffentliches Interesse besteht. Letzteres ist nach Satz 2 der Vorschrift der Fall, wenn die Sachen bedeutend für die Geschichte des Menschen, für Städte und Siedlungen oder für die Entwicklung der Arbeits- und Produktionsverhältnisse sind und für die Erhaltung und Nutzung künstlerische, wissen-

756 *Pauli,* wie vor.

757 *Pauli,* BauR 2008, 759 (767 f.).

758 *BVerwG,* Urt. v. 17.12.2002, Az. 4 C 15/01, BVerwGE 117, 287.

759 Gesetz zum Schutz und zur Pflege der Denkmäler im Lande Nordrhein-Westfalen (Denkmalschutzgesetz – DSchG) v. 11.03.1980, GV.NRW. 1980, 226, zuletzt geändert durch Gesetz v. 05.04.2005, GV.NRW S. 274.

schaftliche, volkskundliche oder städtebauliche Gründe vorliegen. Als Baudenkmäler versteht das DSchG in § 2 Abs. 2 S. 1 solche Denkmäler, die aus baulichen Anlagen oder Teilen solcher bestehen. Denkmäler einschließlich der Baudenkmäler erfahren den Schutz des DSchG mit ihrer Eintragung in die Denkmalliste oder ihrer vorläufigen Unterschutzstellung nach § 4 DSchG (§ 3 Abs. 1 S. 2 DSchG).

Denkmalbereiche sind nach § 2 Abs. 3 S. 1 DSchG Mehrheiten von baulichen Anlagen, und zwar auch dann, wenn nicht jede dazugehörige einzelne bauliche Anlage selbst ein Denkmal nach § 2 Abs. 1 DSchG darstellt. Ausdrücklich zählt § 2 Abs. 3 S. 3 DSchG industrielle Produktionsstätten zu den Denkmalbereichen, sofern sie die Voraussetzungen des § 2 Abs. 1 DSchG erfüllen. Dem gesetzlichen Schutz unterfallen Denkmalbereiche kraft gemeindlicher Satzung, die der Genehmigung der Oberen Denkmalbehörde bedarf (§ 5 Abs. 1 DSchG). Nach § 9 Abs. 4 BauGB i.V.m. § 6 Abs. 4 DSchG können Denkmalbereiche auch in einem Bebauungsplan festgesetzt werden; auf solche Festsetzungen sind die Vorschriften des BauGB anzuwenden.

b) Denkmalschutzrechtliche Erlaubnis nach § 9 DSchG

aa) Erlaubnispflichtige Maßnahmen

§ 9 Abs. 1 DSchG unterwirft bestimmte Maßnahmen, die zu einer Beeinträchtigung von Baudenkmälern (darunter fallen auch solche, die Bestandteil eines Denkmalbereichs sind) führen können, einem Erlaubnisvorbehalt. Für in Häfen befindliche Baudenkmäler sind insoweit die Beseitigung, Veränderung und Nutzungsänderung von Relevanz (lit. a). Erlaubnispflichtig ist es zudem, in der engeren Umgebung von Baudenkmälern Anlagen zu errichten, zu verändern oder zu beseitigen, wenn hierdurch das Erscheinungsbild des Denkmals beeinträchtigt wird (lit. b).

Während sich die Tatbestände des § 9 Abs. 1 lit. a DSchG ohne weiteres erschließen, ist mit Blick auf § 9 Abs. 1 lit. b DSchG klärungsbedürftig, wie weit der Bereich der „engeren Umgebung" eines Baudenkmals reicht. Hierzu zählen regelmäßig die unbebauten Flächen, die nach der Anlagenkonzeption dazu gehören (Grünflächen, Plätze etc.), ferner die unmittelbar benachbarten Gebäude und sonstigen baulichen und nichtbaulichen Anlagen, die angrenzenden Grundstücke, aber auch – etwa bei einem Platz – die auf dessen gegenüberliegender Seite befindlichen Grundstücke und Anlagen.[760] Verallgemeinernd lässt sich sagen, dass alle Objekte, die an einem Standort, von dem aus wesentliche Teile des Denkmals wahrnehmbar sind, zusammen mit diesem in den Blick geraten, zur engeren Umgebung zählen können.[761] Letztlich handelt es sich aber um eine einzelfallbezogene Wertungsfrage; maßgeblich ist das der Norm zugrunde liegende (Schutz-)Bedürfnis, Baudenkmälern eine Umgebung zu schaffen, in der sie gebührend zur Geltung kommen.[762]

Soll in der so verstandenen engeren Umgebung eines Baudenkmals etwa ein neues Wohn- oder Bürogebäude errichtet werden, hängt die Erlaubnispflicht nach § 9 Abs. 1

760 *Memmesheimer/ Upmeier/ Schönstein,* Denkmalrecht NRW, DSchG, § 9 Rn. 9 f.

761 *Memmesheimer/ Upmeier/ Schönstein,* Denkmalrecht NRW, DSchG, § 9 Rn. 10.

762 *Memmesheimer/ Upmeier/ Schönstein,* Denkmalrecht NRW, DSchG, § 9 Rn. 7; i.d.S. auch *BVerwG,* Urt. v. 21.04.2009, Az. 4 C 3/08, NVwZ 2009, 1231 (1231); *Erbguth/ Paßlick/ Püchel,* Denkmalschutzgesetze der Länder, S. 39.

lit. b DSchG im Weiteren davon ab, ob hierdurch das Erscheinungsbild des Denkmals beeinträchtigt wird. Auch dabei handelt es sich um eine nur im konkreten Einzelfall zu beurteilende Wirkung. Von einer Beeinträchtigung ist beispielsweise auszugehen, wenn die Sicht auf das Denkmal erheblich verstellt oder dessen optische Wirkung durch in ihrer Gestalt dominierende Bauten verloren geht.[763]

bb) Voraussetzungen für die Erlaubniserteilung

Nach § 9 Abs. 2 DSchG ist die Erlaubnis zu erteilen, wenn entweder Gründe des Denkmalschutzes nicht entgegenstehen (lit. a) oder ein überwiegendes öffentliches Interesse die Maßnahme verlangt (lit. b). Das dergestalt formulierte Anforderungsprofil ist durch zahlreiche Entscheidungen des *OVG Münster* geschärft worden und kann daher in seinen Konturen als gefestigt gelten.

Hinsichtlich der ersten Alternative (keine entgegenstehenden Gründe des Denkmalschutzes) gilt Folgendes: Bei dem Merkmal „Gründe des Denkmalschutzes" handelt es sich um einen gerichtlich vollständig nachprüfbaren Rechtsbegriff, der sich einer einzelfallübergreifenden Maßstabsfestsetzung weitgehend entzieht.[764] Vielmehr muss jeweils gesondert untersucht werden, ob und inwieweit die Schutzziele und -zwecke des DSchG von der in Rede stehenden Maßnahme konkret betroffen sind. Entscheidend sind die Umstände, welche die Denkmaleigenschaft des jeweiligen Objekts begründen. Diese sind den denkmalbehördlichen Unterlagen zu entnehmen; ferner kommt es auf das Urteil eines sachverständigen Betrachters an, ob und in welchem Umfang das Denkmal nach Substanz und/oder Erscheinungsbild betroffen wird.[765] Jene Beurteilung setzt ein fachspezifisches Vertrautsein mit dem Schutzobjekt voraus.[766]

Ferner muss es sich um eine mehr als nur geringfügige Beeinträchtigung des Schutzobjekts handeln; nicht sämtliche Baumaßnahmen an und in Baudenkmälern will das Gesetz verhindert wissen.[767] Das gilt z.B. für Änderungen an Denkmälern, die eine Wohnnutzung ehemaliger Industriegebäude ermöglichen sollen, zumal die sinnvolle und substanzerhaltende Nutzung ohnehin zu den verfolgten Zielen des Denkmalschutz(gesetz)es zählt (§§ 1 Abs. 1 S. 1, 8 DSchG) [768]. Dabei stehen freilich nur solche Maßnahmen in Rede, die den denkmalrechtlich relevanten Aussagewert eines Gebäudes völlig unberührt lassen.[769]

Ist jene Erheblichkeitsschwelle überschritten, weil es etwa um den teilweisen oder vollständigen Abbruch des Baudenkmals geht, hat dem *OVG Münster* zufolge eine Abwägung der widerstreitenden öffentlichen und privaten Belange stattzufinden; die Versagung der Erlaubnis dürfe nicht außer Verhältnis zu den sich daraus ergebenden wirt-

---

763 *Memmesheimer/ Upmeier/ Schönstein,* Denkmalrecht NRW, DSchG, § 2 Rn. 77.

764 *OVG Münster,* Urt. v. 03.09.1996, Az. 10 A 1453/92, juris, Rn. 15.

765 *OVG Münster,* Urt. v. 22.01.1998, Az. 11 A 688/97, juris, Rn. 7.

766 *OVG Münster,* Urt. v. 03.09.1996, Az. 10 A 1453/92, juris, Rn. 15.

767 *OVG Münster,* Urt. v. 02.11.1988, Az. 7 A 2826/86, NVwZ-RR 1989, 463 (464); *dass.,* Urt. v. 04.12.1991, Az. 7 A 1113/90, juris, Rn. 5; *dass.,* Urt. v. 03.09.1996, Az. 10 A 1453/92, juris, Rn. 19; *dass.,* Urt. v. 15.08.1997, Az. 7 A 133/95, juris, Rn. 35; *Memmesheimer/ Upmeier/ Schönstein,* Denkmalrecht NRW, DSchG, § 9 Rn. 19.

768 *OVG Münster,* Urt. v. 15.08.1997, Az. 7 A 133/95, juris, Rn. 37.

769 *OVG Münster,* Urt. v. 02.11.1988, Az. 7 A 2826/86, NVwZ-RR 1989, 463 (465).

schaftlichen Auswirkungen und privaten Betroffenheiten stehen – dies folge bereits aus dem Begriff „entgegenstehen“ und sei auch aufgrund des Eigentumsschutzes nach Art. 14 Abs. 1 S. 2 GG geboten.[770] Im Rahmen der Interessenabwägung gelte es allerdings zu berücksichtigen, dass der Eigentümer gem. § 31 S. 1 DSchG die Übernahme des Denkmals durch die Gemeinde verlangen könne, wenn und soweit es ihm mit Rücksicht auf seine Pflicht zur Erhaltung des Denkmals wirtschaftlich nicht zuzumuten sei, das Denkmal zu behalten oder in einer anderen zulässigen Weise zu nutzen, und außerdem § 33 S. 1 DSchG einen Anspruch auf angemessene Entschädigung in Geld für unzumutbare denkmalschutzbedingte Eingriffe in das Privateigentum vorsehe. Der Gesetzgeber trage durch diese Möglichkeit allgemein dem Erfordernis Rechnung, bei der aus denkmalschutzrechtlichen Gründen gebotenen Beschränkung und Inhaltsbestimmung des Eigentums den Grundsatz der Verhältnismäßigkeit zu wahren.[771] Das Gericht hat außerdem darauf hingewiesen, dass das Erfordernis einer Abwägung zwischen dem öffentlichen Interesse an der Erhaltung des Denkmals und der Wahrung privater Eigentumsinteressen auch dann gilt, wenn der völlige Abbruch eines Baudenkmals zur Genehmigung steht.[772] Dabei liege es indes auf der Hand, dass die Beseitigung eines Baudenkmals nur unter gesteigerten Voraussetzungen gerechtfertigt sein könne, weil der Totalverlust der Sache in Frage stehe und es oberstes Ziel des Gesetzes sei, Denkmäler nach Möglichkeit zu erhalten.[773] Nach der Rechtsprechung des *OVG Münster* wiegen die Belange des Denkmalschutzes umso schwerer, je bedeutsamer das Denkmal im Einzelfall ist. Umgekehrt schlügen diese Belange umso weniger zu Buche, je schlechter der Erhaltungszustand sei und je weniger Bausubstanz nach der Restaurierung des Denkmals erhalten bleibe.[774]

Handelt es sich demnach etwa um eine seltene oder gar einzigartige Anlage von hohem Denkmalwert aufgrund wichtiger dokumentarischer Bedeutung für die historische Entwicklung der Hafenwirtschaft und damit um ein Zeitzeugnis für eine vergangene industrielle Epoche in der Gemeinde, die durch „ihren“ Hafen seit Langem geprägt ist, so dürften kaum überwiegende private Belange des Eigentümers, insbesondere solche wirtschaftlicher Art, denkbar sein, die einen Totalabbruch des Baudenkmals rechtfertigen könnten.[775] So hat das *OVG Münster* einem Abbruchbegehren die Möglichkeit entgegengehalten, ein Denkmal auch mit erheblichem Kostenaufwand zu Wohnungen umzubauen, ohne dass die charakteristischen Merkmale des Denkmals in ihrer denkmalrelevanten Aussagekraft entscheidend beeinträchtigt werden.[776] Freilich sind hier die Ausgleichsregelungen der §§ 31, 33 DSchG in die Interessenabwägung einzubeziehen.[777]

770 *OVG Münster,* Urt. v. 04.12.1991, Az. 7 A 1113/90, juris, Rn. 7 f.; *dass.,* Urt. v. 03.09.1996, Az. 10 A 1453/92, juris, Rn. 19; *dass.,* Urt. v. 15.08.1997, Az. 7 A 133/95, juris, Rn. 38 ff.; *dass.,* Urt. v. 22.01.1998, Az. 11 A 688/97, juris, Rn. 5.

771 *OVG Münster,* Urt. v. 04.12.1991, Az. 7 A 1113/90, juris, Rn. 22.

772 *OVG Münster,* Urt. v. 04.12.1991, Az. 7 A 1113/90, juris, Rn. 25.

773 *OVG Münster,* Urt. v. 04.12.1991, Az. 7 A 1113/90, juris, Rn. 29.

774 *OVG Münster,* Urt. v. 04.12.1991, Az. 7 A 1113/90, juris, Rn. 31.

775 Vgl. *OVG Münster,* Urt. v. 04.12.1991, Az. 7 A 1113/90, juris, Rn. 33 in Bezug auf eine ehemalige Textilfabrikanlage.

776 *OVG Münster,* Urt. v. 15.08.1997, Az. 7 A 133/95, juris, Rn. 67.

777 *OVG Münster,* Urt. v. 15.08.1997, Az. 7 A 133/95, juris, Rn. 65.

Soweit es den Umgebungsschutz des Denkmals vor beeinträchtigenden Maßnahmen angeht, ist ebenso eine Interessenabwägung vorzunehmen, in die Art und Ausmaß der beabsichtigten Bebauung und deren Auswirkungen auf das Denkmal, ferner dessen Originalität und Erhaltungszustand einerseits und die mit der Umgebungsbebauung verfolgten privaten Interessen andererseits einzugehen haben.

Stehen Gründe des Denkmalschutzes der Maßnahme entgegen, kann ihr nach § 9 Abs. 2 lit. b DSchG dennoch zur Durchsetzung verholfen werden, wenn ein überwiegendes öffentliches Interesse die Maßnahme verlangt. Als solches kommt vorliegend die Schaffung von Wohn- und Gewerbeflächen in Betracht, ebenso das Interesse an der Umnutzung nicht mehr für Hafenzwecke benötigter Flächen. Ob diese Belange diejenigen denkmalschutzrechtlicher Art überwiegen können, ist wiederum nur einzelfallbezogen zu beantworten.

Nach Ansicht des *OVG Münster* kann ein öffentliches Interesse allerdings nicht mit der Überlegung eingeführt werden, dass die Versagung der Abbrucherlaubnis einen Übernahmeanspruch des Eigentümers auslösen kann, der wiederum die Frage aufwirft, ob die finanzielle Belastung, welche damit auf die Gemeinde zukommt, nicht ein überwiegendes öffentliches Interesse gem. § 9 Abs. 2 lit. b DSchG darstellt. Eine solche ungeschriebene "interne Zumutbarkeitsklausel" enthalte diese Bestimmung nicht.[778] Für ihr Vorliegen bestehe auch kein Anlass; denn je bedeutsamer und finanzaufwendiger ein Denkmal im Einzelfall sei, desto größer geriete die Gefahr, dass die mangelnde Finanzkraft der Gemeinde zur Abbrucherlaubnis und damit zum Untergang des Denkmals führen würde.[779]

Schließlich ist nach dem *OVG Münster* der Denkmalschutzbehörde kein Ermessen eingeräumt, das es gestattete, die Erlaubnis trotz Nichtvorliegens besagter Voraussetzungen zu erteilen.[780] An dieser Sichtweise bestehen allerdings Zweifel, weil sich dem Gesetzeswortlaut eine gebundene Entscheidung nur zugunsten des Antragstellers, nämlich für den Fall entnehmen lässt, dass Denkmalbelange nicht entgegenstehen oder das öffentliche Interesse an der Durchführung der beeinträchtigenden Maßnahme überwiegt. Im Umkehrschluss gilt damit nur, dass die Erlaubnis nicht erteilt werden muss, wenn die Voraussetzungen hierfür nicht vorliegen; das spricht für ein behördliches Ermessen.[781]

cc) Denkmalschutzrechtliche Erlaubnis und Baugenehmigung

Für den Fall, dass eine erlaubnispflichtige Maßnahme nach anderen gesetzlichen Bestimmungen eine Planfeststellung, Genehmigung, Erlaubnis, Bewilligung, Zulassung oder Zustimmung erfordert, verlangt § 9 Abs. 3 S. 1 DSchG von den dafür zuständigen Behörden, die Belange des Denkmalschutzes und der Denkmalpflege entsprechend dem DSchG in angemessener Weise zu berücksichtigen. In den hier zu betrachtenden Fällen findet sich damit das Erfordernis einer Baugenehmigung nach § 63 Abs. 1 S. 1 BauO

---

778 Anders *Erbguth/ Paßlick/ Püchel,* Denkmalschutzgesetze der Länder, S. 75; *Moench,* NVwZ 1988, 304 (310).

779 *OVG Münster,* Urt. v. 04.12.1991, Az. 7 A 1113/90, juris, Rn. 41.

780 *OVG Münster,* Urt. v. 04.12.1991, Az. 7 A 1113/90, juris, Rn. 43; *dass.,* Urt. v. 03.09.1996, Az. 10 A 1453/92, juris, Rn. 14.

781 *Erbguth/ Paßlick/ Püchel,* Denkmalschutzgesetze der Länder, S. 40; ähnlich *Moench,* NVwZ 1988, 304 (310).

NRW in Bezug genommen. Die unglückliche Formulierung in § 9 Abs. 3 S. 1 DSchG („in angemessener Weise zu berücksichtigen") könnte zu der Annahme verleiten, die Belange des Denkmalschutzes seien im bauaufsichtsrechtlichen Verfahren einer Relativierung zugänglich. Das stünde indes weder mit der Struktur der Baugenehmigung als gebundene Entscheidung, noch mit § 9 Abs. 3 S. 2 DSchG in Einklang, wonach u.a. im Fall der bauaufsichtlichen Genehmigung die Erlaubnis auch gesondert beantragt werden kann. Id.S. hat das *OVG Münster* betont, dass es sich bei § 9 Abs. 3 S. 1 DSchG um eine Vorschrift handelt, die lediglich eine formelle Konzentration beider Gestattungen vorsieht, indessen nicht zu einer Abschwächung der materiellen denkmalschutzrechtlichen Anforderungen führt. Auch im Rahmen des Baugenehmigungsverfahrens sind mithin die Voraussetzungen des § 9 Abs. 2 DSchG uneingeschränkt zu prüfen, d.h. strikt anzuwenden. Im Fall ihres Nichtvorliegens muss nach der Rechtsprechung des *OVG Münster* die Erteilung der Baugenehmigung versagt werden, weil ihr öffentlich-rechtliche Vorschriften i.S. des § 75 Abs. 1 S. 1 BauO entgegenstehen.[782]

Das Gesetz überlässt es der Wahl des Antragstellers, entweder eine Baugenehmigung zu begehren, die gem. § 9 Abs. 3 S. 1 DSchG die denkmalschutzrechtliche Erlaubnis einschließt, oder Letztere gem. § 9 Abs. 3 S. 2 DSchG gesondert zu beantragen.[783] In beiden Fällen müssen, soweit möglich, aus Gründen der Verhältnismäßigkeit denkmalschutzrechtliche Hindernisse mit Hilfe von Nebenbestimmungen gem. § 36 Abs. 1 VwVfG NRW ausgeräumt werden, bevor zu dem strengeren Mittel der Versagung gegriffen werden kann.

2. *Bauleitplanung in Häfen und Denkmalschutz*

Vor dem Hintergrund der soeben umrissenen rechtlichen Anforderungen auf der Ebene der Vorhabenzulassung stellen sich nunmehr aus Sicht der Bauleitplanung Rechtsfragen im Hinblick auf deren Verhältnis zum landesrechtlichen Denkmalschutz. Hier sind, auch im Bereich der Binnenhäfen, vielerlei Konstellationen vorstellbar, die – je nach Zielrichtung der kommunalen Planungsvorstellungen – rechtliche Probleme aufwerfen können. So kann etwa die Gemeinde zum einen bestrebt sein, im Dienste des Denkmalschutzes zu agieren und eine entsprechend denkmalsichernde bzw. -bewahrende Bauleitplanung verfolgen. Dann fragt sich vor allem, ob und inwieweit Festsetzungen denkmalschützenden Gehalts in Bebauungsplänen zulässig sind. Andererseits, und hierbei handelt es sich vorliegend wohl um die praktisch relevantere Konstellation, könnte sich der Schutz von Baudenkmälern in Häfen als Hindernis für die Umsetzung entgegenstehender Planungsabsichten erweisen – etwa dort, wo die Gemeinde Hafenflächen der Wohn- oder anderweitig „hafenfremden" Nutzung zuführen will und Baudenkmäler dieser „im Weg stehen", die Gemeinde also an ihrer Stelle oder in ihrer engeren Umgebung etwas Neues planen möchte. Das führt zu der Frage, welches rechtliche Gewicht der Denkmalschutz im Rahmen des planerischen Entscheidungsprozesses hat, genauer: ob die Unterschutzstellung von Denkmälern bzw. Denkmalbereichen nach dem DSchG lediglich im Rahmen der Abwägung nach § 1 Abs. 7 BauGB zu berücksichtigen ist oder

782 *OVG Münster,* Urt. v. 04.12.1991, Az. 7 A 1113/90, juris, Rn. 2; *dass.,* Urt. v. 15.08.1997, Az. 7 A 133/95, juris, Rn. 30; nach der hier vertretenen Auffassung gilt das nur, wenn das in diesem Fall eröffnete denkmalschutzrechtliche Ermessen zulasten des Antragstellers ausgeübt wird, s. vorstehend im Text.

783 *OVG Münster,* Urt. v. 21.12.1995, Az. 10 A 4146/94, juris.

sich darüber hinausgehend gar als „Planungshindernis" erweisen kann. All dem ist im Folgenden nachzugehen, wobei vornehmlich die Konstellation konfligierender Vorstellungen der städtebaulichen Planung einerseits und des Denkmalschutzes andererseits in den Blick zu nehmen ist.

a) Kompetenzielle Abgrenzung des Denkmalschutzrechts vom Bauplanungsrecht

Den vorstehend erwähnten Problemlagen liegt gemeinsam die – inzwischen höchstrichterlich geklärte – Frage zugrunde, wie das Denkmalschutzrecht vom Bauplanungsrecht kompetenziell abzugrenzen ist. Dem *BVerwG*[784] zufolge sind die Zuständigkeit des Bundesgesetzgebers für das Bauplanungsrecht, welche der Kompetenz für das Bodenrecht nach Art. 74 Abs. 1 Nr. 18 GG unterfällt, und die Zuständigkeit des Landesgesetzgebers für den Denkmalschutz nach Maßgabe der unterschiedlichen Zielsetzungen, denen das Recht des Städtebaus und dasjenige des Denkmalschutzes jeweils dienen, voneinander abzugrenzen.[785] So habe der Denkmalschutz die Erhaltung baulicher Anlagen aus historischen Gründen im weitesten Sinne im Auge; er wolle geschichtliche, insbesondere kunst- oder architekturgeschichtliche Epochen und städtebauliche Entwicklungen, aber auch allgemein- oder sozialgeschichtliche Ereignisse und Zeitabschnitte dokumentieren. Denkmalschutz und Denkmalpflege zielten darauf ab, historische Zusammenhänge in Gestalt einer baulichen Anlage in der Gegenwart zu veranschaulichen („zu vergegenwärtigen").[786]

Das Bodenrecht nehme demgegenüber, so das *BVerwG* weiter, die zu erhaltenden baulichen Anlagen, Straßen-, Platz- oder Ortsbilder in ihrer Beziehung zur aktuellen Stadtstruktur und ihrer stadträumlichen Funktion für das gegenwärtige und künftige Zusammenleben der Menschen in den Blick. Es beziehe vorhandene Anlagen von historischem Wert in ihrer Bedeutung für eine nachhaltige städtebauliche Entwicklung, eine dem Wohl der Allgemeinheit entsprechende sozialgerechte Bodenordnung und eine menschenwürdige Umwelt in seine Regelungen ein. Darin zeigt sich nach Auffassung des Gerichts der primär räumlich-funktionale Steuerungsansatz der Bauleitplanung, die auf die gebietsbezogene Zuweisung einer zeitgerechten Nutzungsstruktur sowie auf die Erfordernisse städtebaulicher Gestaltung ausgerichtet sei. Allein die Sichtbarmachung und Präsentation historischer Zusammenhänge am konkreten Objekt aus kultur- oder bildungspolitischen Gründen diene also nicht städtebaulichen Zielen. Es sei jedoch nicht ausgeschlossen und liege häufig nahe, dass Maßnahmen des Denkmalschutzes und des Städtebaus ein und dasselbe Objekt beträfen und sich gegenseitig ergänzten. Die gemeindliche Bauleitplanung müsse sich dabei aber auf die Verfolgung städtebaulicher Ziele, nämlich auf die Regelung der Bodennutzung, beschränken.[787] Daraus folge, dass es der Gemeinde verwehrt sei, im Gewande des Städtebaurechts Denkmalschutz zu betreiben.[788]

---

784 *BVerwG,* Urt. v. 18.05.2001, Az. 4 CN 4/00, NVwZ 2001, 1043; zuvor bereits *dass.,* Urt. v. 03.07.1987, Az. 4 C 26/85, NVwZ 1988, 357.

785 So bereits *Erbguth,* DVBl. 1985, 1352 (1358).

786 Ebenso *Erbguth,* DVBl. 1985, 1352 (1356).

787 *BVerwG,* Urt. v. 18.05.2001, Az. 4 CN 4/00, NVwZ 2001, 1044; auch *Erbguth,* DVBl. 1985, 1352 (1356).

788 *BVerwG,* Urt. v. 18.05.2001, Az. 4 CN 4/00, NVwZ 2001, 1043 (Leitsatz 1).

Die Regelung des § 1 Abs. 6 Nr. 5 BauGB, wonach bei der Aufstellung der Bauleitpläne u.a. die Belange des Denkmalschutzes und der Denkmalpflege in der planerischen Abwägung zu berücksichtigen sind, bestätigt die Aufgabenteilung zwischen den Regelungsbereichen des Städtebaus und des (landesrechtlichen) Denkmalschutzes.[789] Die Vorschrift stellt dem *BVerwG* zufolge sicher, dass die Belange des Denkmalschutzes und der Denkmalpflege in die Bauleitplanung einbezogen werden, ohne den Gemeinden eine denkmalschutzrechtliche Regelungskompetenz zu verleihen. Die Gemeinde sei nicht bloß berechtigt, sondern je nach der konkreten Planungssituation nach Maßgabe des § 1 Abs. 7 BauGB auch verpflichtet, sich mit diesen Belangen im Wege der Abwägung auseinander zu setzen. Stelle sie diese Belange in Verfolgung städtebaulicher Ziele mit dem Gewicht, das sie ihnen aufgrund der jeweiligen Gegebenheiten beimessen dürfe, in die Abwägungsentscheidung ein, so greife sie nicht in den Zuständigkeitsbereich der Fachbehörden über, denen die Aufgaben des Denkmalschutzes oblägen. § 1 Abs. 6 Nr. 5 BauGB bringe überdies zum Ausdruck, dass sich die Bauleitplanung nicht einseitig in der Erneuerung und Fortentwicklung bestehender städtebaulicher Strukturen erschöpfe. Die Vorschrift stelle klar, dass zulässiger Inhalt eines Bebauungsplans auch Festsetzungen sein könnten, die dazu bestimmt sind, historisch gewachsene und als schutzwürdig erachtete Verhältnisse der Bodennutzung zu erhalten ("zu konservieren"). Zugleich trage § 1 Abs. 6 Nr. 5 BauGB dem Umstand Rechnung, dass der Schutz erhaltenswerter Ortsteile, Straßen und Plätze städtebauliche Relevanz unabhängig davon erlangen könne, ob diese Bereiche die Voraussetzungen für eine Unterschutzstellung nach dem Landesdenkmalschutzrecht erfüllten.[790] Insgesamt geht es in der Bauleitplanung mithin um die kulturhistorischen Belange des Denkmalschutzes in ihrer städtebaulichen Relevanz.

b) *Zur Behandlung von Interessenkonflikten zwischen der Bauleitplanung und dem Denkmalschutz*

Im vorstehenden Sinne sind die Belange des Denkmalschutzes und der Denkmalpflege nach § 1 Abs. 6 Nr. 5 BauGB demzufolge in der Abwägung zu berücksichtigen. Dort haben sie den Rang eines einfachen Abwägungsbelangs. Weder für die Annahme eines Optimierungsgebotes noch eines sonst wie gearteten Vorrangs gegenüber anderen Belangen gibt die Vorschrift etwas her.[791] Dem entspricht überdies die klarstellende Regelung in § 1 Abs. 3 S. 1 DSchG, der zufolge bei öffentlichen Planungen die Belange des Denkmalschutzes und der Denkmalpflege angemessen zu berücksichtigen sind. Infolge der im Jahr 1986 erfolgten ausdrücklichen Einbeziehung jener Aspekte in das BauGB sollen nach dem Willen des Gesetzgebers auch die Denkmaleigenschaft resp. -würdigkeit i.S. des Landesdenkmalschutzrechts und die förmliche Unterschutzstellung abwägungsbeachtlich sein.[792] Dazu findet sich die Auffassung, dass insoweit zwar allein

789 *BVerwG,* Urt. v. 18.05.2001, Az. 4 CN 4/00, NVwZ 2001, 1044.

790 *BVerwG,* Urt. v. 18.05.2001, Az. 4 CN 4/00, NVwZ 2001, 1044 f.

791 *VGH München,* Urt. v. 09.11.1981, Az. 14 B 1186/79, BRS 38, Nr. 39; *ders.,* Urt. v. 13.09.2005, Az. 26 N 04.2054, juris, Rn. 55; *OVG Lüneburg,* Urt. v. 26.06.1984, Az. 6 C 22.81, *Moench,* ZfBR 1985, 113 (166).

792 *OVG Lüneburg,* Urt. v. 14.12.1989, Az. 6 C 23, 24, 26/88, NVwZ-RR 1990, 342; *Söfker,* in: Ernst/ Zinkahn/ Bielenberg/ Krautzberger, BauGB, § 1 Rn. 133; *Krautzberger,* in: Battis/ Krautzberger/ Löhr, BauGB, § 1 Rn. 62; dagegen mit verfassungsrechtlichen Erwägungen *Erbguth,* DVBl. 1985, 1352 (1356 f.).

die städtebauliche Relevanz landesrechtlich erfasster Belange des Denkmalschutzes gemeint sei, jedoch die Unterschutzstellung den Belangen des Denkmalschutzes ein erhöhtes Gewicht oder Beachtungspflichten verleihen könne.[793] Andererseits soll die Bebaubarkeit von Grundstücken im Plangebiet aus landesdenkmalrechtlichen Gründen nicht (mehr) in Frage gestellt werden können (außer es werde Entschädigung gewährt), wenn die Belange des Denkmalschutzes und der Denkmalpflege in der Abwägung sachgerecht behandelt worden seien.[794] Das *OVG Münster* wiederum hat sich zu der Aussage verstanden, dem Denkmal selbst, aber auch seiner Umgebung sei eine städtebauliche Nutzung zuzuweisen, die mit der Denkmaleigenschaft verträglich sei.[795] Andernorts heißt es, Gemeinden dürften in Bebauungsplänen keine Festsetzungen treffen, die den denkmalschutzrechtlichen Schutzumfang und Schutzzweck beeinträchtigen.[796]

Die vorstehend wiedergegebenen Äußerungen zum Verhältnis von Bauleitplanung und landesrechtlichem Denkmalschutz lassen nicht nur die nötige Klarheit vermissen, sondern zeigen überdies, dass praktisch relevante Kollisionsfragen trotz der rechtsgrundsätzlichen Abgrenzung beider Rechtsgebiete durch das *BVerwG* noch nicht abschließend gelöst worden sind. Das gilt vor allem für das Verhältnis eines Bebauungsplans zur denkmalschutzrechtlichen Erlaubnis (§ 9 DSchG). Insoweit dürfte Folgendes gelten:

Das rein formelle Kriterium der zeitlichen Priorität in dem Sinne, dass denkmalrechtlich eine bereits getroffene bauplanungsrechtliche Entscheidung und umgekehrt eine frühere denkmalrechtliche Unterschutzstellung bauleitplanerisch als verbindlich hinzunehmen ist, kann nicht ausschlaggebend sein. Einerseits stünde dies im Widerspruch zu § 1 Abs. 6 Nr. 5 BauGB und ebenso zu § 1 Abs. 3 S. 1 DSchG, wonach den Belangen des Denkmalschutzrechts gerade keine strikte Beachtlichkeit für die Bauleitplanung zukommt. Andererseits darf die planende Gemeinde nicht mittels Bebauungsplans der Entscheidung der Denkmalschutzbehörde nach § 9 Abs. 1 DSchG bzw. der Baugenehmigungsbehörde (§ 9 Abs. 3 S. 1 DSchG) inhaltlich vorgreifen; denn dies stellte einen unzulässigen Kompetenzübergriff dar. Auch wenn der Bundesgesetzgeber mit den Belangen des Denkmalschutzes in § 1 Abs. 6 Nr. 5 BauGB jene nach dem Landesdenkmalrecht gemeint haben sollte, wogegen kompetenzrechtlich manches spricht[797], so bleibt es dabei, dass damit ganz i.S. der vorstehenden Abgrenzung keine denkmalschutzrechtliche Zuständigkeit in die Hände der Gemeinde gelegt worden ist[798]. Das Erfordernis der denkmalschutzrechtlichen Entscheidung sowie deren materiell-rechtliches Regelungsprogramm nach § 9 DSchG bleiben somit von der Bauleitplanung unberührt. Das steht auch in Einklang mit § 29 Abs. 2 BauGB, dem zu entnehmen ist, dass sonstige öffentlich-rechtliche Vorschriften, also auch diejenigen des Denkmalrechts, neben den bauplanungsrechtlichen Bestimmungen weiterhin anwendbar bleiben.[799]

---

793 *Söfker,* wie vor.

794 *Söfker,* in: Ernst/ Zinkahn/ Bielenberg/ Krautzberger, BauGB, § 1 Rn. 135.

795 *OVG Münster,* Urt. v. 30.01.1996, Az. 11a D 127/92.NE, NVwZ-RR 1997, 598 (599); ebenso *OVG Berlin,* Urt. v. 22.05.2003, Az. 6 A 12.03, juris, Rn. 49.

796 *Stich,* UPR 2003, 241 (241).

797 *Erbguth,* DVBl. 1985, 1352 (1358).

798 *BVerwG,* Urt. v. 18.05.2001, Az. 4 CN 4/00, NVwZ 2001, 1044; nach Fn. 784.

799 *Erbguth,* DVBl. 1985, 1352 (1358).

Problematisch erscheint auf den ersten Blick die dann mögliche Konsequenz, dass der Bebauungsplan ein bebautes Grundstück zur Neubebauung freigibt, obwohl das aufstehende Gebäude unter Denkmalschutz gestellt ist bzw. nachträglich Denkmal wird. Der Bebauungsplan darf indes eine solche Ausweisung treffen, wenn die Denkmaleigenschaft bzw. die Unterschutzstellung von keiner oder geringer städtebaulicher Bedeutung ist, sie also in der Abwägung zurückgestellt werden darf. Im Übrigen folgt sowohl der städtebaulichen Nutzung als auch der Unterschutzstellung nach dem DSchG ein Zulassungsverfahren nach, in dem die endgültige Entscheidung über die Erhaltung oder die Beseitigung bzw. Veränderung der historischen Baulichkeit fällt.[800] So hat das *OVG Münster* in einer jüngeren Entscheidung zum Verhältnis eines Bebauungsplans, welcher die Erweiterung der baulichen Substanz im Plangebiet vorhandener und im Plan gekennzeichneter denkmalgeschützter Wohnhäuser zuließ, ausgeführt, der Bebauungsplan schreibe nicht etwa die Erweiterung von Denkmälern vor, sondern ermögliche sie, ohne jedoch den Denkmalschutz in Frage zu stellen. Die Veränderung eines Denkmals sei erlaubnispflichtig (vgl. § 9 Abs. 1 DSchG). In einem etwaigen Baugenehmigungsverfahren seien die Belange des Denkmalschutzes und der Denkmalpflege in angemessener Weise zu berücksichtigen (vgl. § 9 Abs. 3 DSchG). Die Voraussetzungen der Erlaubnis (keine entgegenstehenden Gründe des Denkmalschutzes oder für die Veränderung des Denkmals streitende überwiegende öffentliche Interessen, vgl. § 9 Abs. 2 DSchG) bestünden ungeachtet der einer baulichen Erweiterung nicht widerstreitenden Festsetzungen des Bebauungsplans fort.[801]

Angesichts dessen drängt sich allerdings, in einer gewissen Parallelität zum Artenschutzrecht[802], die bislang kaum behandelte Frage auf, ob nicht einem Bebauungsplan die Vollzugsfähigkeit, und damit die Erforderlichkeit i.S. von § 1 Abs. 3 S. 1 BauGB, fehlen kann, wenn und weil die hierzu notwendige denkmalrechtliche Erlaubnis (bzw. die Baugenehmigung aus denkmalschutzrechtlichen Gründen) dauerhaft nicht rechtmäßig erteilt werden kann. Das hätte zur Folge, dass die Gemeinde bereits im Planaufstellungsverfahren die Voraussetzungen zur Erteilung der Erlaubnis nach § 9 DSchG prüfen und ihr Vorliegen bejahen müsste. Das *OVG Münster* hat diese Frage in einer jüngeren Entscheidung aufgeworfen, dort aber den Planvollzug nicht für denkmalschutzrechtlich verwehrt gehalten.[803]

Von der Vollzugsunfähigkeit eines Bebauungsplans infolge entgegenstehenden Denkmalschutzrechts kann zunächst nur dann die Rede sein, wenn einerseits die planerische Festsetzung allein im Wege einer erlaubnispflichtigen Maßnahme nach § 9 Abs. 1 DSchG verwirklicht werden kann und andererseits die Erlaubnisfähigkeit nach § 9 Abs. 2 DSchG dauerhaft ausgeschlossen ist. Regelmäßig dürfte indes der Bauleitplan selbst nicht derart zwingenden Inhalts sein. Dort wo er die Errichtung neuer baulicher Anlagen in der engeren Umgebung eines Baudenkmals zulässt, kommt es für die Frage der denkmalschutzrechtlichen Vereinbarkeit auch auf die architektonische Gestaltung

---

800 *Erbguth,* DVBl. 1985, 1352 (1358 f.).

801 *OVG Münster,* Urt. v. 12.02.2004, Az. 7a D 16/03.NE, juris, Rn. 24; i.d.S. auch *Ortmeier,* BayVBl. 1990, 225 (230).

802 Vgl. oben B.V.3.a).

803 *OVG Münster,* Beschl. v. 20.02.2008, Az. 7 A 966/07, juris, Rn. 39 ff.

im Näheren an, welche nicht der Bebauungsplan vorgibt,[804] sondern dem Baugenehmigungsverfahren nach Maßgabe der bauordnungsrechtlichen Vorschriften anheim gegeben ist. Gleiches gilt, sofern den Festsetzungen durch Einbeziehung des Baudenkmals in die ausgewiesene Nutzungsart Rechnung getragen werden kann. Lässt sich allerdings eine planerische Festsetzung tatsächlich nicht verwirklichen, ohne dass zuvor ein auf der betroffenen Fläche befindliches Baudenkmal abgerissen wird, und stehen diesem Abbruch Gründe des Denkmalschutzes dauerhaft entgegen, hat dies zur Konsequenz, dass sich der Plan als nicht erforderlich i.S. des § 1 Abs. 3 S. 1 BauGB und damit als rechtswidrig erweist. Insoweit ist die Rechtslage mit derjenigen des Artenschutzrechts durchaus vergleichbar.

804 So in der Entscheidung des *OVG Münster*, Beschl. v. 20.02.2008, Az. 7 A 966/07, juris, Rn. 41.

Zusammenfassung der Ergebnisse

Teil 1: Rechtliche Anforderungen an die Neuerrichtung bzw. Erweiterung von Binnenhäfen

1. Der erste Teil der Untersuchung behandelt die wesentlichen rechtlichen Anforderungen an die Planung und Zulassung eines Binnenhafens bzw. der Erweiterung eines solchen in NRW. Ein spezifisches und in sich geschlossenes System des *Hafenplanungs- und -zulassungsrechts* existiert nicht; daher kann es auch nicht pauschal um „den Hafen“ gehen, sondern ist eine den einschlägigen gesetzlichen Vorschriften entsprechende differenzierte Betrachtung vonnöten. Die übliche Unterscheidung von Infra- und Suprastruktur eines Hafens findet in der Rechtsordnung keine Anknüpfung. Des Weiteren ist eine getrennte Betrachtung der erstmaligen Hafenerrichtung und der Erweiterung eines bestehenden Hafens nicht erforderlich; dem Grunde nach sind die jeweils geltenden Anforderungen identisch.

2. Die Neuerrichtung wie die Erweiterung eines Hafens bedürfen aufgrund des mit ihnen jeweils verbundenen erheblichen Eingriffs in ein Gewässer der Zulassung im Wege der *Planfeststellung*, und zwar in Abhängigkeit von den Gegebenheiten des Einzelfalls entweder auf der Grundlage des § 14 Abs. 1 WaStrG (Ausbau einer Bundeswasserstraße zu Verkehrszwecken) oder des § 68 Abs. 1 WHG (Ausbau eines Gewässers). Typischerweise dürften Maßnahmen zum Ausbau einer Bundeswasserstraße im Rahmen der Errichtung bzw. Erweiterung von Umschlagshäfen – in Einklang mit der Rechtsprechung – schwerpunktmäßig Verkehrszwecken dienen und damit der Planfeststellung nach § 14 Abs. 1 WaStrG unterworfen sein. Allerdings entbindet diese Annahme nicht davon, jeweils eine einzelfallbezogene Prüfung durchzuführen.

3. Eine weitere wesentliche Frage ist diejenige, worauf sich die Planfeststellung in gegenständlicher und räumlicher Hinsicht erstrecken soll bzw. von Gesetzes wegen erstrecken muss, m.a.W., was Gegenstand des Vorhabens im planungsrechtlichen Sinne ist. Insoweit gilt es, entgegen der nordrhein-westfälischen Rechtsprechung von einem weiten und zudem funktionalen *Vorhabenbegriff* auszugehen, wonach der Hafen(aus)bau in seiner Gesamtheit als Ausbaumaßnahme i.S. des jeweiligen Fachgesetzes der Planfeststellung unterliegt. Bei einem Binnenhafen handelt es sich nämlich um eine wirtschaftliche Einrichtung, deren Errichtung bzw. Erweiterung geradezu den Prototyp des komplexen, der einheitlichen und umfassenden Problembewältigung bedürftigen Vorhabens darstellt, für dessen Zulassung das Instrument der Planfeststellung geschaffen worden ist. Überdies spricht das EG-Recht in Gestalt der UVP-RL für eine komplexartige, umfassende Prüfung des Gesamtvorhabens „Hafen(ausbau)“ und erweitert damit zwingend den Prüfungsrahmen bzw. -gegenstand der Planfeststellung. Will man dem nicht folgen, so lässt sich eine Zuständigkeits- und Verfahrenskonzentration zugunsten lediglich einer wasser- bzw. wasserstraßenrechtlichen Planfeststellung über § 78 VwVfG erreichen.

Im Rahmen der Planfeststellung – gleichviel, ob nach dem WaStrG oder dem WHG – sind vielfältige rechtliche Anforderungen formell- wie materiell-rechtlicher Natur zu wahren. Am Bsp. der wasserstraßenrechtlichen Planfeststellung ist Folgendes beachtlich:

4. Neben den allgemeinen Anforderungen des Verfahrensrechts unterfällt der Ausbau einer Bundeswasserstraße zu Zwecken der Anlegung oder Erweiterung eines Binnenhafens nach Maßgabe des UVPG der Pflicht, eine *Umweltverträglichkeitsprüfung* durchzuführen. Soweit der Ausbau der Bundeswasserstraße Belange der Landeskultur oder der Wasserwirtschaft berührt, bedarf die Planfeststellung des Einvernehmens mit der zuständigen Landesbehörde (§ 14 Abs. 3 S. 1 WaStrG). Anforderungen materiellrechtlicher Art, denen der Planfeststellungsbeschluss zu genügen hat, sind dem Grundsätzlichen nach das Erfordernis der Planrechtfertigung, ferner weitere, die Planfeststellungsbehörde bindende inhaltliche Maßgaben, vornehmlich solche umweltrechtlicher Natur, sowie das Abwägungsgebot einschließlich des Erfordernisses einer Alternativenprüfung.

5. Dem Schutz benachbarter Grundstücke vor Immissionen, die von der Errichtung bzw. Erweiterung und dem Betrieb eines Hafens ausgehen, kommt große rechtliche wie praktische Bedeutung zu. Rechtlicher Ausgangspunkt ist insofern das Erfordernis, die Belange des *Immissionsschutzes* in der planerischen Abwägung zu berücksichtigen. Die Ermittlung und Bewertung jener Belange haben sich nach den Vorgaben des BImSchG und den dazu ergangenen untergesetzlichen Regelungen zu richten. Bei der planerischen Bewältigung der Immissionsschutzprobleme steht der Lärmschutz im Vordergrund. Eine wesentliche Weichenstellung liegt in der getrennten Betrachtung des Betriebs- und des Verkehrslärms. Als Betriebslärm ist nicht nur der von den Umschlagsanlagen verursachte Lärm zu qualifizieren; hinzu treten Straßen- und Schienenverkehrsgeräusche, die von Fahrzeugbewegungen auf dem Betriebsgelände sowie bei Ein- und Ausfahrten, die in Zusammenhang mit dem Betrieb der Anlage stehen, verursacht werden. Auch wenn sich die Planfeststellung nicht auf die Terminalanlagen erstrecken sollte, sind besagte Lärmimmissionen bereits im Rahmen der Abwägung zu berücksichtigen. Die Planfeststellungsbehörde hat dann eine sog. immissionsschutzrechtliche Vorausbeurteilung des späteren Hafenbetriebes vorzunehmen.

6. Containerterminals (bzw. die Gesamtheit der dort künftig vorfindlichen Umschlagsanlagen) sind nicht genehmigungsbedürftige ortsfeste Anlagen i.S. von § 3 Abs. 5 Nr. 1 BImSchG, die den Grundpflichten des § 22 Abs. 1 S. 1 BImSchG zu genügen haben. Für die Beurteilung der Zumutbarkeit von *Lärm* ist eine „Güterabwägung" der konkreten Gegebenheiten erforderlich, dies zum einen mit Blick auf die emittierende Nutzung, zum anderen hinsichtlich der immissionsbetroffenen Nutzung. Eine Rechtsverordnung zur Beurteilung des Lärms, der von Hafenumschlagsanlagen verursacht wird, gibt es nicht. Bei allein Binnenschiffen zugänglichen Hafenumschlagsanlagen gilt die TA Lärm unmittelbar. Werden die darin niedergelegten Immissionsrichtwerte überschritten und liegen keine besonderen Umstände des Einzelfalls vor, die für eine andere Beurteilung sprechen, ist von schädlichen Umwelteinwirkungen durch Geräuschimmissionen auszugehen. Diese müssen, soweit sie nach dem Stand der Technik vermeidbar sind, vorrangig verhindert, ansonsten auf ein zumutbares Mindestmaß beschränkt werden. Bei unvermeidbaren schädlichen Umwelteinwirkungen unterhalb der Gefahrenschwelle für Leben und Gesundheit von Menschen sind solche Beschränkungen vom Anlagenbetreiber erst dann nicht mehr hinzunehmen, wenn und soweit sie sich als unverhältnismäßig erweisen. Eine Überschreitung der maßgeblichen Pegel der TA Lärm aufgrund überwiegender Interessen der Allgemeinheit kommt nur insoweit in Betracht, als alle Möglichkeiten der Lärmreduzierung erschöpft sind.

7. Soweit die Planfeststellung den Bau oder die wesentliche Änderung öffentlicher *Verkehrswege* umfasst, hat die Beurteilung der von ihnen künftig hervorgerufenen Geräuschimmissionen nach Maßgabe der Sonderregelungen des § 41 BImSchG i.V.m. der 16. BImSchV zu erfolgen. Eine Summenbildung aus Betriebs- und Verkehrslärm ist rechtlich nicht vorgesehen, es sei denn, auf Grund des Zusammenwirkens unterschiedlicher Lärmquellen wird der Bereich der Gesundheitsgefährdung erreicht. Die Planfeststellung darf sich ferner davon leiten lassen, dass der Trennungsgrundsatz des § 50 S. 1 BImSchG, der lediglich eine Abwägungsdirektive darstellt, überwunden werden kann, wenn einerseits ein hohes öffentliches Interesse an der Realisierung des Vorhabens besteht und andererseits keine Standortalternativen zur Verfügung stehen oder denkbare Alternativen mit unvertretbaren Nachteilen behaftet sind.

8. Weitere materiell-rechtliche Anforderungen folgen aus dem *Naturschutzrecht*, insbesondere der Eingriffsregelung sowie den auf europarechtliche Vorgaben zurückgehenden Bestimmungen des Habitat- und Artenschutzes. Mit der Errichtung bzw. Erweiterung eines Hafens geht regelmäßig ein *Eingriff in Natur und Landschaft* einher. Der Verursacher ist verpflichtet, vermeidbare Beeinträchtigungen zu unterlassen. Unvermeidbare Beeinträchtigungen sind durch Maßnahmen des Naturschutzes und der Landschaftspflege auszugleichen oder zu ersetzen. Beide Formen der sog. Realkompensation stehen gleichberechtigt nebeneinander. Erweist sich, dass die eingriffsbedingten Beeinträchtigungen weder vermeidbar noch in angemessener Frist auszugleichen oder zu ersetzen sind, ist die Zulassung bzw. Durchführung des Eingriffs für den Fall, dass die Belange des Naturschutzes und der Landschaftspflege bei der Abwägung aller Anforderungen an Natur und Landschaft anderen Belangen im Range vorgehen, untersagt. „Andere Belange" sind vorliegend die zugunsten der Hafenerrichtung bzw. -erweiterung streitenden Interessen der Allgemeinheit, etwa jene an der Entwicklung der Hafenwirtschaft. Setzen sich im Rahmen der Abwägung die für das Vorhaben sprechenden Belange gegenüber den Interessen des Naturschutzes und der Landschaftspflege durch, hat der Verursacher des danach zulässigen Eingriffs Ersatz in Geld zu leisten.

9. Eine bedeutende Rolle bei der Entscheidung über die Zulässigkeit von größeren Infrastrukturvorhaben wie den hier fraglichen kommt des Weiteren dem *Habitatschutzrecht* zu, welches auf Vorgaben des europäischen Naturschutzrechts, namentlich der FFH-RL und der Vogelschutz-RL, beruht. So sind Projekte vor der Zulassung oder Durchführung auf ihre Verträglichkeit mit den Erhaltungszielen eines Natura 2000-Gebiets zu überprüfen (FFH-Verträglichkeitsprüfung), wenn sie einzeln oder im Zusammenwirken mit anderen Projekten oder Plänen geeignet sind, das Gebiet erheblich zu beeinträchtigen. Hier können verkehrs- oder betriebsbedingte Immissionen, welche das Vorhaben voraussichtlich verursachen wird, die Pflicht zur Durchführung einer FFH-VP auslösen, auch wenn das Schutzgebiet in einiger Entfernung vom anvisierten Hafenstandort belegen ist. Führt die Prüfung zu dem Ergebnis, dass das Projekt zu erheblichen Beeinträchtigungen des Gebiets in seinen für die Erhaltungsziele oder den Schutzzweck maßgeblichen Bestandteilen führen kann, ist es unzulässig. Die Bestimmung begründet damit ein Verbot, das selbst im fachplanerischen Zulassungsverfahren keiner Überwindung im Rahmen der Abwägung zugänglich ist. Steht die Unzulässigkeit nach § 34 Abs. 2 BNatSchG fest, so vermag das Projekt dennoch zugelassen zu werden, wenn es sich den Ausnahmebestimmungen des § 34 Abs. 3–5 BNatSchG fügt, es namentlich aus zwingenden Gründen des überwiegenden öffentlichen Interesses, einschließlich solcher sozi-

aler oder wirtschaftlicher Art, notwendig ist und zumutbare Alternativen, den mit dem Projekt verfolgten Zweck an anderer Stelle ohne oder mit geringeren Beeinträchtigungen zu erreichen, nicht gegeben sind. Im Rahmen des Planfeststellungsverfahrens ist auch der Frage nachzugehen, ob und ggf. inwieweit ein sog. potenzielles FFH-Gebiet und/oder ein faktisches Vogelschutzgebiet infolge der Zulassung des Vorhabens beeinträchtigt zu werden drohen bzw. droht.

10. Neben dem Habitatschutzrecht beansprucht das *Artenschutzrecht* strikte Geltung bei der Entscheidung über die Errichtung bzw. Erweiterung eines Binnenhafens. Hierbei kommt dem besonderen Artenschutz herausgehobene Bedeutung zu. Dessen materiellrechtliche Regelungen sind für die Planfeststellungsbehörde strikt beachtlich und bilden somit rechtliche Grenzen des planerischen Gestaltungsspielraums, die einer Überwindung in der Abwägung nicht zugänglich sind. Aus Sicht der Fachplanung sind die in § 44 Abs. 1 Nr. 1–4 BNatSchG aufgeführten Zugriffsverbote von Bedeutung. Die Zugriffsverbote wirken nicht absolut; das Gesetz sieht Ausnahmen vor, mithilfe derer wichtigen Infrastrukturvorhaben aus überwiegenden Gemeinwohlinteressen zur Zulässigkeit verholfen werden kann.

11. Auch mit Belangen des *Gewässerschutzes* wird ein Hafenbau- bzw. -erweiterungsvorhaben naturgemäß in Konflikt geraten. So haben die Ausbaumaßnahmen die nach §§ 27 bis 31 WHG maßgebenden Bewirtschaftungsziele zu berücksichtigen. Die Norm ist EG-rechtskonform so zu interpretieren, dass das Hafenbau- bzw. -erweiterungsvorhaben den zwingenden Vorgaben der §§ 27–31 WHG vollumfänglich zu entsprechen hat. Eine Überwindung der Bewirtschaftungsziele im Rahmen der Abwägung ist damit ausgeschlossen. Das Vorhaben kann dennoch zugelassen werden, wenn es den einschlägigen Anforderungen des § 31 Abs. 2 WHG Rechnung trägt. Maßnahmen zum Ausbau einer Bundeswasserstraße sind ferner so durchzuführen, dass mehr als nur geringfügige Auswirkungen auf den Hochwasserschutz vermieden werden. Als geringfügig haben Auswirkungen zu gelten, die im Rahmen einer Gesamtbetrachtung als Folge der Ausbaumaßnahmen hinnehmbar sind. Wann Letzteres der Fall ist, muss sich nach Lage des Einzelfalls in der Abwägung erweisen.

12. Der *Raumordnungsplanung* kommt für den Hafen(aus)bau insoweit Bedeutung zu, als sie Festlegungen zum Standort des Vorhabens mit Bindungswirkung für die nachfolgende Planfeststellung treffen kann. Die Wahl des Standorts für die Errichtung oder Erweiterung eines Binnenhafens bestimmter Größenordnung ist vorrangig eine raumordnerische Entscheidung. Insoweit kann die Landesplanung im Rahmen der ihr eigenen Kompetenz Ziele und Grundsätze der Raumordnung aufstellen. Inhaltlich unterfallen dem, wie § 8 Abs. 5 Nr. 3 ROG zu entnehmen ist, neben anderem Festlegungen zu den zu sichernden Standorten (und Trassen) für Infrastruktur; hierunter fasst das Gesetz ausdrücklich die Verkehrsinfrastruktur und „Umschlaganlagen von Gütern“. Auch zielförmige Standortausweisungen der Landesentwicklungs- oder Regionalplanung bleiben indes hinsichtlich des Umfangs ihrer rechtlichen Bindungskraft und ihrer Detailschärfe den Aufgaben und Leitvorstellungen einer nachhaltigen Raumentwicklung verpflichtet. Besagte Festlegungen müssen sich auf die Aussage beschränken, dass der ausgewählte Standort aus raumordnerischer Sicht geeignet und – nach einem raumordnerischen Alternativenvergleich – vorzugswürdig ist, um konkurrierende Raumnutzungen in einen dauerhaften, großräumig ausgewogenen Ausgleich zu bringen. Die Rechtsprechung will das Verhältnis von Raumordnung und Fachplanung deutlich von der gesetzlichen Kon-

zeption eines vertikalen Über- und Unterordnungsverhältnisses, welche den funktionalen Zusammenhang von Raumordnung und kommunaler Bauleitplanung kennzeichnet, unterschieden wissen. Das *BVerwG* spricht in diesem Zusammenhang von einer arbeitsteiligen Aufgabenstruktur mehrerer Planungsträger, deren aufgabenspezifische Kompetenzen und Gestaltungsspielräume durch rechtliche Bindungen, Abstimmungsgebote und Beteiligungsverfahren miteinander verschränkt sind. Hat die Landesplanung im Rahmen ihrer Kompetenzen und unter Wahrung der sonstigen formell- und materiellrechtlichen Vorgaben eine zielförmige Aussage zum Standort eines neuen bzw. zur Erweiterung eines bestehenden Binnenhafens getroffen und beantragt der Vorhabenträger die Zulassung, so ist es weder Aufgabe der Planfeststellungsbehörde noch ist sie dazu befugt, die vorangegangene raumordnerische Abwägung durch eine eigene ergebnisoffene Abwägung der nach ihrer Auffassung maßgeblichen Standortanforderungen zu ersetzen, zu bestätigen oder zu korrigieren.

Auch dem *Raumordnungsverfahren* kommt in der Praxis wesentliche Bedeutung bei der Infrastrukturplanung zu, und zwar regelmäßig im Vorfeld der Planfeststellung. Das betrifft nach der Raumordnungsverordnung insbesondere die Herstellung und wesentliche Umgestaltung von Häfen ab einer Größe von 100 ha.

13. Neben der Raumordnung besitzt ferner die *kommunale Bauleitplanung* Relevanz für den Hafen(aus)bau. Zwar schließt die verfassungsrechtliche Kompetenzordnung es aus, die Zulässigkeit von Maßnahmen, die zur Errichtung bzw. Erweiterung eines Binnenhafens erforderlich sind, allein im Wege der kommunalen Bauleitplanung zu regeln. Das Erfordernis der Planfeststellung entfällt folglich auch dann nicht, wenn die von dem Vorhaben beanspruchten Flächen in einem Bebauungsplan als Verkehrs- bzw. Wasserflächen festgesetzt sind. Das hindert die Gemeinde indes nicht daran, entsprechende Ausweisungen als eigene Darstellungen in ihren Flächennutzungsplan aufzunehmen; sie kommen zur Vorbereitung bzw. Sicherung der (zu erwartenden) Fachplanung und Abstimmung des Vorhabens mit sonstigen städtebaulichen Belangen in Betracht. So können etwa Wasserflächen und Häfen dargestellt werden, ferner Sondergebiete für Häfen. Auch für die Ebene der Bebauungsplanung gilt, dass die Gemeinde fachplanungskonforme eigene Ausweisungen treffen darf, um die planbetroffenen Flächen durch Freihaltung von Bebauung zu sichern und das planfeststellungsbedürftige bzw. bereits planfestgestellte Hafen(erweiterungs)vorhaben in die städtebauliche Entwicklung und Ordnung einzupassen bzw. „städtebaulich zu ergänzen". In Bebauungsplänen können u.a. gleichfalls Wasserflächen sowie Hafengebiete als Sondergebiete festgesetzt werden.

Teil 2: Rechtsfragen der Bewältigung von Konflikten zwischen hafenwirtschaftlicher und städtebaulicher Nutzung in nordrhein-westfälischen Binnenhäfen

1. Flächen in Binnenhäfen unterfallen grundsätzlich der *kommunalen Planungshoheit* und damit dem Regime des BauGB. Allerdings können sie Einschränkungen aufgrund *konkurrierender Planungskompetenzen* staatlicher Stellen unterworfen sein. Das gilt zunächst im Verhältnis zur hafenbezogenen Fachplanung. Ein absoluter Vorrang der einen Planungsform vor der anderen besteht nicht, vielmehr ist eine differenzierende Betrachtung erforderlich. So besteht im Fall eines vorlaufenden Flächennutzungsplans die grundsätzliche Pflicht zur Anpassung der zeitlich nachfolgenden Fachplanung, sie

entfällt aber bei einem Widerspruch des Fachplanungsträgers. Eine Konfliktlösung bei parallel laufender Flächennutzungsplanung und Fachplanung ist nicht gesetzlich geregelt; es gilt beiderseits das Abwägungsgebot, wonach u.a. die Belange des jeweils anderen Planungsträgers im Rahmen der eigenen Abwägungsentscheidung zu berücksichtigen sind. Hinter eine bestehende Fachplanung muss die nachfolgende Flächennutzungsplanung zurücktreten.

2. Geht es um die Kollision von Bebauungsplanung und *privilegierter Fachplanung*, so ist zunächst die Konstellation relevant, in der bisher nicht für Hafenzwecke beanspruchte, indes von einem Bebauungsplan erfasste Flächen für die Errichtung bzw. Erweiterung eines Hafens herangezogen werden sollen, sofern das Vorhaben – wie regelmäßig – ein solches von überörtlicher Bedeutung darstellt. Nach § 38 S. 1 BauGB ist das privilegierte Hafen(aus)bauvorhaben nicht an entgegenstehende Festsetzungen des Bebauungsplans gebunden; Letztere sind (lediglich) als öffentliche Belange des Städtebaus in der fachplanerischen Abwägung zu berücksichtigen.

3. Das Verhältnis bestehender Fachplanung und *nachfolgender Bebauungsplanung* ist vorliegend von wohl größter praktischer Bedeutung; dabei geht es um Konfliktfälle, in denen die Gemeinde Hafenflächen (oder unmittelbar an den Hafen angrenzende Gebiete) mittels der Bebauungsplanung z.B. einer künftigen Wohn- oder Freizeitnutzung zuführen will. Insoweit lässt sich die Rechtsprechung des *BVerwG* zu Bahnanlagen heranziehen – mit dem Ergebnis, dass Festsetzungen in Bebauungsplänen, die für förmlich planfestgestellte Hafenflächen getroffen werden, unzulässig sind, soweit sie der fachplanerischen Zweckbestimmung, dem Betrieb des Hafens zu dienen, widersprechen. Letzteres gilt etwa für Ausweisungen, welche die Zulässigkeit von Wohn- und Freizeitnutzungen auf Flächen begründen, die vom Planfeststellungsbeschluss erfasst werden. In räumlicher Hinsicht ist maßgeblich, ob die betreffenden Grundstücke vom Geltungsbereich des Planfeststellungsbeschlusses umfasst werden und damit der fachplanerischen Zweckbestimmung unterliegen. Aus dem Planfeststellungsbeschluss kann sich allerdings auch ergeben, dass bestimmte Flächen nicht seiner spezifischen Zweckbestimmung unterworfen sein sollen. Flächen außerhalb des Geltungsbereichs der Planfeststellung, die für eine künftige Erweiterung des Hafens in Betracht kommen, werden nicht vom Fachplanungsprivileg erfasst; eine Flächensicherung gegenüber bauleitplanerischem Zugriff der Gemeinden ist hier nur durch die Raumordnung möglich. Im Übrigen führt die Sperrwirkung auf der Grundlage des § 38 S. 1 BauGB, wie bedeutet, nicht zu einem völligem Ausschluss des Bauplanungsrechts im „planfestgestellten Gebiet", die Gemeinde darf planend tätig werden, soweit entsprechende Festsetzungen der fachplanerischen Zweckbestimmung des Vorhabens, dem Betrieb des Hafens zu dienen, nicht widerstreiten. Maßgeblich ist insoweit die objektive Vereinbarkeit der kommunalen Planung mit der Zweckbestimmung des Vorhabens. Für einen grundsätzlichen Wechsel der Planungsbefugnis bedarf es der Aufhebung jener Zweckbestimmung durch einen hoheitlichen Akt („Entprivilegierung").

4. Zahlreiche Binnenhäfen unterfallen indessen *nicht* dem *Fachplanungsprivileg*, weil sie entweder vor Geltung des Wasser(straßen)rechts und der darin vorgesehenen Planfeststellungspflicht errichtet worden sind oder eine vorhandene Planfeststellung lediglich den Ausbau des bzw. der Hafenbecken(s) und der Kaimauer(n), nicht aber die sonstigen für den Hafenbetrieb notwendigen Flächen erfasst. Die Rechtsprechung des *BVerwG* zu entsprechenden „faktischen" Bahnbetriebsanlagen kann auf Hafenflächen

nicht übertragen werden, zumal es kaum mit Art. 28 Abs. 2 S. 1 GG vereinbar sein dürfte, Flächen der Bauleitplanung ohne ausdrückliche gesetzliche Grundlage zu entziehen. Im Ergebnis können damit sämtliche Hafenflächen, die nicht vom Geltungsbereich eines förmlichen Planfeststellungsbeschlusses erfasst werden, dem Grunde nach Gegenstand der kommunalen Bauleitplanung sein.

5. Einschränkungen der kommunalen Planungshoheit sind ferner durch die *Raumordnungsplanung* möglich. Das wirft die Frage auf, wie mittels raumordnerischer Festlegungen potenzielle Hafenerweiterungsflächen und temporär nicht genutzte Hafenflächen wirksam vor dem Zugriff konkurrierender städtebaulicher Nutzungsinteressen gesichert werden können. Im Wesentlichen kommt hierfür eine Steuerung mittels Zielen der Raumordnung in Betracht, an welche die Bauleitplanung nach § 1 Abs. 4 BauGB anzupassen ist. Die Relevanz der Raumordnung in den Ländern für die Sicherung von Hafen(erweiterungs)flächen folgt wiederum aus § 8 Abs. 5 Nr. 3 ROG. Danach erweisen sich die Sicherung und Entwicklung der Binnenhäfen als bedeutende Infrastruktur- und Güterumschlagseinrichtungen als Aufgaben der Raumordnung, die durch den Einsatz von entsprechend verfassten, die Bauleitplanung bindenden Raumordnungszielen erfüllt werden können. Zur Präzisierung der rechtlichen Voraussetzungen wirksamer Zielbindung kann auf vorhandene Rechtsprechung zur Erweiterung von Flughäfen zurückgegriffen werden, die sich auf Binnenhäfen übertragen lässt. Das *BVerwG* hat die Vereinbarkeit von gebietsscharfen Zielfestlegungen für Infrastrukturvorhaben (hier: Flughafenerweiterung) mit der Garantie kommunaler Selbstverwaltung (Art. 28 Abs. 2 S. 1 GG) anerkannt. Des Weiteren erhebt das Gericht gegenüber dem hohen Konkretisierungsgrad gebietsscharfer Standortausweisungen vor dem Hintergrund der gesetzlichen Aufgabenstellung der Regionalplanung keine Einwände. Insbesondere erscheint die Ausweisung von Vorranggebieten i.S. von § 8 Abs. 7 S. 1 Nr. 1 ROG als ein zur Sicherung künftiger Hafenentwicklungs- bzw. -erweiterungsflächen rechtlich zulässiges und geeignetes Mittel.

6. Werden der Bauleitplanung durch Fach- oder Raumordnungsplanungen keine Hindernisse bereitet, so hat sie dennoch zahlreichen *sonstigen rechtlichen Bestimmungen* zu genügen, soweit es um die städtebauliche Nutzung von Flächen in und an Binnenhäfen geht. Die Konflikte eines Nebeneinander von hafenwirtschaftlicher und sonstiger Nutzung speisen sich vorrangig aus den Lärm-, Schadstoff- und sonstigen Emissionen, die von dem Hafenbetrieb und vorhandenen Verkehrswegen ausgehen. Somit hat die Bauleitplanung erhebliche Bedeutung für den vorsorgenden *Immissionsschutz.* Grundsätzlich sind die Gemeinden befugt, immissionsschutzbezogene Forderungen durch Festsetzungen in Bebauungsplänen rechtsverbindlich vorzugeben; diese können inhaltlich von den Anforderungen des allgemeinen Immissionsschutzrechts abweichen. Rechtlicher Anknüpfungspunkt für die Berücksichtigung des Immissionsschutzes in der Bauleitplanung ist das Abwägungsgebot nach § 1 Abs. 7 BauGB. Es fehlt insoweit an verbindlichen Normen für die Bestimmung der Zumutbarkeit von Immissionen, insbesondere i.S. von Grenzwerten; solche in technischen Regelwerken gelten nur als Orientierungshilfen. Bestimmte städtebauliche Standards ergeben sich aus der unterschiedlichen Schutzwürdigkeit der Baugebiete nach BauNVO; Abstufungen nach der Schutzwürdigkeit und zulässigem Störungsgrad von emittierenden Anlagen haben für die Gebietsausweisungen und deren Zuordnung in den Bauleitplänen herausgehobene Bedeutung. § 50 S. 1 BImSchG verlangt, dass Wohngebiete und sonstige Gebiete mit schutzwürdigen Nut-

zungen einerseits und umgebungsbelastende Gewerbe- und Industriegebiete sowie Gebiete mit anderen emittierenden Anlagen andererseits nicht nebeneinander liegen sollen. Eine Zuordnung hat in erster Linie durch ausreichende räumliche Trennung der unverträglichen Nutzungen zu erfolgen (Trennungsgebot). Eine solche wird allerdings nicht ausnahmslos verlangt, sie stellt nur eine von mehreren Möglichkeiten zweckentsprechender Zuordnung der sich (sonst) beeinträchtigenden Nutzungen dar. Insgesamt gilt, dass die immissionsschutzrechtlichen Gesichtspunkte (nur) zurückgestellt werden dürfen, wenn die Planung durch entgegenstehende Belange mit entsprechend höherem Gewicht geboten ist. Eine absolute Planungsschranke bilden Beeinträchtigungen freilich dann, wenn sie die Schwelle der Gesundheitsgefährdung überschreiten. Sofern, wie im Falle der Umnutzung von (ehemaligen) Hafenflächen, eine Nutzung an eine bereits vorhandene heranrückt, muss erstere auf die vorhandene Rücksicht nehmen, und zwar dergestalt, dass für die heranrückende Nutzung entsprechende Vorkehrungen getroffen werden, um Immissionskonflikte zu vermeiden. Praktische Bedeutung hat die DIN 18005-1 „Schallschutz im Städtebau" als Orientierungshilfe; je weiter die Orientierungswerte überschritten werden, desto gewichtiger müssen die für die Planung sprechenden Gründe sein und umso mehr hat die Gemeinde die baulichen und technischen Möglichkeiten auszuschöpfen, die ihr zu Gebote stehen, um diese Auswirkungen zu verhindern. Hierzu sieht das Städtebaurecht vielfältige Möglichkeiten vor, etwa entsprechende Ausweisungen von Baugebieten, deren Gliederung, ferner Vorkehrungen des aktiven und passiven Schallschutzes.

7. Aus Sicht des Immissionsschutzrechts kann die *Ansiedelung immissionsempfindlicher Nutzungen* in der Nachbarschaft emittierender Hafenbetriebe Folgen für jene Betriebe nach sich ziehen, etwa in Gestalt von Anordnungen, die Betriebseinschränkungen zum Gegenstand haben. Weder der baurechtliche noch der immissionsschutzrechtliche Bestandsschutz stehen dem wirksam entgegen. Die Lösung des Problems ist freilich vorrangig auf der Ebene der Bauleitplanung zu suchen.

8. Das Heranrücken schutzbedürftiger hafenfremder Nutzungen, insbesondere der Wohnnutzung, birgt aus Sicht der Hafenbetreiber des Weiteren die Gefahr, dass dadurch möglicherweise immissionssteigernde *betriebliche Erweiterungen* der Häfen erschwert oder gar unmöglich gemacht werden. Beim Erlass eines Bebauungsplans ist daher im Rahmen der planerischen Abwägung das private Interesse am Erhalt bestehender baulicher Nutzungsrechte mit dem öffentlichen Interesse an einer städtebaulichen Neuordnung des Plangebiets abzuwägen. Neben den durch Art. 14 Abs. 1 GG geschützten Eigentumsbelangen verlangt das Abwägungsgebot die Beachtung der Belange der Wirtschaft; dazu zählen auch beabsichtigte Kapazitätserweiterungen und Modernisierungen von betrieblichen Anlagen, die zur Erhaltung der Konkurrenzfähigkeit notwendig sind. Das gilt für die Entwicklungsfähigkeit des Hafens in Gänze.

9. Ein *Verzicht auf Abwehransprüche* ist nach der Rechtsprechung als Mittel der planerischen Konfliktbewältigung untauglich. Der Schutz, den das öffentliche Recht zugunsten Belästigter errichtet hat, kann nicht dadurch beseitigt werden, dass sich die Betroffenen mit dem Vorhaben einverstanden erklären. Führt freilich die (vertraglich abgesicherte) Mitwirkung der Dritten dazu, dass der Konflikt bewältigt wird, ist es zulässig, dass ein Nachbar einem immissionsträchtigen Vorhaben zustimmt – etwa weil Maßnahmen des passiven Schallschutzes an seinem Wohngebäude erfolgen.

10. Grenzen für die Bauleitplanung in Häfen können sich im Weiteren aus dem *Hochwasserschutzrecht* ergeben. Das gilt vor allem in festgesetzten und „faktischen“ Überschwemmungsgebieten. Hier ist die Ausweisung von neuen Baugebieten in Bauleitplänen verboten. Die gesetzliche Ausnahme „für Häfen“ erfasst nicht die Ausweisung funktional nicht unmittelbar mit dem Hafenzweck zusammenhängender baulicher Nutzungen im Hafengebiet. Neue Baugebiete können allein dann ausgewiesen werden, wenn die in § 78 Abs. 2 Nr. 1–9 WHG aufgeführten Voraussetzungen kumulativ vorliegen. Das äußerst strenge Prüfprogramm wird in aller Regel einer Umgestaltung von Hafenflächen zu Wohn-, Freizeit- und Dienstleistungsstandorten unüberwindliche Hindernisse bereiten. Ferner muss der Hochwasserschutz in der planerischen Abwägung berücksichtigt werden (§ 1 Abs. 6 Nr. 12 BauGB). Weiterhin hat die Bauleitplanung dazu beizutragen, frühere Überschwemmungsgebiete, die als Rückhalteflächen geeignet sind, so weit wie möglich wiederherzustellen, wenn überwiegende Gründe des Wohls der Allgemeinheit dem nicht entgegenstehen.

11. Aus Sicht des Naturschutzrechts ist auch im Rahmen der Bauleitplanung die *Eingriffsregelung* zu bewältigen (§ 1a Abs. 3 BauGB). Hier gilt zunächst wiederum das Vermeidungsgebot des § 15 Abs. 1 BNatSchG, das zur Suche nach alternativen Ausführungsarten zwingt, mittels derer die Planungsziele, die als solche indes nicht zur Disposition stehen, unter geringerer Beeinträchtigung von Natur und Landschaft realisierbar sind. Der Ausgleich erfolgt nach § 1a Abs. 3 S. 2 BauGB durch geeignete Darstellungen und Festsetzungen nach §§ 5 und 9 BauGB als Flächen oder Maßnahmen zum Ausgleich. Ein Ausgleich ist hingegen nicht erforderlich, soweit die Eingriffe bereits vor der planerischen Entscheidung erfolgt sind oder zulässig waren. Das hat gerade für die Umnutzung von bislang bzw. ehemals für Hafenzwecke beanspruchten Flächen Bedeutung, wenn anstelle der alten, nicht mehr genutzten Bebauung eine neue ohne zusätzliche Beeinträchtigung von Natur und Landschaft treten soll. Gleiches gilt, wenn vorhandene Bausubstanz erhalten bleiben und lediglich einer anderweitigen Nutzung zugeführt werden soll.

12. Überdies beansprucht das europäische *Habitatschutzrecht* im Rahmen der Bauleitplanung Beachtung (§ 1a Abs. 4 BauGB); ferner kann das in wesentlichen Teilen „europäisierte“ nationale *Artenschutzrecht* nach dem BNatSchG maßgeblich steuernden Einfluss auf die kommunale Bauleitplanung nehmen und sich als „Planungshindernis“ erweisen. Zwar erfassen die Verbotsvorschriften des § 44 Abs. 1 BNatSchG nur den direkten tatsächlichen Zugriff auf die geschützten Tiere und Pflanzen sowie die Beschädigung ihrer Lebensstätten; demnach kann nicht der Bauleitplan selbst, sondern erst dessen tatsächliche Umsetzung mit artenschutzrechtlichen Verboten in Konflikt geraten. Wenn aber bereits im Zeitpunkt seiner Aufstellung absehbar ist, dass der Plan aufgrund rechtlicher Hindernisse dauerhaft nicht verwirklicht werden kann (Vollzugsunfähigkeit), ist er nach § 1 Abs. 3 S. 1 BauGB mangels Erforderlichkeit unwirksam. Ein derartiges rechtliches Hindernis kann auch aus den Zugriffsverboten nach § 44 Abs. 1 BNatSchG erwachsen, sofern sich erweist, dass die Ausweisungen eines Bauleitplans nur unter Verletzung einschlägiger artenschutzrechtlicher Bestimmungen umsetzbar sind. Die Gemeinde hat somit Anforderungen des Artenschutzrechts in die Planaufstellung einzubeziehen, die geeignet sind, der Planung jede Aussicht auf Verwirklichung zu nehmen.

13. Die Überplanung ehemals dem Hafenbetrieb dienender Flächen zu dem Zweck, diese künftig als Wohn- oder Dienstleistungsstandorte zu etablieren, kann in Konflikt mit

Belangen des *Denkmalschutzes* geraten. Das Denkmalschutzgesetz NRW sieht für Beeinträchtigungen von Baudenkmälern das Erfordernis einer Erlaubnis vor (§ 9 DSchG). Andererseits sind die Belange des Denkmalschutzes und der Denkmalpflege nach § 1 Abs. 6 Nr. 5 BauGB in der bauleitplanerischen Abwägung zu berücksichtigen. Nach § 9 DSchG erlaubnispflichtig sind die Beseitigung, Veränderung und Nutzungsänderung von Denkmälern, ferner die Errichtung, Veränderung oder Beseitigung von Anlagen in der engeren Umgebung von Baudenkmälern, sofern hierdurch das Erscheinungsbild des Denkmals beeinträchtigt wird. Nach § 9 Abs. 2 DSchG ist die Erlaubnis zu erteilen, wenn entweder Gründe des Denkmalschutzes nicht entgegenstehen oder ein überwiegendes öffentliches Interesse die Maßnahme verlangt.

14. Das Verhältnis der Bauleitplanung in Häfen zum Denkmalschutz ist vor dem Hintergrund der *kompetenziellen Abgrenzung* des Denkmalschutzrechts vom Bauplanungsrecht zu bestimmen. Nach dem *BVerwG* sind die Zuständigkeit des Bundesgesetzgebers für das Bauplanungsrecht, welche der Kompetenz für das Bodenrecht nach Art. 74 Abs. 1 Nr. 18 GG unterfällt, und die Zuständigkeit des Landesgesetzgebers für den Denkmalschutz anhand der unterschiedlichen Zielsetzungen, denen das Recht des Städtebaus und dasjenige des Denkmalschutzes dienen, voneinander abzugrenzen. Der Denkmalschutz dient der Erhaltung baulicher Anlagen aus historischen Gründen im weitesten Sinne; das Bodenrecht nimmt zu erhaltende bauliche Anlagen, Straßen-, Platz- oder Ortsbilder in ihrer Beziehung zur aktuellen Stadtstruktur und ihrer stadträumlichen Funktion für das gegenwärtige und künftige Zusammenleben der Menschen in den Blick. Der Gemeinde ist es verwehrt, im Gewande des Städtebaurechts Denkmalschutz zu betreiben.

15. Nach § 1 Abs. 6 Nr. 5 BauGB sind die Belange des Denkmalschutzes und der Denkmalpflege in der Abwägung zu berücksichtigen, sie haben dort den Rang eines einfachen Abwägungsbelangs. Nach dem *OVG Münster* bestehen die Voraussetzungen der Erlaubniserteilung ungeachtet der Festsetzungen des Bebauungsplans fort. Einem Bebauungsplan kann die *Vollzugsfähigkeit* und damit die Erforderlichkeit i.S. von § 1 Abs. 3 S. 1 BauGB fehlen, wenn und weil die hierzu notwendige denkmalrechtliche Erlaubnis (bzw. die Baugenehmigung aus denkmalschutzrechtlichen Gründen) dauerhaft nicht rechtmäßig erteilt werden kann.

16. Das *Hafenrecht* spielt für diese Untersuchung keine Rolle; so enthält die Allgemeine Hafenverordnung nur Bestimmungen zur Abwehr von Gefahren, welche durch den Verkehr und den Güterumschlag im Hafen entstehen (können), nicht aber Regelungen mit Relevanz für die bauliche Nutzung von terrestrischen Hafenflächen. Gleiches gilt für das Hafensicherheitsgesetz (HaSiG) und sonstige hafenrechtliche Bestimmungen.

Literaturverzeichnis

Badura, Peter: Planung der Hafenentwicklung in Hamburg und Enteignung zum Zwecke von Vorbereitungsmaßnahmen für die Hafenerweiterung, in: Peter Badura/ Eberhard Schmidt-Aßmann, Hafenentwicklung in Hamburg, Rechtsfragen der Planung und Enteignung nach dem hamburgischen Hafenentwicklungsgesetz, Ebelsbach 1983, S. 1
zit.: *Badura,* Planung der Hafenentwicklung in Hamburg, in: Badura/ Schmidt-Aßmann, Hafenentwicklung in Hamburg

Badura, Peter: Rechtliche Probleme der Hafenplanung und der Hafenentwicklung. Das Beispiel des Hamburger Hafens, in: Peter Badura/ Eberhard Schmidt-Aßmann, Hafenentwicklung in Hamburg, Rechtsfragen der Planung und Enteignung nach dem hamburgischen Hafenentwicklungsgesetz, Ebelsbach 1983, S. 185
zit.: *Badura,* Rechtliche Probleme der Hafenplanung und der Hafenentwicklung. Das Beispiel des Hamburger Hafens, in: Badura/ Schmidt-Aßmann, Hafenentwicklung in Hamburg

Battis, Ulrich; *Krautzberger,* Michael; *Löhr,* Rolf-Peter: Baugesetzbuch – BauGB –, Kommentar, 11. Aufl., München 2009
zit.: *Bearbeiter,* in: Battis/ Krautzberger/ Löhr, BauGB

Breuer, Rüdiger: Öffentliches und privates Wasserrecht, 3. Aufl., München 2004
zit.: *Breuer,* Wasserrecht

Breuer, Rüdiger: Die neuen wasserrechtlichen Instrumente des Hochwasserschutzgesetzes vom 3.5.2005, NuR 2006, 614

Breuer, Rüdiger: Die wasserrechtliche Planfeststellung, in: Wilfried Erbguth u.a. (Hrsg.), Planung, Festschrift für Werner Hoppe zum 70. Geburtstag, München 2000, S. 667
zit.: *Breuer,* in: Planung, FS Hoppe

Brohm, Winfried: Öffentliches Baurecht, 3. Aufl., München 2002
zit.: *Brohm,* Öffentliches Baurecht

Büge, Dirk: Zur rechtlichen Bewertung von Containerumschlagterminals – Verkehrsanlagen oder Gefahrstofflager nach BImSchG und StörfallV?, UPR 2006, 137

Bundesministerium für Verkehr, Bau und Stadtentwicklung: Nationales Hafenkonzept für die See- und Binnenhäfen, 17. Juni 2009, abrufbar unter http://www.bmvbs.de/Anlage/original_1085292/Nationales-Hafenkonzept-fuer-die-See-und-Binnenhaefen.pdf
zit.: *BMVBS,* Nationales Hafenkonzept

Czychowski, Manfred; *Reinhardt,* Michael: Wasserhaushaltsgesetz – WHG –, 10. Aufl., München 2010
zit.: Czychowski/ Reinhardt, WHG

Delbanco, Heike: Die Änderung von Verkehrsflughäfen, Berlin 1998

Dohle, Rolf: Anwendungsprobleme eines Gesetzes zur Umweltverträglichkeitsprüfung (UVP-Gesetz), NVwZ 1989, 697

Dolde, Klaus-Peter: Artenschutz in der Planung – Die „kleine" Novelle zum Bundesnaturschutzgesetz, NVwZ 2008, 121

Durner, Wolfgang: Konflikte räumlicher Planungen, Tübingen 2005
zit.: *Durner,* Konflikte räumlicher Planungen

Durner, Wolfgang: Das neue Raumordnungsgesetz, NuR 2009, 373

Durner, Wolfgang: Sind Eisenbahnanlagen öffentliche Sachen? Zur Fragwürdigkeit der eisenbahnrechtlichen Widmung als Rechtsinstitut, UPR 2000, 255

Dziallas, Olaf: Artenschutz in der Bauleitplanung, NZBau 2008, 429

Erbguth, Wilfried: Allgemeines Verwaltungsrecht, 3. Aufl., Baden-Baden 2009
zit.: *Erbguth,* Allgemeines Verwaltungsrecht

Erbguth, Wilfried, unter Mitarbeit von *Schubert,* Mathias: Öffentliches Baurecht, 5. Aufl., München 2009
zit.: *Erbguth,* Öffentliches Baurecht

Erbguth, Wilfried: Luftverkehr und Raumordnung – am Beispiel der Flughafenplanung, NVwZ 2003, 144

Erbguth, Wilfried: Ausgewiesene und potentielle Schutzgebiete nach FFH- bzw. Vogelschutz-Richtlinie: (Rechts-)Wirkungen auf die räumliche Gesamtplanung – am Beispiel der Raumordnung –, NuR 2000, 130

Erbguth, Wilfried: Regionalplanung und Bauleitplanung, Rechtsfragen und Rechtsprechung zur Anpassungspflicht der Gemeinde, § 5 Abs. 4 ROG 93 (§ 4 Abs. 1 ROG-E), § 1 Abs. 4 BauGB, RuR 1997, 270

Erbguth, Wilfried: Rechtliche Anforderungen an Alternativprüfungen in (abfallrechtlichen) Planfeststellungsverfahren und vorgelagerten Verfahren, NVwZ 1992, 209

Erbguth, Wilfried: Der Entwurf eines Gesetzes über die Umweltverträglichkeitsprüfung – Musterfall querschnittsorientierter Gesetzgebung aufgrund EG-Rechts?, NVwZ 1988, 969

Erbguth, Wilfried: Auswirkungen des Planfeststellungsverfahrens auf die Bauleitplanung, NVwZ 1989, 608

Erbguth, Wilfried: Rechtliche Abgrenzungsfragen bei der Stadterhaltung – dargestellt am Beispiel des (Bau-)Denkmalschutzes und der städtebaulichen Planung, DVBl. 1985, 1352

Erbguth, Wilfried; *Paßlick,* Hermann; *Püchel,* Gerald: Denkmalschutzgesetze der Länder, Rechtsvergleichende Darstellung unter besonderer Berücksichtigung Nordrhein-Westfalens, Münster 1984
zit.: *Erbguth/ Paßlick/ Püchel,* Denkmalschutzgesetze der Länder

Erbguth, Wilfried; *Schink,* Alexander: Gesetz über die Umweltverträglichkeitsprüfung, Kommentar, 2. Aufl., München 1996
zit.: *Erbguth/ Schink,* UVPG

Erbguth, Wilfried; *Schlacke,* Sabine: Umweltrecht, 3. Aufl., Baden-Baden 2010
zit: *Erbguth/ Schlacke,* Umweltrecht

Erbguth, Wilfried; *Schubert,* Mathias: Rechtsfragen der Zulassung und planerischen Steuerung schwimmender und pfahlgestützter Häuser in Küsten- und Binnengewässern – anhand des Bundesrechts und des Landesrechts Mecklenburg-Vorpommerns, Baden-Baden 2006
zit.: *Erbguth/ Schubert,* Rechtsfragen der Zulassung und planerischen Steuerung schwimmender Häuser

Erdmann, Joachim: Der JadeWeserPort – Ein Großvorhaben wird Wirklichkeit, NdsVBl. 2009, 104

Ernst, Werner; *Zinkahn,* Willy; *Bielenberg,* Walter; *Krautzberger,* Michael: Baugesetzbuch (BauGB), Kommentar, Loseblatt, Stand: 2010, München
zit.: *Bearbeiter,* in: Ernst/ Zinkahn/ Bielenberg/ Krautzberger, BauGB

Fehrensen, Sebastian: Zur Anwendung zwingenden Gemeinschaftsrechts in der aktuellen Rechtsprechung des *BVerwG* zum Artenschutz nach der „Kleinen Novelle" des Bundesnaturschutzgesetzes, NuR 2009, 13

Fickert, Hans Carl; *Fieseler,* Herbert; *Determann,* Dietrich; *Stühler,* Hans Ulrich: Baunutzungsverordnung, Kommentar, 11. Aufl., Stuttgart 2008
zit.: *Fickert/ Fieseler,* BauNVO

Fischer-Hüftle, Peter: Zur Gesetzgebungskompetenz auf dem Gebiet „Naturschutz und Landschaftspflege" nach der Föderalismusreform, NuR 2007, 78

Friesecke, Albrecht: Bundeswasserstraßengesetz, Kommentar, 6. Aufl., Köln u.a. 2009
zit.: *Friesecke,* BWaStrG

Gassner, Erich; *Bendomir-Kahlo,* Gabriele; *Schmidt-Räntsch,* Annette; *Schmidt-Räntsch,* Jürgen: Bundesnaturschutzgesetz, Kommentar, 2. Aufl., München 2003
zit.: *Bearbeiter,* in: Gassner/ Bendomir-Kahlo/ Schmidt-Ränsch, BNatSchG

Gellermann, Martin: Bundesnaturschutzgesetz, in: Landmann/Rohmer, Umweltrecht, Kommentar, Band IV, Loseblatt, Stand: April 2009, München 2009
zit.: *Gellermann,* BNatSchG, in: Landmann/ Rohmer, Umweltrecht, Band IV

Gellermann, Martin: Die „Kleine Novelle" des Bundesnaturschutzgesetzes, NuR 2007, 783

Gellermann, Martin: Das besondere Artenschutzrecht in der kommunalen Bauleitplanung, NuR 2007, 132

Gellermann, Martin: Gewässerausbau im Lichte des neuen wasserwirtschaftlichen Ordnungsrahmens, DVBl. 2007, 1517

Gellermann, Martin: Europäischer Gebiets- und Artenschutz in der Rechtsprechung, NuR 2009, 8

Gellermann, Martin: Artenschutz und Straßenplanung – Neues aus Leipzig, NuR 2009, 85

Gellermann, Martin; *Schreiber,* Matthias: Schutz wildlebender Tiere und Pflanzen in staatlichen Planungs- und Zulassungsverfahren, Leitfaden für die Praxis, Heidelberg 2007
zit.: *Gellermann/ Schreiber,* Schutz wildlebender Tiere und Pflanzen

Gelzer, Konrad; *Bracher,* Christian-Dietrich; *Reidt,* Olaf: Bauplanungsrecht, 7. Aufl., Köln 2004
zit.: *Bearbeiter*, in: Gelzer/ Bracher/ Reidt, Bauplanungsrecht

Ginzky, Harald: Die nächste Elbvertiefung – insbesondere die Berücksichtigung von Alternativen nach § 25a WHG, NuR 2005, 691

Ginzky, Harald: Ausnahmen zu den Bewirtschaftungszielen im Wasserrecht, Voraussetzungen, Zuständigkeiten, offene Anwendungsfragen, ZUR 2005, 515

Götze, Roman; *Müller,* Wolfram: Das Gesetz zur Erleichterung von Planungsvorhaben für die Innenentwicklung der Städte ("BauGB 2007") – Zu "Risiken und Nebenwirkungen" eines Planungserleichterungsgesetzes, ZUR 2008, 8

Hansmann, Klaus: Bundes-Immissionsschutzgesetz, in: Landmann/ Rohmer, Umweltrecht, Kommentar, Band I, Loseblatt, Stand: April 2009, München 2009
zit.: *Hansmann*, BImSchG, in: Landmann/ Rohmer, Umweltrecht, Band I

Hansmann, Klaus: TA Lärm, in: Landmann/ Rohmer, Umweltrecht, Kommentar, Band II, Loseblatt, Stand: April 2009, München 2009
zit.: *Hansmann*, TA Lärm, in: Landmann/ Rohmer, Umweltrecht, Band II

Heilshorn, Torsten: Schutz vor gewerblichen Immissionen durch passiven Schallschutz?, NVwZ 2009, 137

Heinz, Beate; *Esser,* Birgit: Maßnahmenplanung nach der Wasserrahmenrichtlinie – Schifffahrt und Wasserwirtschaft, ZUR 2009, 254

Hendler, Reinhard: Raumordnungsplanung zur Erweiterung des Flughafens Frankfurt Main, LKRZ 2007, 1

Hermes, Georg; *Sellner,* Dieter (Hrsg.): Beck'scher AEG-Kommentar, München 2006
zit.: *Bearbeiter,* in: Hermes/ Sellner (Hrsg.), Beck'scher AEG-Kommentar

von Heyl, Arnulf; *Steinfort,* Frank: Schnittstellen des Eisenbahnrechts und des öffentlichen Baurechts – Abgrenzungsprobleme in der kommunalen Praxis –, DVBl. 1999, 1311

Hofmeister, Andreas: Bauleitplanung auf Flächen für privilegierte Vorhaben der Fachplanung, Kaiserslautern 2004
zit.: *Hofmeister,* Bauleitplanung auf Flächen für privilegierte Vorhaben der Fachplanung

Honert, Siegfried; *Rüttgers,* Jürgen; *Sanden,* Joachim: Landeswassergesetz Nordrhein-Westfalen, Kommentar, 4. Aufl., Köln 1996
zit.: Honert/ Rüttgers/ Sanden, LWG NRW

Hoppe, Werner (Hrsg.): Gesetz über die Umweltverträglichkeitsprüfung – UVPG, Kommentar, 3. Aufl., Köln u.a. 2007
zit.: *Bearbeiter,* in: Hoppe, UVPG

Hoppe, Werner: Die Bedeutung von Optimierungsgeboten im Planungsrecht, DVBl. 1992, 853

Hoppe, Werner: Zu der neuen Regelung der Ausnahme von Zielen der Raumordnung (§ 3 Abs. 1 Nr. 2 Gesetz zur Neuregelung des Raumordnungsgesetzes, GeROG) in § 6 Abs. 1 GeROG, DVBl. 2008, 966

Hoppe, Werner; *Bönker,* Christian; *Grotefels,* Susan: Öffentliches Baurecht, 4. Aufl. München 2010
zit.: *Bearbeiter,* in: Hoppe/ Bönker/ Grotefels, Öffentliches Baurecht

Hüting, Ralf; *Hopp,* Wolfgang: Absicherung des Nebeneinanders konfligierender baulicher Nutzungen, BauR 2004, 930

Jäde, Henning; *Dirnberger,* Franz; *Weiß,* Josef: Baugesetzbuch, Baunutzungsverordnung, Kommentar, 6. Aufl., Stuttgart u.a. 2010
zit.: *Bearbeiter,* in: Jäde/ Dirnberger/ Weiß, BauGB

Jarass, Hans D.: Bundesimmissionsschutzgesetz, Kommentar, 8. Aufl., München 2010
zit.: *Jarass,* BImSchG

Kment, Martin: Standortfestlegungen und Streckenverläufe – Neues zum Verhältnis von Raumordnung und Fachplanung, NuR 2010, 392

Kment, Martin; *Grüner,* Johannes: Ausnahmen von Zielen der Raumordnung, UPR 2009, 93

Knack, Hans Joachim: Verwaltungsverfahrensgesetz, Kommentar, 8. Aufl., Köln u.a. 2004
zit.: *Bearbeiter,* in: Knack, VwVfG

Koch, Hans-Joachim; *Scheuing,* Dieter H.; *Pache,* Eckhard (Hrsg.), Gemeinschaftskommentar zum Bundes-Immissionsschutzgesetz, Loseblatt, Stand: März 2010, Düsseldorf 2010
zit.: *Bearbeiter,* in: GK-BImSchG

Köck, Wolfgang; *Wolf,* Rainer: Grenzen der Abweichungsgesetzgebung im Naturschutz – Sind Eingriffsregelung und Landschaftsplanung allgemeine Grundsätze des Naturschutzes?, NVwZ 2008, 353

Kodal, Kurt; *Krämer,* Helmut: Straßenrecht – Systematische Darstellung des Rechts der öffentlichen Straßen, Wege und Plätze in der Bundesrepublik Deutschland, 6. Aufl., München 1999
zit.: *Bearbeiter,* in: Kodal/ Krämer, Straßenrecht

Kommission der Europäischen Union: Auslegungsleitfaden zu Artikel 6 Absatz 4 der „Habitat-Richtlinie" 92/43/EWG, Stand: Januar 2007, abrufbar unter http://ec.europa.eu/environment/nature/natura2000/management/docs/art6/guidance_art6_4_de.pdf
zit.: *Kommission,* Leitfaden Art. 6 Abs. 4 FFH-RL

Kopp, Ferdinand O.; *Ramsauer,* Ulrich: Verwaltungsverfahrensgesetz, Kommentar, 11. Aufl., München 2010
zit.: *Kopp/ Ramsauer,* VwVfG

Kotulla, Michael: Wasserhaushaltsgesetz zwischen Hochwasserschutz, Strategischer Umweltprüfung und Föderalismusreform, Kommentar, Stuttgart 2007
zit.: *Kotulla,* WHG 2007

Kotulla, Michael: Wasserhaushaltsgesetz, Kommentar, Stuttgart 2003
zit.: *Kotulla,* WHG 2003

Kühling, Jürgen; *Herrmann*, Nikolaus: Fachplanungsrecht, 2. Aufl., Düsseldorf 2000
zit.: *Kühling/ Herrmann*, Fachplanungsrecht

Kupfer, Dominik; *Wurster,* Hansjörg: Das Fachplanungsrecht in der neueren Rechtsprechung des Bundesverwaltungsgerichts – Teil 1, DV 2007, 75

Kupfer, Dominik; *Wurster,* Hansjörg: Das Fachplanungsrecht in der neueren Rechtsprechung des Bundesverwaltungsgerichts – Teil 2, DV 2007, 239

Kuschnerus, Ulrich: Der sachgerechte Bebauungsplan – Handreichungen für die kommunale Planung, 3. Aufl., Bonn 2005
zit.: *Kuschnerus*, Der sachgerechte Bebauungsplan

Lagoni, Rainer: Hafenrecht, in: Wolfgang Hoffmann-Riem; Hans-Joachim Koch (Hrsg.), Hamburgisches Staats- und Verwaltungsrecht, 3. Aufl., Baden-Baden 2006, S. 445
zit.: *Lagoni*, Hafenrecht

Lau, Marcus; *Steeck,* Sebastian: Das Erste Gesetz zur Änderung des Bundesnaturschutzgesetzes – Ein Ende der Debatte um den europäischen Artenschutz?, NuR 2008, 386

Louis, Hans Walter: Die Zugriffsverbote des § 42 Abs. 1 BNatSchG im Zulassungs- und Bauleitplanverfahren – unter Berücksichtigung der Entscheidung des *BVerwG* zur Ortsumgehung Bad Oeynhausen, NuR 2009, 91

Mann, Thomas: Immissionsschutzrechtliche Genehmigungsbedürftigkeit von Containerterminals? – Zugleich eine Anmerkung zu OVG NRW, NWVBl. 2001, 106

Maurer, Hartmut: Allgemeines Verwaltungsrecht, 17. Aufl., München 2009
zit.: *Maurer,* Allgemeines Verwaltungsrecht

Memmesheimer, Paul Artur; *Upmeier,* Dieter; *Schönstein,* Horst Dieter: Denkmalrecht Nordrhein-Westfalen, Kommentar, 2. Aufl., Köln 1989
zit.: *Memmesheimer/ Upmeier/ Schönstein,* Denkmalrecht NRW

Metzler, Bernd: Die Privatisierung von Personenbahnhöfen, Frankfurt a.M. 1999
zit.: *Metzler*, Privatisierung von Personenbahnhöfen

Ministerium für Bauen und Verkehr des Landes Nordrhein-Westfalen: Wasserstraßenverkehr, Binnenhäfen und Logistik in Nordrhein-Westfalen, Fortschreibung des Wasserstraßenverkehrs- und Hafenkonzeptes Nordrhein-Westfalen, Februar 2008, abrufbar unter http://www.mbv.nrw.de/verkehr/Strassenverkehr/container/Hafen-konzept.pdf
zit.: *Ministerium für Bauen und Verkehr NRW,* Fortschreibung des Wasserstraßenverkehrs- und Hafenkonzeptes

Ministerium für Verkehr, Energie und Landesplanung des Landes Nordrhein-Westfalen: Wasserstraßenverkehrs- und Hafenkonzept Nordrhein-Westfalen, Stand: 14. Januar 2004, abrufbar unter http://www.lvp.nrw.de/igvp/download/hafenkonzept_040121_langfassung.pdf
zit.: *Ministerium für Verkehr, Energie und Landesplanung NRW,* Wasserstraßenverkehrs- und Hafenkonzept

Mitschang, Stephan: Die Auswirkungen des neuen Hochwasserschutzgesetzes auf die Regional- und Bauleitplanung, LKV 2006, 433

Möckel, Stefan: Die Novelle des Bundesnaturschutzgesetzes zum europäischen Gebiets- und Artenschutz – Darstellung und Bewertung, ZUR 2008, 57

Möckel, Stefan: Bewirtschaftung von Bundeswasserstraßen gemäß der Wasserrahmenrichtlinie – Anpassungsbedarf beim Bundeswasserstraßengesetz, DVBl. 2010, 618

Moench, Christoph: Die Entwicklung des Denkmalschutzrechts, NVwZ 1988, 304

Obermayer, Klaus: Kommentar zum Verwaltungsverfahrensgesetz, 3. Aufl., Neuwied, Kriftel 1999
zit.: *Bearbeiter,* in: Obermayer, VwVfG

Ortmeier, Walter: Veränderungen an Baudenkmälern – rechtliche Probleme, BayVBl. 1990, 225

Paetow, Stefan: Zum Verhältnis von Fachplanung und Bauleitplanung, UPR 1990, 321

Paul, Matthias; *Pfeil,* Julia: Hochwasserschutz in der Bauleitplanung (unter besonderer Berücksichtigung des Hochwasserschutzgesetzes 2005), NVwZ 2006, 505

Pauli, Felix: Artenschutz in der Bauleitplanung, BauR 2008, 759

Püchel, Gerhard: Juristische Anmerkungen zur Umsetzung der EG-Richtlinie über die Umweltverträglichkeitsprüfung, ZAU 1988, 121

Ramsauer, Ulrich; *Bieback,* Karin: Planfeststellung von privatnützigen Vorhaben, NVwZ 2002, 277

Reidt, Olaf: Wer die Wahl hat, hat die Qual – Vor- und Nachteile des beschleunigten Verfahrens gem. § 13 a BauGB, NVwZ 2007, 1029

Reinhardt, Rüdiger: Renaturierung von Bundeswasserstraßen, NuR 1994, 417

Ronellenfitsch, Michael: Das Zusammentreffen von Planungen, VerwArch 1997, 175

Ronellenfitsch, Michael: Bauleitplanung und eisenbahnrechtliche Fachplanung, 2. Teil, VerwArch 1999, 581

Runkel, Peter: Raumordnungsgesetz, Kommentar, in: Walter Bielenberg; Peter Runkel; Willy Spannowsky, Raumordnungs- und Landesplanungsrecht des Bundes und der Länder, Ergänzbarer Kommentar und systematische Sammlung der Rechts- und Verwaltungsvorschriften, Band 2, Kennzahl K, Loseblatt, Stand: 2010, Berlin
zit.: *Runkel,* ROG

Schefold, Dian; *Specht,* Verena: Rechtsprobleme eines Landeshafengesetzes, Bremen 1997
zit.: *Schefold/ Specht,* Rechtsprobleme eines Landeshafengesetzes

Schink, Alexander: Die Berücksichtigung ökologischer Belange bei der wasserrechtlichen Planfeststellung, ZfW 1985, 1

Schmidt-Aßmann, Eberhard: Rechtsgutachten zu Planungs- und Enteignungsfragen des Entwurfs eines Hafenentwicklungsgesetzes, in: Peter Badura/ Eberhard Schmidt-Aßmann, Hafenentwicklung in Hamburg, Rechtsfragen der Planung und Enteignung nach dem hamburgischen Hafenentwicklungsgesetz, Ebelsbach 1983, S. 95

zit.: *Schmidt-Aßmann,* Planungs- und Enteignungsfragen des Entwurfs eines Hafenentwicklungsgesetzes, in: Badura/ Schmidt-Aßmann, Hafenentwicklung in Hamburg

Schmidt-Eichstaedt, Gerd: Rechtsgutachten zum Spannungsfeld zwischen dem Hafenentwicklungsgesetz und dem Städtebaurecht, vorgelegt im Auftrag der Freien und Hansestadt Hamburg – Behörde für Bau und Verkehr, Endfassung vom 15. November 2004 (unveröffentlicht)

zit.: *Schmidt-Eichstaedt,* Rechtsgutachten Hamburger Hafen

Schmidt-Eichstaedt, Gerd: Hamburg: Gelingt der Sprung über die Elbe? Rechtsprobleme im Spannungsfeld zwischen Hafenentwicklungsgesetz und Städtebaurecht, NordÖR 2006, 7

Schmitz-Valckenberg, Annemie: Entwidmung und bahnfremde Nutzung von Bahnanlagen, Berlin 2002

zit.: *Schmitz-Valckenberg,* Entwidmung und bahnfremde Nutzung von Bahnanlagen

Schulze-Fielitz, Helmuth: Umweltschutz im Föderalismus – Europa, Bund und Länder, NVwZ 2007, 249

Seidel, Wolfgang; *Rechenberg,* Jörg: Rechtliche Aspekte des integrativen Gewässermanagements in Deutschland, ZUR 2004, 213

Sieder, Frank; *Zeitler,* Herbert; *Dahme,* Heinz: Wasserhaushaltsgesetz und Wasserabgabengesetz, Kommentar, Loseblatt, Stand: August 2008, München

zit.: *Bearbeiter,* in: Sieder/ Zeitler/ Dahme, WHG

Söhnlein, Bernd: Das Verschlechterungsverbot der §§ 25a I Nr. 1, 25b I Nr. 1 WHG in der Planfeststellung, NVwZ 2006, 1139

Spannowsky, Willy; *Runkel,* Peter; *Goppel,* Konrad: Raumordnungsgesetz (ROG), Kommentar, München 2010

zit.: *Bearbeiter,* in: Spannowsky/ Runkel/ Goppel, ROG

Steinberg, Rudolf: Landesplanerische Standortplanung und Planfeststellung – unter besonderer Berücksichtigung der Planung von Verkehrsflughäfen –, DVBl. 2010, 137

Steinberg, Rudolf; *Berg,* Thomas; *Wickel,* Martin: Fachplanung, 3. Aufl., Baden-Baden 2000

zit.: Steinberg/ Berg/ Wickel, Fachplanung

Steinberg, Rudolf; *Steinwachs,* Jennifer: Infrastrukturprojekte als Ziele der Raumordnung im Landesentwicklungsplan – zugleich eine Besprechung des Urteils des VGH Kassel vom 16.08.2002, NVwZ 2004, 530

Stelkens, Paul; *Bonk,* Heinz Joachim; *Sachs,* Michael (Hrsg.): Verwaltungsverfahrensgesetz, Kommentar, 7. Aufl., München 2008

zit.: *Bearbeiter,* in: Stelkens/ Bonk/ Sachs, VwVfG

Stich, Rudolf: Berücksichtigung des Denkmalschutzes bei Maßnahmen nach dem Städtebau- und Bauordnungsrecht, UPR 2003, 241

Storm, Peter-Christoph; *Bunge,* Thomas (Hrsg.): Handbuch der Umweltverträglichkeitsprüfung, 1. Band, 0600, Kommentar zum UVPG, Loseblatt-Sammlung, Stand: August 2009, Berlin
zit.: *Storm/ Bunge,* HdUVP, UVPG

Stüer, Bernhard: Hochwasserschutz im Spannungsverhältnis zum übrigen Fachplanungsrecht, Raumordnungsrecht und zur Bauleitplanung, NuR 2004, 415

Uechtritz, Michael: Die Änderungen des BauGB durch das Gesetz zur Erleichterung von Planungsvorhaben für die Innenentwicklung der Städte – BauGB 2007, BauR 2007, 476

Ziekow, Jan: Verwaltungsverfahrensgesetz, Kommentar, 2. Aufl., Stuttgart 2010
zit.: *Ziekow,* VwVfG

Ziekow, Jan (Hrsg.): Praxis des Fachplanungsrechts, München 2004
zit.: *Bearbeiter,* in: Ziekow (Hrsg.): Praxis des Fachplanungsrechts

FSC
www.fsc.org
MIX
Papier | Fördert gute Waldnutzung
FSC® C083411

Kolibri 360 GmbH
Ferdinand-Jühlke-Straße 7
99095 Erfurt, Deutschland
produktsicherheit@kolibri360.de